FiNALEonline.de

FiNALEonline.de ist die digitale Ergänzung zu deinem Arbeitsbuch. Hier findest du eine Vielzahl an Angeboten, die dich zusätzlich bei deiner Prüfungsvorbereitung in Deutsch unterstützen!

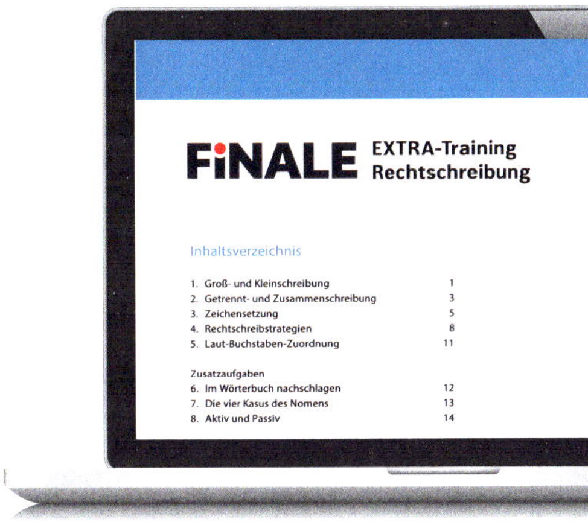

Rechtschreibung schnell aufgefrischt!

Das EXTRA-Training Rechtschreibung überprüft, ob die wichtigsten Themen der Rechtschreibung für die Abschlussprüfung beherrscht werden. Kurze, verständliche Erklärungen frischen wichtiges Regelwissen noch einmal auf.

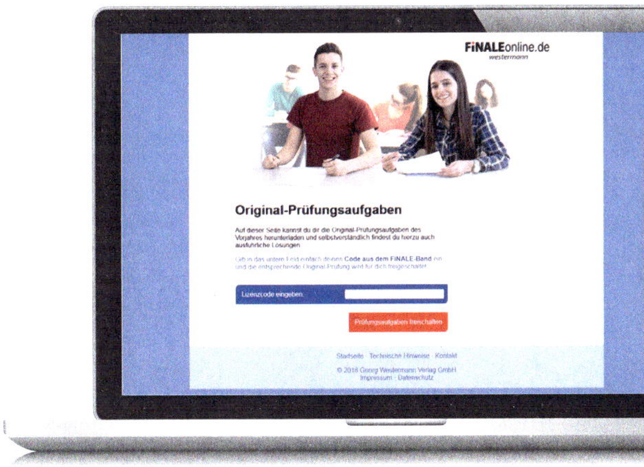

Original-Prüfungsaufgaben

Einfach den Code aus dem FiNALE Arbeitsbuch (S. 2) eingeben und die Original-Prüfung des Vorjahres mit ausführlichen Lösungen herunterladen.

Für Lehrerinnen und Lehrer:
Die Lehrerhandreichung für den optimalen Einsatz der Arbeitsbücher im Unterricht zum kostenlosen Download!

Tipps zur Prüfungsvorbereitung

Eine erfolgreiche Abschlussprüfung erfordert eine gezielte Vorbereitung ohne unnötigen Lernstress.
Auf FiNALEonline.de findest du jede Menge Tipps, die dir das Lernen erleichtern.

FiNALE Online-Grundlagentraining

Du hast noch Lücken aus den vorherigen Schuljahren? Kein Problem! Das Online-Grundlagentraining auf FiNALEonline.de hilft dir dabei, wichtigen Lernstoff nachzuarbeiten und zu wiederholen.
Und so funktioniert es:

Für das Fach Deutsch stehen dir über 100 Aufgaben zu prüfungsrelevanten Grundlagen in kurzen Trainingseinheiten zur Verfügung.

Entscheide selbst, ob du alle Trainingseinheiten nacheinander bearbeiten möchtest oder lieber das gewünschte Thema gezielt auswählst.

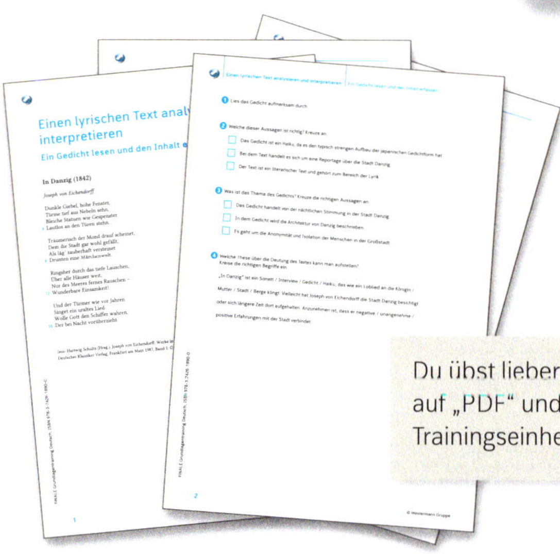

Du übst lieber auf Papier? Dann klicke auf „PDF“ und drucke dir die gewünschte Trainingseinheit einfach aus.

Unser Tipp für Lehrerinnen und Lehrer:
Nutzen Sie unsere vielfältigen Arbeitsblätter auch für Ihren Unterricht.

Die Kombination aus Arbeitsbuch und FiNALEonline.de bietet dir die optimale Vorbereitung und begleitet dich sicher auf deinem Weg zu einer erfolgreichen Abschlussprüfung.

westermann

FiNALE
Prüfungstraining

Abschluss 10. Klasse
Realschule

2020

Deutsch

Niedersachsen

Walburga Böker
Melanie Priesnitz

Mit Beiträgen von
Peter Delp
Andrea Heinrichs
Marlene Meiners
Susanne Meyer
Harald Stöveken
Martina Wolff

FiNALEonline.de

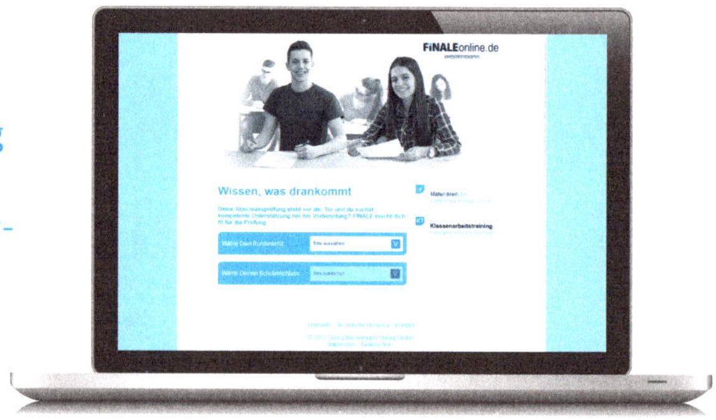

Liebe Schülerin, lieber Schüler,

sobald die Original-Prüfungsaufgaben zur Veröffentlichung freigegeben sind, können sie unter www.finaleonline.de zusammen mit ausführlichen Lösungen kostenlos heruntergeladen werden. Gib dazu einfach diesen Code ein:

DEt15sg

Einfach mal reinschauen: www.finaleonline.de

westermann GRUPPE

Druck A[1] / Jahr 2019
Alle Drucke der Serie A sind im Unterricht parallel verwendbar.

Redaktion: Bernhard Lutz, Regensburg
Kontakt: finale@westermanngruppe.de
Layout: Druckreif! Sandra Grünberg, Braunschweig
Umschlaggestaltung: Gingco.Net, Braunschweig
Umschlagfoto: Peter Wirtz, Dormagen
Druck und Bindung: westermann druck GmbH, Braunschweig

ISBN 978-3-7426-**2026**-2

Inhaltsverzeichnis

Verwende bei Aufgaben mit diesem Zeichen 🕒 eine Uhr, damit du ein Gefühl für die Bearbeitungszeit bekommst.

Was erwartet dich in diesem Arbeitsbuch?

Du bist in der 10. Klasse und vor dir liegt die Abschlussprüfung, das große Finale. Darauf will dich dieses Arbeitsbuch vorbereiten. Es gibt dir die Möglichkeit,

1. dich in verschiedene Themenbereiche einzuarbeiten,
2. dich mit den Prüfungsaufgaben und ihren Anforderungen vertraut zu machen.

Im **Teil A** erhältst du Hinweise, wie du dich zweckmäßig auf die Prüfung vorbereiten kannst. An Beispielen lernst du Prüfungsaufgaben und ihre Bewertung kennen.

Im **Teil B** wiederholst du wichtige Arbeitstechniken und Strategien. Zu jedem Arbeitsschritt – von der ersten Orientierung bis zum Überarbeiten deines Textes – bekommst du wichtige Informationen und hilfreiche Tipps. Außerdem enthält Teil B einen Text, mit dem du den Umgang mit Hörverstehensaufgaben (Hörtext) einüben kannst.

Im **Teil C** findest du Prüfungsbeispiele zu verschiedenen thematischen Schwerpunkten. Dazu erhältst du wichtige Lösungshilfen, die dir sagen, worauf du bei der Erschließung der Texte und bei der Anlage deines Schreibplans achten musst.

Teil D enthält weitere Prüfungsvorlagen, die du jetzt ohne Hilfen bearbeiten kannst.

Teil E bietet die Original-Prüfungsaufgaben aus dem Jahr 2018, die dir einen Eindruck von den Prüfungsanforderungen vermitteln. Sobald die Original-Prüfungsaufgaben 2019 zur Veröffentlichung freigegeben worden sind, kannst du sie unter www.finaleonline.de zusammen mit ausführlichen Lösungen kostenlos mit dem Codewort DEt15sg herunterladen.

Mit dem **Glossar** schließt dieses Arbeitsbuch zur Abschlussprüfung. Hier kannst du wichtige Grundbegriffe zur Erschließung von literarischen Texten und Sachtexten nachschlagen.

Und natürlich gibt es ein **Lösungsheft**, in dem du die Richtigkeit jedes Arbeitsschrittes überprüfen kannst. Außerdem findest du dort zu jedem Prüfungsbeispiel sowie zu den Original-Prüfungsaufgaben eine mögliche Musterlösung, sodass du nachlesen kannst, was von dir erwartet wird.

In diesem Arbeitsbuch findest du Schreibraum für wichtige vorbereitende Notizen.
Darauf verweist auf den Prüfungsvorlagen (auf blauem Fond) dieses Zeichen:
Deinen Text zur Schreibaufgabe musst du allerdings auf einem Extrablatt anfertigen.
Dies gilt auch, wenn du bei bestimmten Aufgaben diesem Zeichen begegnest:
Das Zeichen mit der Uhr findest du in den Teilen C, D und E:
Damit du ein Gefühl für die zur Verfügung stehende Arbeitszeit bekommst, solltest du dir bei diesen Prüfungsaufgaben eine Uhr stellen (siehe Seite 9).

Wir hoffen, dass du dich nach der Bearbeitung dieses Buches sicher für das Finale fühlst.
Hast du noch Lücken aus den vorherigen Schuljahren? Dann empfehlen wir dir das FiNALE Grundlagentraining Deutsch (ISBN 978-3-7426-1890-0). Es bietet prüfungsrelevantes Grundlagenwissen zum Nachschlagen und Üben. Ergänzend dazu findest du unter www.FiNALEonline.de/grundlagentraining ein kostenloses Online-Training bestehend aus interaktiven Übungsaufgaben und Arbeitsblättern zum Ausdrucken.

Wir wünschen dir für die Prüfung toi, toi, toi.
Das Autorenteam

A Vorbereitung auf die Abschlussprüfung

A 1 Methoden der Prüfungsvorbereitung

Das Wort „Abschlussprüfung“ klingt für manche furchterregend. Im Grunde ist sie jedoch nur die letzte Klassenarbeit, die du an deiner Schule schreiben wirst. Und Erfahrungen mit Klassenarbeiten hast du doch bereits! Eine gute Vorbereitung hilft dir aber, dich optimal auf diese letzte Hürde einzustellen.

Wovon kannst du ausgehen?

Der **Termin für die Abschlussprüfung** steht bereits seit Langem fest. Er wird dir sehr frühzeitig von deiner Lehrerin bzw. deinem Lehrer mitgeteilt. Im Vorfeld der Abschlussprüfung erarbeitest du im Unterricht verschiedene **Texte und Textsorten**, die dir bei der inhaltlichen Vorbereitung helfen. Du wirst auch eine Klassenarbeit in der Jahrgangsstufe 10 unter den Bedingungen der Abschlussprüfung schreiben, sodass dir der **Ablauf der Prüfung** bereits bekannt ist und du dich gut darauf einstellen kannst.

Im Folgenden erhältst du Anregungen für die Vorbereitung und wichtige Hinweise auf die Prüfung.

Lernprotokolle anlegen

In der Abschlussprüfung kannst du zwischen verschiedenen thematischen Schwerpunkten wählen, die auf der Grundlage mehrerer (auch unterschiedlicher) Textsorten bearbeitet werden. So kannst du dich gründlich auf beide Aufgabentypen vorbereiten:

Im Unterricht:

- Sachtexte zu verschiedenen Themen bearbeiten
- verschiedene literarische (erzählende) Texte bearbeiten

Mit Finale:

- Strategien für die Bearbeitung von Prüfungsvorlagen erarbeiten und in Beispielen anwenden

1. Welche Themen und Texte habt ihr bis jetzt im Unterricht besprochen? Liste sie auf.

Folgende Texte haben wir im Unterricht schon behandelt:

Erschließen von Sachtexten / Erörtern / Argumentieren

Erschließen von literarischen Texten / Interpretieren / Vergleichen

Hörtexte

2. Lege für Texte, die du schon bearbeitet hast, ein Lernprotokoll an und sammle diese in einem Portfolio (siehe folgende Seite).

3. Schau dir dieses Lernprotokoll an.
   - Welche Informationen enthält es?
   - Wo findest du wichtige Hinweise für die weitere Vorbereitung?

   Die Kurzgeschichte „Saisonbeginn" findest du in diesem Arbeitsbuch auf den Seiten 49–51. Auf der nächsten Seite findest du ein Lernprotokoll als Kopiervorlage.

TIPP

Lege zu jedem Text, den du bearbeitest, ein Lernprotokoll an.
Sammle in einem Portfolio (Sammelmappe) die bearbeiteten Texte, die Lernprotokolle und die Ergebnisse deiner Recherchen. So hast du einen guten Überblick über den Stand deiner Prüfungsvorbereitung.

Lernprotokoll

Datum	Titel	Textsorte	Ablageort
17.10.2018	Elisabeth Langgässer: Saisonbeginn	Kurzgeschichte	Finale, S. 49 bis 51

Das will ich mir merken:

1. **Zum Thema / Inhalt:** (Stichpunkte zum Text / wichtige Gedanken / Merkmale der Textsorte)
   - Kurzgeschichte: Alltagssituation → der beschriebene Ort könnte überall sein
   - Kurort bereitet sich im Frühling auf den Beginn der Feriensaison vor
   - Arbeiter stellen Schild neben einem Holzkreuz mit gekreuzigtem Jesus auf
   - Dorfbewohner reagieren unterschiedlich (lachend, kopfschüttelnd, größtenteils unberührt)
   - Inschrift des Schildes, wonach Juden in dem Kurort unerwünscht sind, wird dem Leser erst zum Schluss der Geschichte mitgeteilt
2. **So verstehe ich den Text:**
   - Thema „Judenverfolgung im Dritten Reich"
   - Ein Dorf, das zunächst idyllisch und friedlich wirkt, unterwirft sich der menschenverachtenden Nazi-Doktrin und will in Zukunft keine Juden mehr beherbergen.
   - Die Doppeldeutigkeit der Überschrift „Saisonbeginn" entlarvt die Doppelmoral der Dorfbewohner.
3. **Das habe ich geübt / Das muss ich noch üben:**
   - Inhaltszusammenfassung
   - Merkmale der Kurzgeschichte genauer ansehen!
   - Einleitung formulieren
4. **Bemerkungen:** (Das halte ich für wichtig / Bezüge zu anderen Texten vermerken / passende Internet-Adressen ergänzen)
   - Habe ich den Schluss richtig verstanden? → Bei Anne nachfragen!

Lernprotokoll

Datum	Titel	Textsorte	Ablageort

Das will ich mir merken:

1. **Zum Thema / Inhalt:** (Stichpunkte zum Text / wichtige Gedanken / Merkmale der Textsorte)

2. **So verstehe ich den Text:**

3. **Das habe ich geübt / Das muss ich noch üben:**

4. **Bemerkungen:** (Das halte ich für wichtig / Bezüge zu anderen Texten vermerken / passende Internet-Adressen ergänzen)

Die Zeitvorgaben in der Prüfung

INFO

Die schriftliche Abschlussprüfung im Fach Deutsch dauert insgesamt 195 Minuten.
Sie beginnt zwischen 8.00 und 8.15 Uhr. Der genaue Zeitpunkt wird von deiner Schule festgelegt.
Die Abschlussprüfung besteht aus zwei Abschnitten:

I. Entscheidung für eine Prüfungsaufgabe
Du erhältst eine Prüfungsvorlage mit verschiedenen Materialtexten, und zwar den Basisteil mit verschiedenen Aufgaben und zwei Wahlteile (Wahlteil A und Wahlteil B), die jeweils eine längere Schreibaufgabe beinhalten.
Die Aufgaben im Basisteil musst du bearbeiten, zwischen den Wahlteilen A und B kannst du selbst entscheiden.
Die Aufgabenstellungen der Wahlteile können unterschiedliche inhaltliche Schwerpunkte haben (zum Beispiel Schwerpunkt „Literarische Texte“ oder Schwerpunkt „Sachtexte“) und unterschiedliche Schreibaufgaben beinhalten (z.B. Verfassen einer Stellungnahme, Schreiben eines Briefes oder eines inneren Monologs).
Innerhalb von 15 Minuten musst du dich für einen Wahlteil entscheiden.
Den Wahlteil, den du nicht bearbeiten willst, musst du durchstreichen.

I. Prüfungsaufgabe auswählen
15 min

II. Bearbeitung der Prüfungsaufgaben
Hörverstehenstest (ca. 20 Minuten)
Ein Text wird zweimal vorgelesen. Zwischen dem ersten und zweiten Vorlesen des Textes gibt es eine kurze Pause. Beim zweiten Vorlesen darfst du dir Notizen machen. Fragen zum Text dürfen nicht gestellt werden.
Anschließend erhältst du ein Arbeitsblatt mit Aufgaben zum Text.
Diese musst du beantworten.

II. Prüfungsaufgaben bearbeiten
180 min

Basisteil und Wahlteil: Bearbeiten der Prüfungsaufgabe (ca. 160 Minuten)
Zuerst musst du die Aufgaben des Basisteils bearbeiten. Dazu musst du beispielsweise den Materialtexten Informationen entnehmen und diese zusammenfassen, Diagramme auswerten usw.
Im von dir ausgewählten Wahlteil (A oder B) wird dir eine Schreibaufgabe gestellt, die du in einem zusammenhängenden Text beantworten musst. Die Aufgaben im Basisteil können dir helfen, diese längere Schreibaufgabe zu verfassen.

Für diese beiden Prüfungsteile hast du insgesamt 180 Minuten Zeit.

1. Trage auf diesem Zeitstrahl ein, wie viel Zeit für die einzelnen Prüfungsteile zur Verfügung steht.

8.00 8.30 9.00 9.30 10.00 10.30 11.00 11.30 12.00

Erfahrungen auswerten: Zeitplanung und Zeitkontrolle

1. Für die Bearbeitung der schriftlichen Prüfung hast du insgesamt 180 Minuten Zeit.
   Für die Bearbeitung des Textes zum Hörverstehen musst du ungefähr 20 Minuten einplanen.
   Für die Schreibaufgabe bleiben dir dann noch ungefähr 160 Minuten. Es ist daher wichtig, dass du ein Gefühl für die Zeit bekommst.
   Bearbeite die Prüfungsbeispiele in den Teilen C bis E deshalb immer mit einer Uhr.
   Halte fest, wie viel Zeit du für die einzelnen Arbeitsschritte einplanst und wie viel Zeit du tatsächlich benötigst.

	geplante Zeit	benötigte Zeit
1. Texte lesen und erfassen		
2. Text untersuchen und auswerten		
3. Aufgaben des Basisteils bearbeiten		
4. Aufgabenstellung des Wahlteils genau erfassen		
5. Deinen Text planen und gliedern		
6. Deinen Text schreiben und überarbeiten		
	Zusammen 160 Minuten	

Prüfungsbeispiel ______________________________

	geplante Zeit	benötigte Zeit
1. Texte lesen und erfassen		
2. Text untersuchen und auswerten		
3. Aufgaben des Basisteils bearbeiten		
4. Aufgabenstellung des Wahlteils genau erfassen		
5. Deinen Text planen und gliedern		
6. Deinen Text schreiben und überarbeiten		
	Zusammen 160 Minuten	

Prüfungsbeispiel ______________________________

	geplante Zeit	benötigte Zeit
1. Texte lesen und erfassen		
2. Text untersuchen und auswerten		
3. Aufgaben des Basisteils bearbeiten		
4. Aufgabenstellung des Wahlteils genau erfassen		
5. Deinen Text planen und gliedern		
6. Deinen Text schreiben und überarbeiten		
	Zusammen 160 Minuten	

Prüfungsbeispiel ______________________________

2. Notiere: Wo gab es Abweichungen von deiner Planung?
   Welche Schlüsse ziehst du daraus?

   ____

A 2 Was wird bei den Aufgabenstellungen erwartet?

Alle Aufgabenstellungen (Aufgaben im Basisteil und in den Wahlteilen) enthalten Hinweiswörter (Operatoren), die dir nicht nur helfen, die Aufgaben zu verstehen, sondern auch aufzeigen, welche Schwierigkeitsstufe eine Aufgabe hat.

Alle folgenden Aufgabenstellungen könnten aus Prüfungsarbeiten stammen. Lies die Aufgaben genau. (ACHTUNG: Der zugehörige Text ist nicht abgedruckt.)

1. In der Aufgabenstellung ① unten ist mit der Unterstreichung hervorgehoben worden, was von dir erwartet wird. Unterstreiche auch in den weiteren Teilaufgaben (② bis ⑥), was du tun sollst. Die Verben in den Info-Kästen geben dir Hinweise.

Schwierigkeitsstufe 1: Hier musst du Wissen wiedergeben.

Aufgabe ①: Fasse die Kurzgeschichte „Die Tochter“ von Peter Bichsel (Text 1) in nicht mehr als fünf Sätzen zusammen.

Aufgabe ②: Beschreibe, wie die Eltern die Tochter sehen.

Aufgabe ③: Stelle dar, wie sich das Verhältnis zwischen Eltern und Tochter in Text 2 entwickelt hat.

INFO zu Stufe 1

nennen, beschreiben, benennen, wiedergeben, zusammenfassen, darstellen:
Hier musst du den Sachverhalt/den Inhalt/die Textaussage/den Zusammenhang in eigenen Worten strukturiert wiedergeben. Dabei sind nur die wichtigsten Fakten zu nennen.
Deine eigene Meinung/dein Kommentar ist nicht gefragt.

Schwierigkeitsstufe 2: Hier musst du Fragen und Probleme selbstständig erfassen. Fertigkeiten, die du hast, sollen in einem neuen Zusammenhang angewendet werden.

Aufgabe ④: Vergleiche die im Diagramm dargestellten Umfrageergebnisse mit den Erklärungen der Mutter in Text 3.

Aufgabe ⑤: Benenne die sprachlichen Mittel, die der Autor von Text 3 einsetzt, um die Haltung der Tochter deutlich zu machen. Erläutere diese an zwei Beispielen.

INFO zu Stufe 2

erklären, erläutern:
Hier müssen die Textaussagen oder Inhalte durch zusätzliche Informationen und Beispiele veranschaulicht und/oder durch Kenntnisse belegt werden.
nachweisen:
Hier sollst du bestimmte Merkmale oder Inhalte eines Textes (Sachtext oder literarischer Text) aufzeigen bzw. beschreiben.
vergleichen:
Hier sollst du Informationen aus den Materialien unter bestimmten Bedingungen vergleichen, indem du Gemeinsamkeiten, Unterschiede oder Abweichungen herausarbeitest.

Schwierigkeitsstufe 3: Hier musst du eigene Lösungsansätze finden. Du sollst also Probleme und Themen reflektieren und/oder bewerten.

Aufgabe 6: Die Texte 1 – 4 beziehen sich auf das Verhältnis von Kindern zu ihren Eltern. Beurteile die unterschiedlichen Verhaltensweisen der vorgestellten Elternpaare. Nimm Stellung zu den vorgeschlagenen Lösungsansätzen.

INFO zu Stufe 3

beurteilen:
Hier musst du, manchmal auch mithilfe verschiedener Zusatzmaterialien (Diagramm, Karikatur ...), ein begründetes Urteil fällen.
Stellung nehmen, auseinandersetzen mit:
Hier soll, nach einer eingehenden Auseinandersetzung mit einem Sachverhalt, eine eigene Einschätzung des Problems verfasst werden. Dabei kann auch eine Argumentationskette entwickelt werden, die zu einem logischen Schluss führt.
begründen:
Hier sollst du eine Einschätzung/eine eigene Meinung sachlich und fachlich korrekt belegen.
verfassen:
Hier soll ein Text unter Berücksichtigung der geforderten Textmerkmale (Interpretation, Erörterung ...) verfasst werden.

2. Im **Wahlteil** findest du zwei umfangreiche Schreibaufgaben. Diese könnten aussehen wie das folgende Beispiel. Unterstreiche auch in dieser Aufgabe, was du tun sollst. Die Verben in den Info-Kästen geben dir auch hier Hinweise.

Du arbeitest als Schülervertreter bzw. Schülervertreterin in der Arbeitsgruppe „Elternarbeit" in deiner Schule mit. Für eure nächste Sitzung verfasst du einen Text darüber, wie Eltern und Kinder sich in verschiedenen Situationen verhalten und wie sich durch bestimmte Verhaltensweisen das Verhältnis zueinander problematisch entwickeln kann.

Bearbeite hierfür die folgenden Aufgaben in einem zusammenhängenden Text.
Beachte dabei auch die Überleitungen.

a) Alle Texte befassen sich mit dem Thema „Konflikte zwischen Eltern und Kindern". Fasse die einzelnen Textaussagen kurz zusammen.
b) Vergleiche, welche Rolle die Verhaltensweisen der Eltern in den dargestellten Konfliktsituationen spielen.
c) Beurteile die Reaktionen der Kinder auf das Verhalten der Eltern anhand von zwei Beispielen.
d) Erörtere, welche Lösungsmöglichkeiten für beide Seiten vorgeschlagen werden.
e) Begründe, für welches Lösungsmodell du dich entscheidest.

TIPP

Im Internet findest du unter **www.finaleonline.de** eine ergänzende Liste zu allen Hinweiswörtern (Operatoren)!

A 3 Wie entscheide ich mich für die Prüfungsaufgabe?

Die erste Orientierung erhältst du durch **den Hinweis,** der sich vor den Materialtexten befindet. Die Beispiele auf dieser Doppelseite könnten auch in der Prüfung vor den verschiedenen Materialtexten stehen. (ACHTUNG: Die Texte und Materialien sind nicht abgedruckt.)

INFO

Du erhältst eine Prüfungsvorlage mit unterschiedlichen Materialtexten. Daran schließen sich Aufgaben im Basisteil an, die du bearbeiten musst. Danach musst du dich für eine Schreibaufgabe im Wahlteil A oder B entscheiden. Du musst dich innerhalb von 15 Minuten entscheiden, welche Schreibaufgabe du bearbeiten willst.
Gehe so vor:
Verschaffe dir einen ersten Überblick durch das Lesen des ersten Hinweises (Thema, evtl. Textarten).
Verschaffe dir durch überfliegendes Lesen der Texte (siehe B 4, Seite 36) einen genaueren Überblick. Überfliegendes Lesen ist wichtig, weil du zum genauen Lesen der Texte zu wenig Zeit hast.
Lies dir die beiden Schreibaufgaben dann genau durch (siehe TIPP zu 3., Seite 13).

1. Lies den folgenden Hinweis genau. Unterstreiche, was von dir erwartet wird. Unterstreiche außerdem das Thema, mit dem du dich beschäftigen musst, und die einzelnen Teile der Aufgabenstellung, die du bearbeiten sollst.

Beispiel:
Die folgenden Texte, das Diagramm und das Foto befassen sich aus unterschiedlichen Perspektiven mit dem Thema „Herbst". Lies alles aufmerksam, markiere die für dich wichtigen Stellen und bearbeite dann zuerst die sich anschließenden Aufgaben im Basisteil.
Im Anschluss daran musst du dich entscheiden, ob du die Schreibaufgabe im Wahlteil A oder B bearbeitest.

2. Unterstreiche in den Aufgaben des Basisteils, die du bearbeiten musst, alle Operatoren (siehe Seite 10/11).

TIPP zu 2.

Überlege nun:
Was wird in den einzelnen Aufgaben verlangt?
Was bedeuten die verschiedenen Operatoren (siehe Seite 10/11)?

Beispiel:

a) Fasse Text 1 in nicht mehr als vier Sätzen zusammen.
b) Vergleiche die im Diagramm dargestellten Ergebnisse mit den in Text 2 genannten Erwartungen der Menschen.
c) Stelle mithilfe eines Beispiels dar, wie sich die Befragten das Voranschreiten der Klimaerwärmung vorstellen.
d) Benenne in jedem der drei Gedichte zwei sprachliche Mittel, die die Autoren einsetzen. Erkläre deren Bedeutung.
e) Die Texte 2 – 4 beziehen sich auf das Thema „Herbst". Verdeutliche in jeweils einem Satz ihre zentrale Aussage.

3. Unterstreiche nun, was in den Wahlteilen A und B von dir verlangt wird.

Beispiel:

Wahlteil A
Du bist Mitarbeiterin bzw. Mitarbeiter der AG „Schul-Homepage“. Immer zu Beginn eines neuen Schuljahres bekommt eine/einer den Auftrag, ein passendes Gedicht für die Startseite auszusuchen. Diesmal bist du an der Reihe. Für die nächste Redaktionssitzung sollst du begründen, für welches Gedicht du dich entschieden hast.
Bearbeite dazu die folgenden Aufgaben in einem zusammenhängenden Text. Beachte auch die Überleitungen.

a) Stelle einleitend die drei Gedichte vor, die du zur Auswahl hast.
b) Erläutere kurz die Gemeinsamkeiten, aber auch die Unterschiede zwischen den einzelnen Gedichten.
c) Formuliere drei Gründe, die für das Gedicht deiner Wahl sprechen. Gehe dazu auf die unterschiedlichen Inhalte und die eingesetzten sprachlichen Mittel ein.

Wahlteil B
Im Erdkundeunterricht behandelt ihr das Thema „Klimaveränderung“. Für eine Wandzeitung zu diesem Thema sollst du einen informierenden Text zur Klimaveränderung in Deutschland am Beispiel der Jahreszeit Herbst verfassen.
Bearbeite dazu die folgenden Aufgaben in einem zusammenhängenden Text. Beachte auch die Überleitungen.

a) Verfasse zunächst eine Einleitung, in der du deine Mitschülerinnen und Mitschüler auf das Thema einstimmst.
b) Beschreibe, welche positiven bzw. negativen Auswirkungen die Jahreszeit Herbst auf die Menschen haben kann. Zeige dies mithilfe von je zwei Beispielen aus den drei Gedichten.
c) Erläutere, welche Klimaveränderungen die Forscher in der Jahreszeit Herbst erwarten.
d) Erkläre und begründe anhand von zwei Beispielen, welche Maßnahmen die Menschen gegen die Klimaveränderung ergreifen können.

TIPP zu 3.

Überlege:

Welche Textsorten bearbeite ich gerne?
- Kann ich gut Gedichte interpretieren?
- Komme ich mit Kurzgeschichten gut klar?
- Bevorzuge ich Sachtexte?
- Fällt es mir leicht, Diagramme zu erlesen?

Welche Texte verfasse ich selbst gerne?
- Bevorzuge ich informierende Texte?
- Schreibe ich gerne Texte, die argumentativ Probleme gegenüberstellen und in denen ich meine eigene Meinung deutlich machen kann?
- Bevorzuge ich persönliches Schreiben (Briefe)?

Was verlangt die Schreibaufgabe genau von mir?
- Welches ist der Anlass für meine Schreibaufgabe?
- Welches Anliegen hat mein Schreiben?
- Wer sind meine Adressaten?
- Mit welchen Operatoren, die in der Schreibaufgabe vorkommen, kann ich gut umgehen?

TIPP

Wichtig:
- Nutze die 15 Minuten der Auswahlzeit voll aus!
- Konzentriere dich auf deine Stärken!
- Achte nicht auf die Länge der einzelnen Materialtexte!

A 4 Die Prüfungsarbeit: Ein Beispiel

Die Prüfung enthält mehrere Texte und verschiedene Aufgaben zu einem thematischen Schwerpunkt. In unserem Beispiel sind es Materialien zum Thema „Sport im Alltag Jugendlicher“.

Deine schriftliche Abschlussarbeit im Fach Deutsch beginnt, indem die Lehrerin oder der Lehrer dir die Unterlagen für den Basisteil und die Wahlaufgaben aushändigt. Du hast nun 15 Minuten Zeit, dich für den Wahlteil A oder den Wahlteil B zu entscheiden. Den von dir nicht gewählten Wahlteil streichst du verbindlich durch.

Deine Bearbeitungszeit beginnt mit dem Hörverstehenstest. Dieser Teil der Prüfung besteht aus einer Hörverstehensaufgabe. Hier ist ein Beispieltext abgedruckt, wie so ein Text und die Fragen dazu inhaltlich aussehen könnten. Achtung: In der Prüfung bekommst du den Text nur zweimal vorgespielt, du bekommst ihn nicht schriftlich ausgehändigt! Erst wenn du den Teil zum Hörverstehen abgegeben hast, darfst du mit der Bearbeitung des Basisteils und der von dir gewählten Wahlaufgabe beginnen.

Die folgende Prüfungsvorlage wurde zum Teil bereits bearbeitet. Jedoch ist sich der Schüler unsicher, immerhin geht es hier um die Abschlussarbeit. Hilf ihm, indem du seine Lösungen mit den Aufgabenstellungen vergleichst und die Antworten gegebenenfalls ergänzt oder verbesserst.

Hörverstehenstest

Ich pumpe, also bin ich

Simon, Samim und Tamim schwitzen fast täglich im Fitnessstudio. Sie wollen „den Körper ausdefinieren“, sagen sie, haben einen strengen Ernährungsplan. 900.000 Jugendliche gehen zum Krafttraining. Ist das noch Hobby-Sport – oder ungesunder Körperwahn?

„Es ist viel Aufwand“, sagt Simon, 15. Der Gymnasiast aus Hamburg geht seit einem halben Jahr ins Fitnessstudio, um Muskeln aufzubauen und Fett abzubauen. Sechsmal pro Woche trainiert er gemeinsam mit seinem Freund Luc nach dem Unterricht. Noch vor kurzem hat Simon morgens gar nichts gegessen, heute steht er zeitiger auf, um sich Eier zu kochen. Genau 150 Gramm Eiweiß soll er laut Ernährungsplan zu sich nehmen. Außerdem schmiert er sich Brote, denn das Mittagessen in der Schule passt nicht in den Ernährungsplan. „Es ist aber auch ein Gefühl von Genugtuung, wenn man sieht, wie andere in unserem Alter schon die Form verlieren, während wir uns gerade ausdefinieren“, sagt Simon.

Simon gehört zu einer steigenden Zahl von Jugendlichen, die in Fitnesscentern versuchen, ihren Körper einer ästhetischen Norm anzupassen. Etwa 900.000 unter 20-Jährige gehen regelmäßig in deutsche Kraftstudios. Sie wollen schön sein, muskulös und fit.

Für Michael Sauer hat diese Sportbegeisterung nicht nur positive Seiten. Der Dopingexperte vom Manfred-Donike-Institut in Köln möchte verhindern, dass Jugendliche dem Muskelaufbau mit Pulvern und Tabletten nachhelfen. (...)

Michael Sauer macht Präventionsunterricht an Schulen, aber er ist kein Mann, der mit erhobenem Zeigefinger kommt. Er sagt: „Wenn wir mit den Kids über Medikamentenmissbrauch sprechen, können wir nicht sagen: Von Anabolika kannst du sterben. Denn dann hört mir keiner mehr zu. Wir versuchen zu sagen: Wenn du die Mechanismen des Körpers nutzt, dann brauchst du auch keine Zusatzmittel zu nehmen, um dein Ziel zu erreichen."

Die Zwillinge Samim und Tamim, 16, gehen stets mit ihrem Freund Michael, 16, ins Fitnessstudio. Im Wollpulli auf der Straße sehen die drei Schüler eines Wirtschaftsgymnasiums in Hamburg noch aus wie Teenager, doch im Muskelshirt auf der Hantelbank wirken sie mit den muskulösen Armen und dem definierten Bauch zehn Jahre älter. Früher machten die Jungen Kickboxen oder spielten Handball. Seit fünf Monaten gehen sie lieber ins Fitnessstudio, manchmal viermal die Woche.

Sie fühlen sich wohl in ihrem Körper, posieren vor der Kamera, leicht verlegen, aber doch stolz. „Beim Sport können wir super abschalten, außerdem bleiben wir fit und sehen dabei noch gut aus", sagt Tamim. (...)

Dass immer mehr Jugendliche aller Bildungsniveaus in die Studios strömen, beobachtet auch Mischa Kläber, Ressortleiter „Präventionspolitik und Gesundheitsmanagement" beim Deutschen Olympischen Sportbund.

In der Muckibude entwickele sich jedoch unter den Jugendlichen schnell eine „Zweck-Mittel-Mentalität", meint Kläber. Um weniger zu essen, greife man zu Diätdrinks oder Pillen. Möchte man auch für den nächsten Tag wieder fit sein im Training, helfe Kreatin weiter. „Ich verteufele nicht die Nahrungsergänzungsmittel schlechthin. Ein Eiweißshake macht mehr Sinn als vier Liter Milch am Tag zu trinken, wie es noch in alten Bodybuilding-Handbüchern steht", sagt Kläber. Gefährlich sei es dann, wenn die frei zugänglichen Mittel nicht mehr wirkten und man zu stärkeren Mitteln greife.

Fitness für gutes Aussehen ist für die Jugendlichen auch Identitätsarbeit. „Sie versuchen ihre Rolle als Sportler auszufüllen, verbringen viel Zeit im Studio und mit der Zubereitung von Essen, ihre Sozialkontakte beschränken sich zunehmend auf Personen mit ähnlichen Interessen. Je intensiver sich ein Athlet über seine Körperoptik definiert, desto schwieriger wird es, den Pfad wieder zu verlassen", sagt Kläber. Jugendliche, die muskulös aussehen wollen, haben meist keine Ahnung, wie sie das schaffen sollen. „Sie holen sich ihr Wissen von Freunden, aus dem Internet oder von Leuten in ihrer Muckibude. Wir wissen aber nicht, was die ihnen empfehlen – dort liegt die Schwachstelle", meint Michael Sauer.

Im Fitnessstudio von Samim und Tamim, Simon und Luc gibt es einen Automaten mit Nahrungsergänzungsmitteln. Ob sich die Jungs so etwas auch manchmal gönnen? „Wir geben hier kein Geld für die Shakes aus, sondern machen die zu Hause aus Quark und Wasser", erklärt Samim. In der Werbebroschüre für die Nahrungsergänzungsmittel steht neben Krea-Genic „Nicht für Kinder oder Jugendliche geeignet!" Davor hat Simon Respekt. Aber er sagt auch: „Wenn wir alt genug sind und Kreatin keine gesundheitlichen Risiken hat, dann nehmen wir das auch zur Hilfe."

Maria Timtschenko: Ich pumpe, also bin ich. http://www.spiegel.de/lebenundlernen/schule/jugendliche-im-fitnessstudio-hobby-sport-oder-koerperwahn-a-919483.html (Zugriff: 04.01.2018, leicht gekürzt)

Aufgabe 1

Fasse kurz den Inhalt des Artikels zusammen.

In dem Text geht es um Jugendliche, die in einem Fitnessstudio trainieren, bzw. „pumpen", um besser auszusehen. Durch Muskeltraining versuchen sie, ihre Körper auszudefinieren, um sich darin wohler zu fühlen. Dieser Trend nimmt unter den Jugendlichen immer stärker zu.

Doch dabei lauern auch Gefahren: Oft ist den Jugendlichen ihr Aussehen wichtiger als ihre Gesundheit. Es ist schwer umzudenken, wenn man sich erst einmal dem „Körperkult" hingegeben hat.

Aufgabe 2

Welchen Gefahren sind Jugendliche ausgesetzt, wenn sie übertriebenes Fitnesstraining betreiben? Gib zwei Beispiele an, die auch im Artikel genannt werden.

Es kann sein, dass Jugendliche falsch trainieren oder sich ungesund ernähren, weil sie Menschen fragen, die sich nicht auskennen, oder weil sie sich im Internet selber informieren. Zudem gibt es Jugendliche, die ihre Grenzen nicht kennen. Sie wollen immer muskulöser werden und laufen Gefahr, auch zu ungesunden Substanzen oder sogar Anabolika zu greifen, um dieses Ziel zu erreichen.

Aufgabe 3

Welche der folgenden Aussagen bezüglich des Körperkultes bei Jugendlichen stammen sinngemäß aus dem Text? Kreuze an:

Zeile	richtig	falsch
Die Zahl der Jugendlichen, die in Fitnessstudios trainieren, steigt stetig an.	x	
Nahrungsergänzungsmittel sind für Jugendliche oft leicht zugänglich.	x	
Die Jungen gehen außerdem noch zum Kickboxen und zum Handball.		x
Das Interesse für Körperoptik ist meistens nur von kurzer Dauer.		x

Aufgabe 4

In dem Artikel heißt es, Fitness für gutes Aussehen sei für die Jugendlichen auch „Identitätsarbeit" (Zeile 52). Erkläre mit eigenen Worten, was damit gemeint ist.

Jugendliche müssen ihre Rolle im Leben und in der Gemeinschaft noch finden. Jeder versucht dabei, ein Bild von sich nach außen zu zeigen, das seinen Wünschen und Träumen entspricht. Diese Jugendlichen hier wollen sich als Sportler präsentieren. So erfahren sie Anerkennung für ihr Aussehen und für ihr Durchhaltevermögen. Andere Menschen bewundern sie dafür. Das gibt ihnen das Gefühl, etwas gut gemacht zu haben und in etwas „Experte" zu sein. Darauf sind sie stolz und ihr Selbstbewusstsein wächst.

Aufgabe 5
Glaubst du, die Jugendlichen aus dem Artikel werden später zu Nahrungsergänzungsmitteln greifen? Begründe deine Antwort.

Ja, das denke ich. Den Jugendlichen scheint ihr Aussehen sehr wichtig zu sein und und ich habe nicht den Eindruck, dass sie es schlimm fänden, diese Mittel zu nehmen, wenn sie erwachsen sind. Einer der Jungen sagt ja sogar, dass er nur deshalb auf Kreatin verzichtet, weil es nicht für Kinder und Jugendliche geeignet ist.

Basisteil

Text 1: Was ist eSport?

Der Begriff „eSport“ ist die Abkürzung für „elektronischer Sport“ und bezeichnet das wettbewerbsmäßige Spielen von Computer- und Videospielen. Unwichtig für die Definition sind das Genre und die Plattform eines Titels. Egal ob PC oder Konsole, Renn- oder Actionspiel: Wer den geregelten Wettkampf gegen andere Zocker ausübt, betreibt eSport.
Zu den beliebtesten eSport-Titeln gehören „Counter-Strike – Global Offensive“ und „League of Legends“. Jahr für Jahr schütten diverse Veranstalter Preisgelder in Millionenhöhe bei Turnieren für beide Games aus. Etwa der eSports World Championship (ESWC): Der ESWC gilt als die Weltmeisterschaft des eSports, jedes Spiel ist eine Disziplin. An den hoch dotierten[1] Wettbewerben nehmen vor allem Zocker teil, die vom eSport leben. Diese Profis heißen im Szene-Jargon „Progamer“. Einer der bekanntesten ist der ehemalige „Quake 3“-Profi Jonathan Wendel: Fatal1ty, der Spielname des US-Amerikaners, ziert sogar noch heute, Jahre nach seinem Karriereende, Headsets und Soundkarten des Herstellers Creative.
Für besonders große und wichtige Veranstaltungen wie den ESWC versammeln sich die Spieler und tragen ihre Partien im lokalen Netzwerk aus. Doch der Großteil des eSportler-Alltags findet im Internet statt: Im Netz halten Progamer und Hobbyspieler ihr Training ab, treten in Online-Ligen an und treffen sich zum Diskutieren auf Szene-Seiten. Dabei ist die ESL[2] mit mehr als 3 Millionen registrierten Benutzern Dreh- und Angelpunkt: Die Webseite der ESL fungiert als Plattform, die Matches zwischen Spielern vermittelt. Eine Rangliste zeigt dann, wer am besten daddelt. Das klingt nach einer einsamen Angelegenheit, ist es aber nicht: Die meisten eSportler organisieren sich in Clans. Das sind Spielervereinigungen, die Sportvereinen ähneln. Man verabredet sich zum Training, zu Wettkämpfen oder auch mal außerhalb der virtuellen Welt zum Feiern. Einige Clans sind eingetragene Vereine oder gar Unternehmen, die meisten existieren jedoch als lose Zusammenschlüsse von Gleichgesinnten.
In Titeln wie „Counter-Strike – Global Offensive“ kommen Sie ohne Mitspieler und gemeinsame Trainingseinheiten auch nicht weit: Wettbewerbe im Valve[3]-Ballerspiel finden meistens im Modus 5 gegen 5 statt. Dann ist neben einer guten Hand-Auge-Koordination und blitzschnellen Reflexen auch eine gehörige Portion Taktik gefragt.

Diese Anforderungen sind es auch, die Befürworter wie der Verband Deutscher eSport-Bund (ESBD) als Argumente für eine Anerkennung des eSports als Sportart in die Waagschale werfen. Falls Sie dem Gedanken skeptisch gegenüber stehen, der Zockerei Sportstatus zu gewähren, dann geht es Ihnen wie dem Deutschen Olympischen Sportbund (DOSB), der für die Anerkennung maßgeblich ist: Dessen Definition verlangt eine „eigene, sportartbestimmende motorische Aktivität". Die liegt beim eSport nicht vor. Anerkennung vom DOSB hin oder her: Unter dem Strich zeichnet sich der eSport durch den Spaß am Zocken, am Wettbewerb und die Leidenschaft der Beteiligten aus. Viele Fans, Organisatoren und Spieler opfern ihre komplette Freizeit für das Hobby. Der eSport hat Suchtpotenzial – seien Sie sich dessen bewusst, wenn Sie einen Ausflug in die Szene starten.

Computer Bild: Was ist eSport? http://www.computerbild.de/artikel/cbs-News-Spiele-eSport-Begriffserklaerung-Definition-6148676.html (Zugriff: 03.01.2018)

[1] eine sehr gute Bezahlung aufweisend
[2] Electronic Sports League
[3] Entwicklerfirma (z. B: von „Counter Strike")

Aufgabe 1

Fasse in nicht mehr als vier Sätzen zusammen, worum es in dem Text geht.

Der Artikel aus der Computer Bild beschreibt das Phänomen des eSports. Es wird erklärt, wie Spieler diesen „Sport" ausüben und was sie darin sehen. ESport ist jedoch nach wie vor umstritten. Während die einen es als echten Sport sehen, fehlt dem Deutschen Olympischen Sportbund die eigene motorische Aktivität, also ein besonderer Bewegungsablauf.

Aufgabe 2

In dem Text wird für Begriffe, die mit dem Bereich des eSports zu tun haben, eine eigene Sprache genutzt.

a) Suche die folgenden drei speziellen Vokabeln im Text und erkläre sie aus dem Textzusammenhang heraus mit deinen eigenen Worten.

eSport	Sport, der virtuell betrieben wird (Computerspiele)
Progamer	Spieler von Computerspielen, die Geld mit dem Spielen verdienen; professionelle Spieler
Clans	Zusammenschlüsse von Spielern, die eine Interessengemeinschaft bilden

b) Begründe, warum „Gamer" eigene Vokabeln für ihre Freizeitbeschäftigung erfinden.

Immer wenn Menschen sich in Gruppen zusammentun, entwickeln sie ihr eigenes Vokabular. Das passiert ganz automatisch, wenn man Zeit miteinander verbringt, und schweißt die Gruppe stärker zusammen. Im Bereich „Gaming" kommt hinzu, dass es für vieles einfach noch keine passenden Wörter gab, also musste man sie erfinden.

Aufgabe 3
Nenne stichpunktartig drei Aspekte, warum „Gamer“ davon überzeugt sind, einen Sport auszuüben.

– Die Spieler treten gegeneinander an.

– Es gibt eine Rangliste. / Es besteht ein Wettkampf.

– Es geht um taktisches Vorgehen und Reflexe.

Grafik: Knapp jeder zweite Deutsche ist ein Gamer

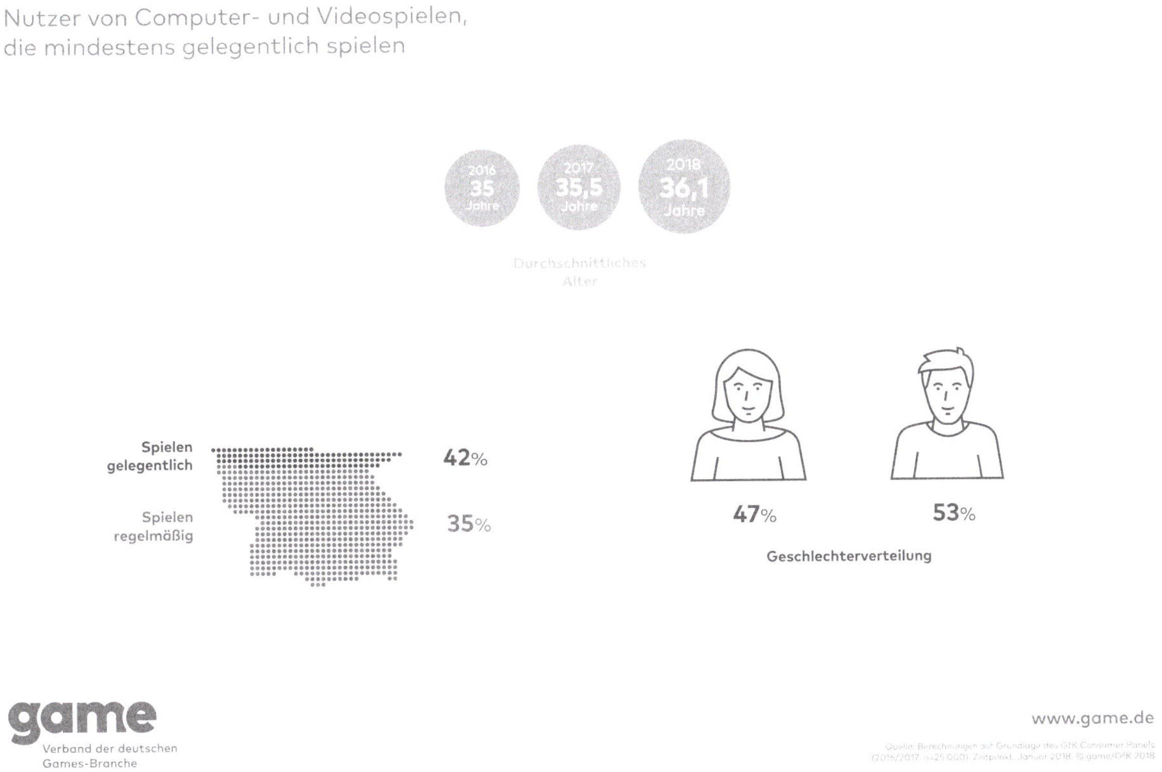

Quelle: game – Verband der deutschen Games-Branche e.V., Berlin
https://www.game.de/blog/2018/06/12/durchschnittsalter-der-gamer-in-deutschland-steigt-auf-ueber-36-jahre/ © game/GfK 2018

Aufgabe 4
Erkläre das Thema der Grafik in eigenen Worten.

Die Grafik gibt an, wie viele Menschen in Deutschland in den Jahren 2016, 2017 und 2018 gelegentlich oder regelmäßig Computer- und Videospiele gespielt haben. Außerdem gibt sie Auskunft über das Durchschnittsalter und die Geschlechterverteilung der Spielenden.

Aufgabe 5
Beschreibe kurz die in der Grafik enthaltenen Informationen.

Das Durchschnittsalter der befragten Menschen, die sich in Deutschland gelegentlich oder regelmäßig mit Computer- und Videospielen beschäftigen, stieg von 35 Jahren im Jahr 2016 auf knapp über 36 Jahre im Jahr 2018 an. Dabei spielen 42 % der Befragten gelegentlich, 35 % dagegen regelmäßig. 47 % der Spielenden sind weiblich und 53 % männlich.

Aufgabe 6

Stelle einen Zusammenhang her zwischen den Inhalten der Grafik und dem Phänomen des eSports.

Die Grafik zeigt, dass viele Menschen in Deutschland Computer- und Videospiele spielen. Fast jeder Zweite beschäftigt sich damit. Für immer mehr Menschen gehören Computer- und Videospiele also zum Alltag, 35 Prozent spielen sogar regelmäßig. Beschäftigt man sich mit einer Sache intensiv, entsteht schnell das Bedürfnis, sich mit anderen zu vergleichen. Die Spieler sind stolz auf ihr Können und auf das, was sie „ingame", also im Spiel, erreicht haben. Somit steigt das Bedürfnis, sich neue Herausforderungen zu suchen, indem man mit anderen in den Wettstreit tritt. Wenn man das Durchschnittsalter der Spielenden betrachtet, lässt sich vermuten, dass es sich beim eSport nicht nur um ein Phänomen unter Jugendlichen handelt.

Wahlteil A

Du bist leidenschaftlicher eSportler. Aber schon seit längerer Zeit besteht ein Konflikt zwischen dir und deinen Eltern, weil diese sich wünschen, dass du einen „richtigen" Sport ausübst. Du stößt auf eine Infobroschüre, die dich darüber informiert, dass in deiner Stadt ein Kurs angeboten wird, der nach den Lehren von Ido Portal unterrichtet wird. Du bist begeistert und versuchst, deine Eltern davon zu überzeugen, dass „Movement Culture" genau das richtige Hobby für dich wäre.

Text 2A: Movement Culture: Die Wiederentdeckung des Körpers

Fitness boomt wie nie zuvor. Deutsche Fitnessstudios liegen laut dem Deutschen Sportstudio Verband mit weit über neun Millionen Mitgliedern quantitativ sogar vor Fußballvereinen. Noch nie war der Fitnessgedanke so selbstverständlich in den gesellschaftlichen Alltag integriert – die Yogastunde vor Arbeitsbeginn, das 20-Minuten Workout in der Mittagspause, Cardiotraining am Abend. Und immer mehr Apps und Geräte begleiten uns dabei. Der Fitness-Tracker[1] am Arm weiß, wie viele Schritte man am Tag bereits zurückgelegt hat, die Apple Watch, wie viel Workout noch ansteht.

Trends wie Bodybuilding und Aerobic legten schon in den 80er-Jahren den Grundstein für die heutige Studio-Kultur. Arnold Schwarzenegger lockte die Massen an die Hanteln, und Jane Fondas Aerobic-Videos begeisterten kurz darauf auch immer mehr Frauen für Fitnessstudios. So avancierte das Workout zum zentralen Element einer gemeinsamen Körpererlebniskultur.

Heute finden wir uns in einer Welt mit einem schier endlosen Angebot wieder – von Discount-Fitnessstudios, die für wenige Euro im Monat das Studioworkout ermöglichen, bis zu Exklusiv-Fitness, bei der Training, Yogakurs und Wellness zum Erlebnis verschmelzen. Denn der sportliche Lebensstil hört nicht an der Hantelbank auf: Proteinshakes, Magazine, Sportbekleidung, Youtube-Sportfreaks, Aktivurlaube – Fitness ist in allen

gesellschaftlichen Bereichen angekommen und regelmäßiges Training alltäglich geworden.
Doch das Prinzip Fitnessstudio hat eine Kehrseite: Sport dient hier primär dem Erlangen einer bestimmten Ästhetik, der Fokus liegt auf Muskelpartien oder sogenannten Problemzonen. Oft werden spezielle Muskeln überstrapaziert, Dehnungen vernachlässigt, Geräte falsch benutzt. Die Folgen können ein unnatürlicher Aufbau der Muskeln, Bewegungseinschränkungen oder sogar langwierige Schädigungen sein. Was bei diesen durchstrukturierten, methodischen Trainingsplänen zu kurz kommt, ist das Körperbewusstsein. Das Gefühl für Bewegung.
Immer mehr Menschen reicht das bloße Pumpen nicht mehr. Sie suchen die Wiedererkennung des eigenen Körpers und Bewegung als kreatives Erlebnis. Aus diesem Bedürfnis heraus formiert sich zurzeit die Trendbewegung der „Movement Culture“. Ihre zentralen Fragen lauten: Wieso bewegen wir uns? Zu welchen komplexen Formen und Abläufen ist der menschliche Körper in der Lage? Wie fühlt sich der eigene Körper in der Bewegung an?
Movement Culture zielt darauf, das riesige Bewegungspotenzial des Menschen voll auszunutzen. Als Visionär der Bewegung gilt der israelische Sportler Ido Portal, der einen dezidiert[2] körperlichen Lebensstil lehrt und praktiziert. Für ihn ist der Körper ein Feld des lebenslangen Lernens und der Weiterentwicklung. Portal nutzt dabei Trainingsformen aus unterschiedlichsten Sportarten – etwa Capoeira[3], Tanz, Kampfsport, Parkour oder Turnen –, um den Körper neu kennenzulernen. Ästhetik wird in der Movement Culture nicht als Zweck behandelt, sondern als eine natürliche Begleiterscheinung.
Warum ist das Gehirn eines Tänzers kognitiv fitter als das eines gleichaltrigen „Normalsportlers“? Weil es mit jeder neuen Choreografie Bewegungen neu erlernt. Die Vielseitigkeit fördert die Wahrnehmung von Körperbewegung und -lage im Raum, die Stellung einzelner Körperteile zueinander. Ido Portal geht es nicht darum, Beweglichkeit künstlich in unseren Lebensstil zu integrieren – denn Beweglichkeit ist unser Leben.
Dieses neue Bedürfnis nach Körperlichkeit verändert auch den Fitness-Markt. Studios wie der Brooklyn Zoo in New York könnten das bisherige Fitnesssystem revolutionieren: Eine 10.000 Quadratmeter große Fläche, die ausschließlich dem freien Training des Körpers gewidmet ist. Parkour-Elemente, Kletterstangen und -seile sowie Federböden sollen Anfänger und Fortgeschrittene auf dem Weg zur vollen Ausschöpfung ihrer Bewegungspotenziale unterstützen.
So stellen immer mehr Menschen fest, dass dem „normalen“ Fitness-Workout etwas fehlt. Sie entdecken den Körper neu – und tragen dazu bei, dass sich ein achtsameres Verhältnis zu Bewegung in der Gesellschaft verbreitet.

Yvonne Winnefeld: Movement Culture: Die Wiederentdeckung des Körpers. https://www.zukunftsinstitut.de/artikel/sport/movement-culture-die-wiederentdeckung-des-koerpers/ (Zugriff: 03.01.2018)

1 Tragbares Gerät, welches Schritte zählt und Körperdaten auswertet (Herzschlag, Puls)
2 Hier: entschlossen gelebt
3 Brasilianischer Kampftanz

Du arbeitest einen informierenden Vortrag aus, mit dem du deine Eltern überzeugen willst. Gehe folgendermaßen vor:

a) Beginne mit der Beschreibung deines Anliegens.
b) Erkläre deinen Eltern, wie dein sportlicher Alltag bis jetzt ausgesehen hat. Beziehe dabei die Informationen aus Text 1 ein.
c) Erläutere ihnen ausführlich, was „Movement Culture" ist. Nutze die Informationen aus Text 2A.
d) Führe drei Gründe an, warum es für dich langfristig von Vorteil wäre, diese Art von Sport zu machen.
e) Schließe mit einem Appell an deine Eltern.

Möglicher Schülertext:

Mama und Papa, ich möchte mit euch über etwas reden. Und zwar haben wir doch schon lange darüber diskutiert, dass ich mich mehr bewegen und deshalb eine neue Sportart anfangen soll. Bis jetzt konnten wir uns aber nie auf eine Sportart einigen, denn irgendwie hatten wir immer unterschiedliche Vorstellungen davon, was ein gutes Hobby für mich wäre.

Natürlich ist es so, dass viele Jugendliche, was Bewegung angeht, ziemlich faul sind. Auch ich bin diesbezüglich nicht immer motiviert. Und dann macht man eben das, was jeder macht. Alle in meiner Klasse, und natürlich auch ich, spielen zum Beispiel Computerspiele. Auch wenn ihr das nicht verstehen könnt, sind Computerspiele für viele Jungen und Mädchen in meinem Alter, mich eingeschlossen, nämlich auch eine Art Sport. Viele Jugendliche versuchen, in „ihrem" Spiel immer besser zu werden, bis sie schließlich in der Lage sind, in richtigen Wettkämpfen gegeneinander anzutreten. Wie das Training in einem Fußball- oder Schwimmverein kostet das viel Zeit und Energie – mitunter ist man dann zu müde, um noch irgendetwas anderes an Sport zu machen und sich auch einmal draußen zu bewegen. So geht es mir auch. Ihr habt ja selber gemerkt, wie viel Zeit ich in meinem Zimmer vor dem Rechner verbracht habe.

Jetzt allerdings habe ich eine Broschüre gefunden, in der über eine Sportart berichtet wird, die mich wirklich interessiert. Der Kurs, der in unserer Stadt neu angeboten wird, heißt „Movement Culture". Die Idee dazu hat ein israelischer Sportler mit dem Namen Ido Portal entwickelt. Sein Gedanke ist es, den Sport in den Alltag zu integrieren. Er ist der Meinung, dass jeder Mensch das natürliche Bedürfnis hat, sich zu bewegen. Aufbauend auf diesem Gedanken hat er sein Programm aus ganz vielen verschiedenen Sportarten zusammengestellt, ein „Best off" sozusagen. Das tut er, weil er denkt, dass es für die Kreativität und den Selbstausdruck der Menschen gut sei, immer neue Bewegungsabläufe zu lernen und nicht einige wenige immer und immer wieder zu wiederholen, wie es z.B. im Fitnessstudio oft der Fall ist. „Movement Culture" sorgt also nicht nur für einen fitten Körper, sondern auch für einen fitten Geist! Ich stelle mir das sehr interessant vor und würde deshalb sehr gerne an diesem Kurs teilnehmen.

Im Grunde ist ein Kurs wie „Movement Culture" doch auch genau das, was ihr für mich möchtet, denn ihr denkt ja, dass ich „keinen Bock hätte", mich zu bewegen. Das stimmt ja oft auch. Da stelle

ich es mir hilfreich vor, wenn mir jemand eine andere Sicht auf den Körper und Bewegung vermittelt. Denn ganz ehrlich: Sonst macht man das, was man kennengelernt hat und was man jeden Tag sieht. Und meine Freunde zocken nun einmal und ab und an geht einer ins Fitnessstudio und stemmt ein paar Hanteln. Das war es dann auch schon. Und wenn ich mithilfe von Movement Culture auch meine kognitiven Fähigkeiten noch verbessern könnte, so wie Ido Portal es verspricht, dann wäre es doch ein toller Nebeneffekt. Dann würde ich nicht nur lauter spannende Trainingsformen aus unterschiedlichen Sportarten kennen lernen, sondern dabei auch noch mein Gehirn trainieren. Vielleicht fällt mir dann ja sogar die Schule leichter, wer weiß?
Zuletzt möchte ich noch sagen, dass in meinem Alter jeder Jugendliche auch irgendwie „seinen Weg" gehen möchte. Jeder möchte etwas Besonderes sein oder machen. Für mein Selbstbewusstsein wäre es bestimmt richtig gut, wenn ich mich an etwas herantraue, was kein anderer aus meiner Clique macht, vor allem, wenn ich darin auch noch richtig gut werden könnte.
Ihr seht, ich habe mich schon richtig intensiv mit dem Thema „Movement Culture" beschäftigt. Ich habe mich auch schon darüber informiert, was so ein Kurs kosten würde, und er ist gar nicht so teuer, wie man es vielleicht vermuten würde. Natürlich würde ich mich auch an der Kursgebühr beteiligen, ich habe ja noch das Geburtstagsgeld von den Großeltern. Ich bitte euch deshalb darum, mir zu erlauben, mich für „Movement Culture" anzumelden.

Wahlteil B

Deine Schule hat es geschafft und ist als „Sportfreundliche Schule" vom Land Niedersachsen ausgezeichnet worden. Es gibt eine große Feierstunde deswegen. Nach der Veranstaltung sprechen dich als Schulsprecher vermehrt Schüler und Schülerinnen an, die finden, wenn die Schule sportfreundlich sei, müsse sie auch eine AG im Bereich des eSports anbieten. Für die nächste Besprechung mit der Schulleitung bereitest du eine entsprechende Stellungnahme vor.

Text 2B: Sportfreundliche Schule

Mit der Landesauszeichnung „Sportfreundliche Schule" sollen Schulen motiviert werden, Sport und Fitness in ihr Schulprogramm aufzunehmen und mit vielfältigen Bewegungsangeboten und gesunder Ernährung die Entwicklung von Kindern und Jugendlichen zu fördern. Ferner möchten das Niedersächsische Kultusministerium und der Landessportbund Niedersachsen für ein sportfreundliches Klima an den Schulen werben und die Arbeit der Schulleitung, der Lehrkräfte sowie aller Personen würdigen, die sich in einer Schule für Sportlichkeit und Fitness der Kinder und Jugendlichen einsetzen.
Alle allgemein bildenden und berufsbildenden Schulen Niedersachsens können sich um die Landesauszeichnung „Sportfreundliche Schule" bewerben.

Sportfreundliche Schule: https://www.mk.niedersachsen.de/startseite/schule/schuelerinnen_und_schueler_eltern/schulsport/projekte_aktionen_initiativen/fitnesslandkarte/sportfreundliche_schule/sportfreundliche-schule-154569.html (Zugriff: 03.01.2018)

Text 3B: Warum ist Schach eigentlich Sport?

Viele Menschen fragen sich, warum Schach ein Sport ist. Beide Spieler sitzen sich ja bloß gegenüber und bewegen sich nicht selbst. In der Tat kann man grübeln, ob Schach ein Sport sein soll. Es gibt aber gute Gründe dafür. Schach ist ein Denksport. Der Sieg hängt nicht vom Glück oder vom Zufall ab, sondern vom Können. Deshalb gilt das Glücksspiel Poker etwa nicht als Sport. Schach wird auf der ganzen Welt nach klaren Regeln gespielt. Es gibt Turniere, Einzel- und Teamwettkämpfe, sogar Schach-Olympiaden. Die Leistung eines Spielers lässt sich dabei genau messen. Schach bringt Menschen zusammen und hat auch einen erzieherischen Wert: Man lernt verlieren. All das zählt bei der Frage, ob etwas ein Sport ist. Klar, ein wichtiges Kriterium fehlt: die körperliche Aktivität. Aber über die lässt sich auch in anderen Sportarten streiten, etwa im Motorsport.

Andreas Strepenick: Warum ist Schach eigentlich Sport? http://www.badische-zeitung.de/schach-x1x/warum-ist-schach-eigentlich-ein-sport--76946348.html (Zugriff: 27.01.2018)

Bearbeite die folgenden Aufgaben in einem zusammenhängenden Text. Gehe folgendermaßen vor:

a) Beginne mit einer kurzen Einleitung, in der du ins Thema einführst und erklärst, was „eSport“ ist.
b) Benenne drei Gründe, warum es „eSport“ als AG an eurer Schule geben sollte.
c) Begründe, warum „eSport“ sehr wohl ins Konzept einer „sportfreundlichen Schule“ passen könnte. Nutze dazu deine Erkenntnisse aus den Texten 2B und 3B.
d) Formuliere einen Vorschlag, wie eure Schule in Zukunft mit dem Thema „eSport“ umgehen sollte.

Möglicher Schülertext:

Vor Kurzem wurde unsere Schule vom Land Niedersachsen als „Sportfreundliche Schule“ ausgezeichnet. Danach sind einige Schüler auf mich zugekommen, weil sie der Meinung sind, dass eine Schule auch den eSport fördern muss, wenn sie sich auf die Fahnen schreibt, sportfreundlich zu sein. eSport bedeutet, dass Schüler nicht wie sonst auf dem Sportplatz oder in der Turnhalle, sondern innerhalb eines Computerspiels gegeneinander antreten. Auch wenn es durchaus umstritten ist, ob es sich beim eSport wirklich um Sport handelt, gehört er für uns Jugendliche mittlerweile zum Alltag. Daher möchte ich den Vorschlag einbringen, neben den altbekannten Sportarten auch den eSport an unserer Schule zu fördern, indem eine entsprechende AG gegründet wird.

In meiner Klasse z. B. spielt eigentlich jeder Computer- oder Videospiele, sei es auf dem PC, an Konsolen oder einfach nur auf dem Smartphone. Aber Computerspiele sind nicht nur bei Jugendlichen beliebt. Der Verband der deutschen Games-Branche hat in einer Umfrage herausgefunden, dass im letzten Jahr 34 Millionen der Deutschen gelegentlich und 28 Millionen sogar regelmäßig Computerspiele spielen. Computerspiele sind also schon längst keine flüchtige Modeerscheinung mehr – und natürlich sollte auch unsere Schule diesbezüglich mit der Zeit gehen.

Darüber hinaus braucht man, um ein Computerspiel erfolgreich spielen zu können, eine gute Hand-Augen-Koordination, gute Reflexe und muss dazu in der Lage sein, immer wieder neue Taktiken zu entwickeln. Gerade in Gruppenspielen muss man viel darüber nachdenken, wer wann etwas tut. Zudem gibt es schon richtige Organisationen, die Turniere organisieren. Große Hallen werden gemietet und die Spieler „zocken" da zusammen. Mit Sicherheit wäre es für die Schüler ein ganz besonderes Erlebnis, ein solches Turnier z. B. in unserer Turnhalle durchführen zu dürfen. Und natürlich wäre diese Veranstaltung ein Wettstreit der oben genannten Kompetenzen.
In der Beschreibung der Idee der „Sportfreundlichen Schule" steht, dass es unter anderem um Bewegung und Fitness geht. Die Frage, die man sich im Zusammenhang mit dem Thema eSport grundsätzlich stellen muss, ist: Sind diese beiden Begriffe immer nur körperlich zu verstehen oder geht es auch um geistige Beweglichkeit und Fitness im Kopf? Auch Schach ist ein Sport, genauer gesagt ein Denksport, und niemand würde das in Frage stellen. Das entscheidende ist nämlich, dass Schach nach klaren Regeln gespielt wird und das Können der Spieler über Sieg und Niederlage entscheidet - genau wie beim eSport. Und über die fehlende körperliche Aktivität lässt sich schließlich auch bei anderen Sportarten streiten, wie z.B. beim Motorsport. Warum also sollten wir an unserer Schule nicht auch dem modernen Denksport, dem eSport, Rechnung tragen?
Nun, sicherlich stellt man sich die Frage: Wie sollen wir den eSport in unser Schulleben integrieren? Diese Frage kann ich noch nicht abschließend beantworten, da in diesem Zusammenhang viele Punkte diskutiert und geklärt werden müssen. Zuerst einmal würde ich mir aber Offenheit von den Lehrern und der Schulleitung wünschen. Gerne würden wir innerhalb der Schülervertretung eine Arbeitsgruppe bilden, die entsprechende sinnvolle Vorschläge erarbeitet. Schön wäre es, wenn die Schulleitung Entgegenkommen zeigen und auf der nächsten Dienstversammlung dieses Thema vorstellen würde. Vielleicht findet sich dann der ein oder andere Lehrer, der uns dabei hilft, den eSport so ins Schulleben einzubinden, dass er eine Bereicherung für unsere Schule ist.

Wonach richtet sich die Note?

Beurteile die Schülerleistung anhand des Bewertungsbogens.

Teilaufgabe	Anforderung	erfüllt	teilweise erfüllt	nicht erfüllt
	Basisteil			
Aufgabe 1	Die Schülerin/der Schüler hat Text 1 wie gefordert zusammengefasst.			
Aufgabe 2	a) Die Schülerin/der Schüler hat die genannten Begriffe treffend erklärt. b) Die Schülerin/der Schüler hat sinnvoll begründet, warum „Gamer“ eigene Begrifflichkeiten für ihre Freizeitbeschäftigung erfunden haben.			
Aufgabe 3	Die Schülerin/der Schüler hat drei richtige Aspekte genannt.			
Aufgabe 4	Die Schülerin/der Schüler hat das Thema der Grafik in eigenen Worten wiedergegeben.			
Aufgabe 5	Die Schülerin/der Schüler hat wie gefordert die in der Grafik enthaltenen Informationen beschrieben.			
Aufgabe 6	Der Schülerin/dem Schüler ist es gelungen, einen Zusammenhang zwischen dem Inhalt der Grafik und dem Thema „eSport“ herzustellen.			
	Zusammenhängender Text zum Wahlteil A			
	Die Schülerin/der Schüler hat ... • in der Ich-Form geschrieben. • in der Einleitung den Eltern kurz ihr/sein Anliegen erklärt. • den eigenen Alltag als eSportler wiedergegeben. • unter Zuhilfenahme des Textes 2a erläutert, was „Movement Culture“ genau ist. • drei Gründe benannt, warum er/sie diesen Sport ausüben möchte. • abschließend einen Appell an die Eltern gerichtet.			
	Zusammenhängender Text zum Wahlteil B			
	Die Schülerin/der Schüler hat ... • in der Einleitung ins Thema eingeführt und erklärt, was „eSport“ ist. • drei Gründe genannt, die für eSport als AG sprechen. • begründet, warum sich „eSport“ sehr wohl in das Konzept der „Sportfreundlichen Schule“ integrieren lässt. • einen angemessenen Vorschlag gemacht, wie in Zukunft weiter mit dem Thema „eSport“ verfahren werden soll.			

B Arbeitstechniken und Strategien der Aufgabenbearbeitung

B 1 Arbeitstechnik: Hörverstehen üben

Die Prüfungsaufgaben enthalten einen Hörtext, der dir vorgespielt wird. In der Regel handelt es sich um einen Sachtext. Teile des Inhalts können in Form eines Dialogs oder eines Interviews dargeboten werden. Deine Aufgabe ist es, wesentliche Teile des gehörten Textes zu erfassen und wiederzugeben. Dazu musst du nach dem zweiten Hören verschiedene Aufgaben bearbeiten.

Erster Schritt: Sich orientieren

Da du während des Zuhörens nicht mitschreiben darfst, musst du dich gut konzentrieren. Nach dem ersten Hören solltest du wissen, um was es in dem Text geht: Wird ein Sachverhalt erklärt? Wird ein Problem erörtert?
Formuliere im Kopf einen Kernsatz:

In dem Text geht es um ...

TIPP zum ersten Schritt

1. Schließe die Augen, lege ggf. den Kopf auf den Tisch.
2. Achte auf Fragewörter und auf strukturierende Wörter im Text (*erstens, zweitens, zum Schluss, zusammenfassend, abschließend* ...).
3. Grüble nicht über ein unverstandenes Wort nach.

Zweiter Schritt: Inhalt sichern

Beim **zweiten** Hören darfst du dir Notizen machen. Versuche, nicht alles mitzuschreiben. Folge dem Verlauf des Textes und notiere dir nach Möglichkeit nur wichtige Schlüsselwörter. Notiere keine ganzen Sätze.

TIPP zum zweiten Schritt

- Gibt es Schlüsselwörter, Fachbegriffe, Fremdwörter?
- Werden Jahreszahlen genannt oder andere Zahlenangaben gemacht?
- Denke daran, dass man Verbindungen von Begriffen mit Strichen, Pfeilen oder anderen Zeichen darstellen kann.

Dritter Schritt: Aufgaben beantworten

Halte dich nicht zu lange mit dem zweiten Schritt auf, sonst fehlt dir die Zeit zur Beantwortung der Aufgaben.
Es gibt verschiedene Arten von Aufgaben, die möglich sind.

1. Zusammenfassen des Textes oder von Textabschnitten.
   Fasse den Inhalt des Textes kurz zusammen.

   ____

   ____

   ____

2. Ankreuzen der richtigen Antwort/Antworten unter mehreren Vorgaben:
   Kreuze die richtigen Antworten an.
   ☐ Der Begriff „regional" ist gesetzlich geschützt.
   ☐ Verbraucherzentralen stehen den „Frei von"-Labels kritisch gegenüber.
   ☐ Strichcodes auf Lebensmittelverpackungen enthalten keine Informationen für den Verbraucher.

3. Fragen zu inhaltlichen Begründungen und Zusammenhängen:
   a) Nenne drei Kennzeichen, die auf jeder Lebensmittelverpackung sein müssen.

   ____

   b) Erkläre, was man unter dem Begriff „clean labels" versteht.

   ____

   ____

Hier liegt ein Hörtext in gedruckter Form vor. Lasse ihn dir zweimal in einem normalen Sprechtempo vorlesen, um die Prüfungssituation zu simulieren. Decke ihn ab, wenn du die dazugehörigen Aufgaben bearbeitest. Die Vorlesezeit beträgt ca. 3 bis 4 Minuten für einmaliges Lesen.

Wer soll das noch alles verstehen?

Verpackte Lebensmittel, die man kaufen kann, müssen in bestimmter Weise gekennzeichnet sein. Diese Kennzeichnung mit dem Namen und der genauen Beschreibung des Lebensmittels, mit der Zutatenliste und dem Hinweis auf eventuell Allergien auslösende Stoffe, der Nährwerttabelle, dem Mindesthaltbarkeits- oder Verfallsdatum, der Füllmenge, der Firmenangabe mit Adresse und dem Preis soll dem Verbraucher gegenüber Transparenz schaffen. So soll der Käufer die verschiedenen Lebensmittel vergleichen und nach seinen Bedürfnissen auswählen können. Zusätzlich gehört auf die Verpackungen aller Lebensmittel der maschinenlesbare Strichcode. Die dazugehörige Zahlenkombination ist nichts weiter als eine Artikelnummer, die von den Scannerkassen erfasst werden kann. Der Code enthält keine Informationen für Verbraucher.

Außerdem muss sich auf verpackten tierischen Lebensmitteln, also auf Produkten aus Fleisch, Milch, Ei oder Fisch, das Identitätskennzeichen befinden. Auch diese Pflichtkennzeichnung ist keine Verbraucherinformation, sondern dient der Lebensmittelüberwachung, denn anhand dieses Zeichens können Produkte zurückverfolgt werden.

In den letzten Jahren sind verschiedene Label oder Siegel dazugekommen, die deutlich machen, dass sich ein Nahrungsmittel zum Beispiel „regional" nennen darf. Dieser Begriff ist jedoch gesetzlich nicht geschützt. Beim Einkauf regionaler Lebensmittel ist es deshalb ratsam, immer genau zu fragen, wofür die Angabe „regional" genau steht. Man sollte sich dabei nicht von Begriffen wie „aus der Region" oder „von hier" täuschen lassen. Oft ist die Region nämlich nicht klar beschrieben. Auch bei der Verwendung des Labels „Bio" ist Vorsicht geboten, denn allein im Bereich der Bio-Lebensmittel gibt es über 50 verschiedene Etiketten.

Neuerdings werden immer mehr sogenannte „clean labels" verwendet. Dabei handelt es sich um einen Hinweis auf das Nichtvorhandensein oder die Nichtverwendung von bestimmten Lebensmittelzutaten oder Stoffen. Zu den „clean labels" gehören Kennzeichnungen wie „ohne Gentechnik", „laktosefrei", „glutenfrei" oder Angaben wie „ohne Zuckerzusatz".

Doch für wen hat das alles eine Bedeutung? Die deutschen Verbraucherzentralen haben Befragungen mit Kunden durchgeführt, in denen es darum ging, was diese mit den vielen unterschiedlichen Informationen auf den Verpackungen von Lebensmitteln anfangen können. Das Ergebnis lautete zusammengefasst: Eigentlich nichts!

Gerade die vielen „Frei von"-Labels erwecken den Eindruck, als ob der nicht enthaltene Bestandteil sehr gefährlich oder total ungesund sei. Dabei sind Gluten und Laktose nur für Personen gefährlich, die an einer Gluten- oder an einer Milchzucker-Unverträglichkeit leiden. Aus Sicht der Verbraucherzentralen sind gerade die „clean labels" oftmals überflüssig und erfüllen nicht den Zweck, den sie eigentlich haben sollten, nämlich die klare Information des Verbrauchers.

Schon seit Jahren wird von Verbraucherschützern gefordert, eine Ampelkennzeichnung auf Lebensmitteln einzuführen. Durch diese soll der jeweilige Gehalt eines Lebensmittels an Fett, Salz, Zucker und gesättigten Fettsäuren farblich ausgewiesen werden: Grün steht dabei für einen niedrigen, Gelb für einen mittleren und Rot für einen hohen Gehalt. Aber die Gesetzgebung konnte sich auf diese einfache Kennzeichnung noch nicht einigen.

Autorentext

B 2 Arbeitstechnik: Schaubilder und Karikaturen auswerten

Häufig findest du in Prüfungsaufgaben auch Schaubilder wie Diagramme und Tabellen. Diese enthalten Zusammenfassungen von Daten, die nach bestimmten Gesichtspunkten geordnet sind.
Folgende Aufgabenstellungen sind bei Schaubildern möglich:

- Du musst überprüfen, ob die vorgegebenen Aussagen zu einem Schaubild richtig sind oder nicht.
- Du musst feststellen, ob die Informationen eines Schaubildes die Aussagen eines Textes bestätigen, ergänzen oder widerlegen. Dazu musst du ein Schaubild richtig lesen und verstehen.

Schaubilder auswerten

1. Werte Schaubild 1 (Seite 30) nach folgenden Schritten aus:

Erster Schritt: Sich orientieren

a) Worum geht es in dem Schaubild 1? Notiere stichpunktartig.

Thema: ______________________

Zahlenangaben: ______________________

graue Säulen: ______________________

blaue Säulen: ______________________

Vergleiche zwischen: ______________________

____

TIPP zum ersten Schritt

- Lies die Überschriften und Erläuterungen. Um welches Thema geht es?
- Welche Zahlenangaben werden gemacht? Werden sie in Prozent, Promille oder in absoluten Zahlen (z. B. in Tausend) angegeben?
- Worauf beziehen sich diese Angaben?
- Was wird miteinander verglichen?

Zweiter Schritt: Den Inhalt des Schaubildes erfassen und stichpunktartig aufschreiben

b) Schreibe die Informationen auf, die du dem Schaubild entnehmen kannst.

____

____

____

____

TIPP zum zweiten Schritt

- Sieh dir das Schaubild genauer an. Worauf bezieht sich der größte Wert?
- Worauf bezieht sich der niedrigste Wert?
- Gibt es weitere Auffälligkeiten?

Dritter Schritt: Aufgabenstellung beantworten und Ergebnisse aufschreiben

c) Beantworte die Aufgaben zu Schaubild 1. Achte genau auf die Aufgabenstellung.

____

____

____

____

TIPP zum dritten Schritt

- Formuliere in ganzen Sätzen.
- Verwende folgende Formulierungen:
  es gibt weniger als ...
  mehr als bei ...
  genauso oft ...
  seltener ...
  auffällig ist, dass ...

2. Bearbeite in gleicher Weise die Schaubilder 2 und 3.

Schaubild 1: Säulendiagramm Erneuerbare Energien in Deutschland

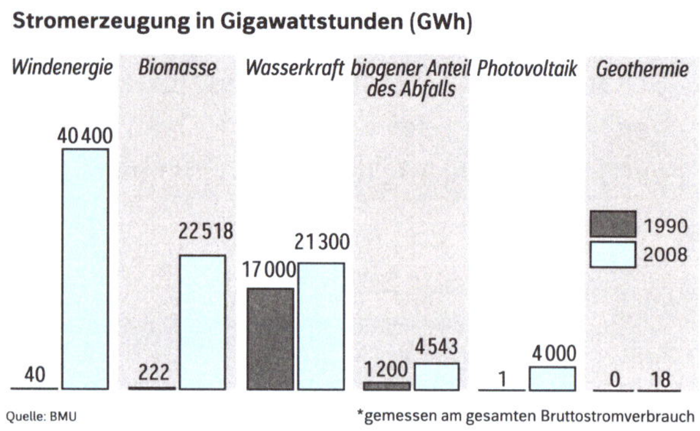

INFO

Säulendiagramme zeigen oft absolute Zahlen an. Die Länge der Säule gibt einen Zahlenwert an, den man meistens auf der y-Achse ablesen kann. Neben der x-Achse wird meistens angegeben, worauf sich die Säulen beziehen.

Aufgaben:

1. Welche Art der Energieerzeugung hat von 1990 bis 2008 den größten Zuwachs erzielt?
2. Vergleiche den Anteil von Windenergie und Wasserkraft 1990 und 2008.

Schaubild 2: Kreisdiagramm Aufteilung des Stromverbrauchs der privaten Haushalte nach Anwendungsarten

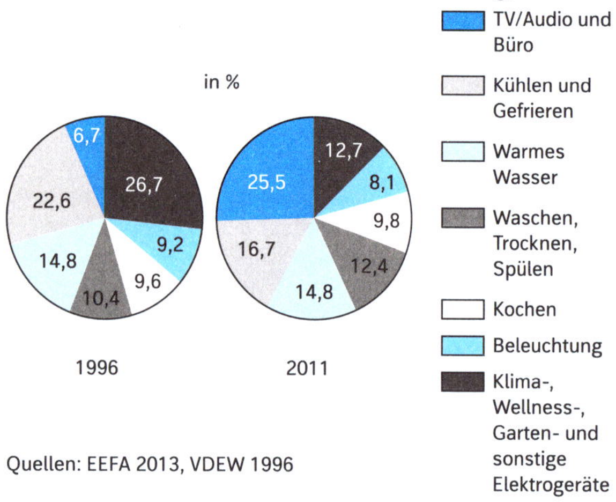

INFO

Kreisdiagramme zeigen die prozentuale Zusammensetzung einer Gesamtmenge. Dabei ist der Kreis in mehrere Teile unterteilt, die jeweils den Anteil an der Gesamtmenge wiedergeben.

Aufgaben:

1. Wie hoch war der Stromverbrauch im Bereich „TV/Audio und Büro“ in den Jahren 1996 und 2011?
2. In welchen Bereichen wurde 1996 im Vergleich zu 2011 weniger, wo mehr verbraucht?

Schaubild 3: Verlaufsdiagramm Anteil der Raucher unter den 12- bis 17-Jährigen

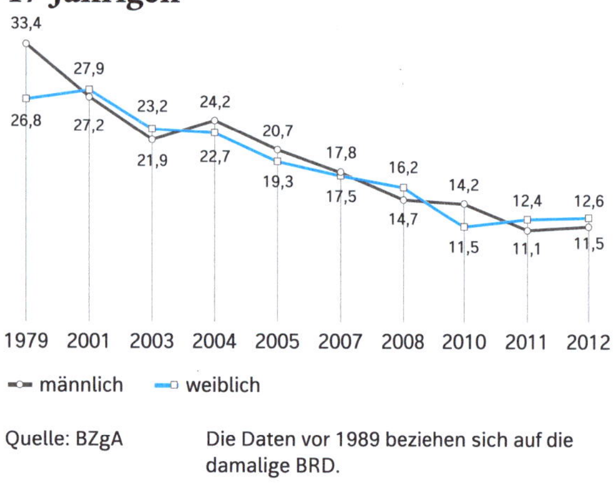

INFO

Kurven- oder Liniendiagramme eignen sich dazu, Daten von verschiedenen Zeitpunkten grafisch zu vergleichen.

Aufgaben:

1. Welche Entwicklung ist seit dem Jahr 2004 zu erkennen?
2. Zu welcher Zeit ist beim Rauchverhalten der größte Unterschied zwischen den Geschlechtern zu erkennen?

Karikaturen auswerten

INFO

Eine Karikatur ist eine Zeichnung, die durch übertriebene Darstellung einen Sachverhalt kritisiert.
Es ist wichtig, drei Dinge herauszufinden:

- Was sehe ich auf dem Bild?
- Was bedeutet das, was ich sehe?
- Was will der Zeichner damit aussagen?

Karikatur:

1. Werte die Karikatur nach folgenden Schritten aus:

Erster Schritt: Was sehe ich?

a) Was siehst du auf dem Bild? Notiere stichpunktartig.

____

____

Zweiter Schritt: Was bedeutet das, was ich sehe?

b) Welche Szene ist auf dem Bild dargestellt?

____

____

Dritter Schritt: Was will der Zeichner damit aussagen?

c) Was soll kritisiert werden?

____

____

TIPP zum 2. Schritt

In der Abschlussarbeit wird eine Karikatur aus Zeitgründen nicht ausführlich interpretiert. Vielmehr geht es darum, den Kern der Abbildung schnell zu erfassen und *kurz* beschreiben zu können.
Oft stehen dir für diese Aufgabe maximal fünf Sätze zur Verfügung.
Wichtig ist also, dass du

- **Bildbeschreibung** (Was sehe ich?),
- **Interpretation** (Was bedeutet das, was ich sehe?) und
- **Aussage** (Was soll kritisiert oder betont werden?)

in *einem* Text zusammenfasst.

2. Übe die Kurzzusammenfassung mithilfe der Karikatur „offline" von Freimut Wössner.

a) Mach dir stichpunktartig Notizen zu allen drei Teilbereichen, die du in deinem Text berücksichtigen musst

Karikatur „offline"

a) Was sehe ich?

______

______

b) Was bedeutet das, was ich sehe?

______

c) Was will der Zeichner damit aussagen?

______

______

b) Fasse die von dir gefundenen Informationen in höchstens fünf Sätzen zusammen.

B 3 Arbeitstechnik: Argumente aufbauen

Wenn du jemanden von deinem Standpunkt überzeugen willst, brauchst du gute Argumente. Niemand glaubt dir „einfach so" – du musst deine Meinung klar belegen und damit deine Zuhörer zum Nachdenken bringen.

INFO zur Bildung von Argumenten

Ein **Argument** besteht in der Regel aus drei Teilen:

- **Behauptung:** In einem kurzen Satz wird auf den Punkt gebracht, was du aussagen möchtest. (z. B.: „Hausaufgaben sind sinnvoll.")
- **Begründung:** Du erklärst deine Behauptung so, dass der Zuhörer versteht, was genau du damit meinst. (Mögliches Beispiel: „Durch die Anfertigung der Hausaufgaben haben Schüler und Schülerinnen die Möglichkeit, den Lernstoff zu wiederholen. Sie finden heraus, was sie schon können und was nicht.")
- **Beispiel:** Das Beispiel ist ein Beweis für die Richtigkeit deiner Behauptung. Es sollte etwas sein, was du selber erlebt oder gelesen hast, ein Textzitat oder auch eine genaue Erklärung zu einem Teilaspekt. (Mögliches Beispiel: „Wenn ich in Mathematik nicht regelmäßig meine Hausaufgaben gemacht hätte, wäre es mir nie gelungen, in der letzten Arbeit des Halbjahres endlich eine Drei zu schreiben. Weil ich durch das Anfertigen der Hausaufgaben den Stoff wiederholt und an meinen Schwächen gearbeitet habe, habe ich keine Fünf im Zeugnis bekommen und meine Versetzung war nicht gefährdet.")

1. Ergänze die folgenden Behauptungen zu aussagekräftigen Argumenten.

Behauptung	Reisen bildet.
Begründung	Man lernt andere Sitten und Gebräuche kennen. Dadurch ...
Beispiel	In meinem letzten Urlaub habe ich zum Beispiel gelernt, ...

Behauptung	Haustiere sind wichtig für Kinder.
Begründung	…
Beispiel	…

2. Unterstreiche in der folgenden Meinungsäußerung die Behauptung, die Begründung und das Beispiel mit unterschiedlichen Farben.

TIPP zu 2.

Es ist wichtig, dass du lernst, Behauptungen, Begründungen und Beispiele zu unterscheiden und in Texten zu erkennen. Nur wenn du das sicher kannst, ist es dir möglich, deine eigenen Gedanken und Argumente zu ergänzen und Textpassagen teilweise zu übernehmen und in deine eigene Argumentation einzubauen. Die fertige Argumentation ist dann trotzdem dein Text und wirkt nicht einfach abgeschrieben.

Lebensweisen anderer Länder und Kulturen können das eigene Leben verändern und bereichern. Reisende bringen aus dem Urlaub oft Dinge mit, die bei uns unbekannt sind und die sich als praktisch, modisch, wohlschmeckend oder dekorativ erweisen. Wenn man zum Beispiel in islamisch geprägten Ländern unterwegs ist, wird man durch die Küche beeindruckt, die sich durch leichte Speisen und viele unbekannte Gewürze auszeichnet. Aus der türkischen Küche haben wir beispielsweise das Gewürz Kumin übernommen und viele in Salz und Essig eingelegte Gemüsesorten. Das alles macht unsere Speisen pikanter, abwechslungsreicher und obendrein noch bekömmlicher.

3. Deine Schule plant eine Projektwoche. Für die inhaltliche Gestaltung sollen die Schüler Vorschläge machen. Deine Klasse befürwortet das Thema „Unsere Klasse wird ein Team“. Du als Klassensprecher hast deine Klassenkameraden darum gebeten, dir kurz aufzuschreiben, warum das Thema für sie wichtig ist. Du selber möchtest diese Notizen als Hilfestellung nutzen, um die Schulleitung von eurem Vorschlag zu überzeugen. Die folgenden Zettel haben dich erreicht.
Unterstreiche auf den Zetteln die Stellen, die dir helfen können, gute Argumente zu formulieren.

A Das Thema ist deshalb wichtig, weil viele von uns den Tag vor dem Computer verbringen. Kommunikation findet nur noch über das Handy oder über soziale Netzwerke statt. Wir unternehmen gar nichts miteinander.

B Ein Beispiel dafür, dass das Thema gut ist, ist unsere letzte Klassenfahrt. Wir haben viel zusammen gemacht. Ich habe dabei viele Kartenspiele gelernt, die auch später in meinem Freundeskreis gut ankamen.

C In unserer Klasse gibt es oft Streit. Irgendwie will jeder besser sein als der andere und gönnt dem anderen nichts. Lukas hat Marc neulich den ganzen Tag geärgert – nur weil der eine bessere Note in der Mathearbeit geschrieben hat.

D Mobbing ist ja wohl überall ein Problem, deshalb ist das Thema wichtig. Auch in unserer Klasse gibt es Schüler, die dauernd ausgelacht werden. Ich nenne jetzt keinen Namen, aber du weißt, wen ich meine.

4. Formuliere drei vollständige Argumente, die du im Gespräch mit der Schulleitung vorbringen willst. Warum ist das Thema „Unsere Klasse wird ein Team“ eine gute Idee?

TIPP zu 4.

Die Notizen deiner Klassenkameraden enthalten Behauptungen, Begründungen und Beispiele, die es dir leichter machten sollen, Argumente zu formulieren. Denke aber daran, dass die Notizen deiner Klassenkameraden nur Hilfestellungen sind. Du kannst die Argumente auch um Behauptungen, Begründungen oder Beispiele aus deinem eigenen Erfahrungsschatz ergänzen oder komplett selbstständig formulieren.

a) Behauptung: Es herrscht Streit in den Klassen.
Begründung: Schüler werden geärgert, oft aus Gründen, für die sie nichts können und die auch eigentlich kein Grund dafür sind, jemanden zu beleidigen.
Beispiel: In unserer Klasse ...

b) Behauptung: ...

...

B 4 Arbeitstechnik: Überfliegendes Lesen

Auch wenn du alle Tipps zur Entscheidung für eine Prüfungsaufgabe beachtest (siehe A 3, Seite 12), stehst du in den 15 Minuten, die dir zur Verfügung stehen, um dir einen Überblick über die Aufgaben zu verschaffen, unter starkem Zeitdruck. Du musst alle Texte und die Aufgabenstellungen lesen und verstehen. Dabei hilft dir die Strategie des **überfliegenden Lesens**.

INFO zur Technik des überfliegenden Lesens

Beim **überfliegenden Lesen** geht es darum, sich einen ersten Eindruck über die vorhandenen Materialien und Aufgabenstellungen zu verschaffen. Hierbei gleiten deine Augen nur oberflächlich über den Text – du liest nicht jede einzelne Silbe oder jedes einzelne Wort. Vielmehr „scannen" deine Augen den Text ab und bleiben dabei an Schlüsselbegriffen hängen.

Das Markieren einiger dieser besonders wichtigen Stellen kann später hilfreich sein.

Um Zeit zu sparen, lässt du unwichtigere Stellen erst einmal aus.

Später, wenn du dich für eine Aufgabe entschieden hast, musst du natürlich alle für dich wichtigen Textinhalte gründlich lesen.

1. Hier findest du einen **Sachtext,** in dem bereits einige Kernaussagen markiert sind. Du hast zwei Minuten Zeit, den Text zu überfliegen und weitere Kernaussagen zu markieren.

TIPP zu 1. und 2.

Zuerst liest du immer die Überschrift des Textes. Beim weiteren „Scannen" achte besonders auf die Stellen im Text, die auf die **W-Fragen** antworten:

- Worum geht es?
- Wo und wann spielt die Handlung?
- Welche Personen handeln?
- Wer erzählt?
- Was wird ausgesagt?

Fidget Spinner – der Überraschungstrend des Sommers 2017

Auf Pausenhöfen und Spielplätzen kommt man nicht mehr an ihm vorbei: Fidget Spinner sind in. Von Weitem ähnelt das Spielzeug einem Ninjastern, betrachtet man es aus der Nähe, sieht man, dass es aus einem fest stehenden Kugellager und einem darauf frei drehenden propellerartigen Gebilde besteht, das in Rotation versetzt werden kann.

Während die kleinen Drehkreisel in Amerika schon seit Jahren zu therapeutischen Zwecken eingesetzt werden, waren sie in Deutschland bisher eher unbekannt. Schon die Wortbestandteile sprechen für sich: „Fidget" ist ein englisches Wort für „Zappelphillip", „Spinner" bedeutet Kreisel. Das Spielzeug soll also, indem es sich dreht, eine beruhigende Wirkung auf seinen Benutzer haben.

In Deutschland scheint der Trend nicht sehr nachhaltig zu sein – länger als einen Sommer hielt der Verkauf scheinbar nicht an. Zum jetzigen Zeitpunkt eines dieser Geräte in einem Geschäft kaufen zu können, gleicht schon einem Kunststück. Oft wird man die Antwort erhalten, dass man hierfür ein paar Monate zu spät dran sei.

Dass der Fidget Spinner nicht nur Fürsprecher hatte, beweisen kritische Stimmen, die behaupten, der Spinner habe nicht zur Beruhigung beigetra-

gen, sondern den Anwender eher nervös gemacht. Auf jeden Fall aber haben die kleinen Kreisel die Aufmerksamkeit auf sich gezogen. Denn nur mit einer ruhigen Hand und mit Konzentration ist es möglich, das Spielzeug in der Balance zu halten oder sogar Kunststücke damit zu vollbringen.
Und ja, es gibt edle Spinner, aus massivem Holz oder Metall. Absatz fand aber vor allem die Plastikversion, ganz einfach, weil sie viel billiger ist. Damit sei der Fidget Spinner, so die Kritker, nichts weiter als Plastikmüll. Es sei Blödsinn, die Umwelt nur für ein schnelllebiges Kinderspielzeug in diesem Maße zu belasten. Besonders leidet unsere Natur unter dem LED-Modell. Nicht nur, dass es viele Batterien benötigt, es ist damit auch eigentlich ein Elektrogerät. Kaum jemand macht sich aber die Mühe, die „kleinen Dinger" angemessen zu entsorgen. Es sollte zudem jedem bewusst sein, dass der niedrige Verkaufspreis nur durch Herstellung in Billiglohnländern gehalten werden kann.
Trotz aller Kritikpunkte sieht man noch viele Kinder und Jugendliche mit dem Kreisel in der Hand. Wie lange noch, wird sich zeigen.

Autorentext

TIPP zu 1. und 2.

Achte darauf, dass du wirklich nur einzelne Wörter bzw. Wortgruppen und nur in Ausnahmefällen einen Satz unterstreichst. Du wirst merken, dass es dir dann viel leichter fällt, die Übersicht zu behalten!

2. Überfliege diesen Textauszug aus einem Jugendbuch und markiere die Kernaussagen. Dazu hast du zwei Minuten Zeit.

Clown

Seit vier Jahren arbeitete er nun schon als Clown. Obwohl – eigentlich nicht wirklich. Im richtigen Leben, fernab der Zirkuswelt, war er der Inhaber eines kleinen Buchgeschäftes.
„Junge", hatte sein Vater ihn gewarnt, „Junge, das wird nichts. Mach dich nicht lächerlich. Warum wirst du nicht Tischler, so wie ich? Handwerk, weißt du, Handwerk hat goldenen Boden."
Seine Mutter, die hatte zu ihm gehalten, so lange er denken konnte. Sie glaubte an ihn. Stets und immer hatte sie allen wieder und wieder gesagt, dass sie an ihren Jungen glaube, an ihn und an seinen Traum von einem eigenen, gut besuchten Buchladen. (...)
„Spot an!" Die klassische Zirkusmusik ertönte, während er mit seinen Kollegen in die Manege einmarschierte. Er winkte, sah kleine Kinder auf sich zeigen. Es war so einfach: Er stolperte, oder besser gesagt, er tat so und die Kinder im Publikum jauchzten und klatschten vor Begeisterung.
Nach der Pause hatten viele dieser Kinder kleine Luftballontiere im Arm, die er in der Pause an sie zu verschenken pflegte. Mittlerweile war er gut darin, konnte blitzschnell die verschiedensten Tiere formen.
„Hund!", „Giraffe!", „Katze!", brüllten sie begeistert – und er gab ihnen, was immer sie sich wünschten.
Bis hierhin war es okay für ihn. Was er hasste, war der Teil, in dem er mit einem anderen Clown zusammen als eigene Zirkusnummer auftrat. Er fragte sich, wie man sich als erwachsener Mann dermaßen der Lächerlichkeit preisgeben konnte. (...)

Autorentext

B 5 Arbeitstechnik: Texte erschließen und zusammenfassen

Bevor du dich mit der Aussage eines Textes auseinandersetzen kannst, musst du ihn zunächst genau lesen, um seinen Inhalt zu verstehen. Dabei helfen dir unterschiedliche Lesestrategien. Einige kannst du bereits **vor dem Lesen** anwenden, auf andere kannst du **während des Lesens** zurückgreifen.

Nach dem Lesen helfen dir weitere Lesestrategien dabei, dein Textverständnis noch einmal zu überprüfen. Die folgenden Textbeispiele stammen aus dem Text *„Was ist ein Blog und was macht ein Blogger eigentlich genau?"* (siehe Seite 39/40).

Erster Schritt: Vor dem Lesen → Sich orientieren

„Was ist ein Blog und was macht ein Blogger eigentlich genau?"

1. Notiere stichpunktartig, was dir zum Titel einfällt.

   Es geht um das Schreiben und Veröffentlichen von Texten.

2. Stelle anhand des Titels Fragen an den Text oder äußere Vermutungen zu seinem Inhalt.

   Wie ist die Geschichte des Weblogs?

   Wie kann man selbst einen Blog erstellen?

TIPP zum ersten Schritt

Überlege:
- Was weißt du bereits über das Thema?
- Geht der Text kritisch mit einem Thema um?

Zweiter Schritt: Während des Lesens → Markieren

TIPP zum zweiten Schritt

- Lies immer mit dem Stift. Es kann hilfreich sein, verschiedene Farben zu benutzen.
- Manche Unklarheiten kann man auch mithilfe des Textes, der unmittelbar vor oder hinter dem unbekannten Wort steht, klären.

3. Markiere unverständliche Textstellen und kläre sie z. B. durch Nachschlagen im Wörterbuch.

4. Mache dir Randnotizen. Dafür gibt es verschiedene Möglichkeiten.
   a) Wichtige Aussagen unterstreichen und dazu Stichworte an den Rand schreiben.

TIPP zu 3. und 4.

Schau dir im Text auf Seite 39 und 40 die Unterstreichungen, Markierungen und Kommentare an und bearbeite den Rest des Textes in gleicher Weise.

Das Weblog, das Blog oder mittlerweile laut Duden auch der Blog ist aus dem Ursprung heraus nichts anderes als ein Online-Tagebuch. User, die das Internet früh für sich entdeckt hatten, stellten ihre Lebensereignisse online. Das Kunstwort Weblog als Kurzform für World Wide Web & Logbuch entstand und die ersten Web-Logger, also Blogger waren geboren.

Online-Tagebuch

Definition

   b) Mit Symbolen (! !! ?) verdeutlichst du, welche Textstellen oder Abschnitte dir besonders wichtig erscheinen oder wo du noch Klärungsbedarf siehst.

Dank Kategorien und Schlagwörtern können Blogleser schnell und einfach durch den Blog navigieren.

?

5. Hilfreich ist es auch, Fragen oder Kommentare zum Gelesenen am Rand zu notieren. So verschaffst du dir einen intensiveren Zugriff auf den Text.

Möchte man einen eigenen Blog erstellen, findet man im Netz kostenlose Blogging-Dienste und kann so ohne finanziellen Aufwand und mit wenigen Klicks sofort loslegen. Für eine einfache und schnelle Einrichtung ist in der Regel keine Registrierung vonnöten, es reicht, einen Nickname sowie eine Mailadresse anzugeben.

Sind kostenfreie Blogging-Dienste genauso gut wie kostenpflichtige?

1 Lies zunächst den folgenden Textausschnitt und bearbeite ihn danach, indem du die Hilfen 6 und 7 zur Texterschließung benutzt (siehe Seite 40).

Was ist ein Blog und was macht ein Blogger eigentlich genau?

Für die meisten Menschen ist ein Blog oder das Bloggen so selbstverständlich wie die Luft zum Atmen. Es gibt jedoch auch viele, vor allem viele ältere Menschen, die nicht wissen, was ein Blog ist und was ein Blogger eigentlich macht.

Das Weblog, das Blog oder mittlerweile laut Duden auch der Blog ist aus dem Ursprung heraus nichts anderes als ein Online-Tagebuch. User, die das Internet früh für sich entdeckt hatten, stellten ihre Lebensereignisse online. Wofür einst das gute alte Tagebuch aus Papier herhalten durfte, wurde nun das World Wide Web als Medium genutzt. Das Kunstwort Weblog als Kurzform für World Wide Web & Logbuch entstand und die ersten Web-Logger, also Blogger waren geboren.

Online-Tagebuch

Definition

Mittlerweile ist das Medium Blog den Kinderschuhen entwachsen und schon lange kein reines Tagebuch mehr für persönliche Gedanken und Träume. Blogs entstehen aus den unterschiedlichsten Gründen, Zielsetzungen und mit den vielfältigsten Themen.

Der Unterschied zwischen teilweise überladenen Webseiten und Blogs ist der einfache und schlichte Aufbau. Reine Blogs bieten dem Leser eine sauber strukturierte Informationsquelle ohne viel Drumherum. In der Regel sind Blogbeiträge absteigend nach Datum aufgelistet und geben dem Blogleser eine genaue Übersicht über die Aktualität eines Beitrags.

Dank Kategorien und Schlagwörtern können Blogleser schnell und einfach durch den Blog navigieren. Die entsprechende interne Verlinkung und Auflistungen aller Artikel, die einer Kategorie oder einem Schlagwort zugeordnet sind, tragen erheblich zur Nutzerfreundlichkeit bei. Die Faszination Blog hat weltweit mittlerweile viele Millionen Anhänger und täglich werden es mehr. Das Tolle an einem Blog ist, dass ein Blog dank der Kommentarfunktion ganz einfach zu einem regen Gedankenaustausch von Gleichgesinnten beitragen kann. Möchte man einen eigenen Blog erstellen, findet man im Netz kostenlose Blogging-Dienste und kann so ohne finanziellen Aufwand und mit wenigen Klicks sofort loslegen. Für eine einfache und schnelle Einrichtung ist in der Regel keine Registrierung vonnöten, es reicht, einen Nickname sowie eine Mailadresse anzugeben.

??

Sind kostenfreie Blogging-Dienste genauso gut wie kostenpflichtige?

Egal, ob jemand aus Spaß an der Freude im Hobbybereich oder seinen Lebensunterhalt mit dem Bloggen bestreiten möchte, inzwischen ist alles möglich. Dabei gibt es zahlreiche unterschiedliche Blogthemen, wie Fashion-Blogs, Kunstblogs, News-Blogs, Mikroblogs (Bsp. Twitter), Wissenschafts-Blogs und viele mehr. Die Liste lässt sich endlos verlängern.

Vom Einzelkämpfer bis zu ganzen Gruppen gibt es Blogger, die einzelne Blogs oder gar Blognetzwerke betreiben. Der Blog ist global betrachtet weitaus mehr als nur ein Tagebuch oder eine Website, sondern ein Medium, das mitunter eine sehr große Meinungsmacht mit sich bringt.

Von professionellen Journalisten werden Blogger oft fachlich nicht ernst genommen, sei es wegen der fehlenden journalistischen Ausbildung oder einfach, weil man die neue Konkurrenz fürchtet. Zudem sind Blogger oftmals schneller und damit aktueller in ihrer Berichterstattung.

Andreas Meyhöfer: Blog, Bloggen? Was ist ein Blog und was macht ein Blogger eigentlich genau? https://blogsheet.info/blog-blogger-genau-erklaert-18677 (Zugriff: 23.10.2017)

6. Unterteile den Text in sinnvolle Abschnitte, damit er für die Weiterarbeit übersichtlicher wird. Trenne dabei die Abschnitte durch Querstriche und fasse den jeweiligen Inhalt in einem Satz zusammen.

7. Schlüsselwörter sind die wichtigen Wörter in einem Abschnitt, da sie dessen Kerngedanken tragen. Unterstreiche in jedem Abschnitt die Schlüsselwörter.

TIPP zu 6. und 7.

Unterteile den Text in nicht zu viele kleine Abschnitte. Unterstreiche möglichst nur ein Schlüsselwort pro Abschnitt. Deine Vorlage wird sonst leicht zu unübersichtlich.

Dritter Schritt: Nach dem Lesen → Notieren

8. Inhaltliche Zusammenfassung
   a) Diese kannst du mithilfe von Markierungen, Stichpunkten und Randnotizen vorbereiten.
   Fasse den Text kurz zusammen und beachte dabei folgende Punkte:
   - Um welches Thema geht es?
   - Wer berichtet über das Thema?
   - Warum wird über das Thema berichtet?
   - Gibt es wichtige Zitate?
   - Um welche Textsorte handelt es sich?
   - Mit welcher Absicht wurde der Text verfasst? (Will der Autor unterhalten, informieren, kritisieren …)

TIPP zum dritten Schritt

Wenn du vor dem Lesen anhand des Titels Fragen oder Vermutungen an den Text gestellt hast, solltest du nun dein Wissen dahingehend überprüfen:
- Welche Antworten hast du im Text auf deine Fragen gefunden?
- Haben sich deine Vermutungen bestätigt?
- Welche Erkenntnisse hat dir der Text darüber hinaus gebracht?

   b) Du kannst außerdem ein Cluster oder eine Mindmap anlegen. Dazu schreibst du das zentrale Thema des Textes in die Mitte eines Blattes Papier. Darum herum notierst du die im Text genannten verschiedenen thematischen Aspekte, Inhalte oder Personen. Du kannst auch weitere Aspekte hinzufügen bzw. hast die Möglichkeit, besonders wichtige Details durch Farben oder Ähnliches hervorzuheben.

B 6 Einen informierenden Text in sechs Schritten erarbeiten

Auf den folgenden Seiten lernst du die wichtigsten Arbeitsschritte zur Erarbeitung eines informierenden Textes kennen. Dieses Kapitel stellt eine Art Grundkurs dar. Es enthält Aufgabenstellungen, wie sie auch in der Prüfung vorkommen können.

Du sollst dich mit einem Sachtext und einem Diagramm zum Thema „Klimawandel" auseinandersetzen und am Ende einen informierenden Text verfassen.
Lies den vorliegenden Text. Du kannst wesentliche Aussagen markieren.

Text 1: Hitzewellen am Nordpol

Die globale Erwärmung gewinnt an Dramatik – Klimaforscher: „Wir haben nur noch wenig Zeit"

Berlin. Eine Hitzewelle im arktischen Winter ist eigentlich unvorstellbar. Und dennoch verwendet David Carlson diesen Begriff, als er in Genf den Jahresbericht der Weltwetterorganisation (WMO) vorstellte. Mindestens dreimal im vergangenen Winter sei es am Nordpol „zu so etwas wie Hitzewellen gekommen", sagte Carlson, WMO-Direktor für Klimaforschung. Auf dem Höhepunkt des Winters und der eigentlichen Frostperiode habe es Tage mit Temperaturen fast am Schmelzpunkt gegeben. Das habe den polaren Jetstream – einen der Windströme, die sich in großer Höhe um den Planeten ziehen – und damit das Wetter global[1] beeinflusst.
2016 war nicht nur das wärmste Jahr seit Beginn der Aufzeichnungen 1880. Auch die Oberflächentemperaturen der Meere haben Rekordwerte erreicht. Der Meeresspiegel sei zwischen November 2014 und Februar 2016 um 15 Millimeter gestiegen – der Wert liege damit deutlich über dem durchschnittlichen Anstieg seit 1993 um 3 bis 3,5 Millimeter im Jahr. Die arktische Eisdecke maß am stärksten Tag, dem 24. März 2016, 14,5 Millionen Quadratkilometer – das war der niedrigste Wert seit 1979. Im November war die Fläche der Eisdecken auf allen Weltmeeren vier Millionen Quadratkilometer kleiner als im langjährigen Mittel. Auch in der Antarktis war die Eisdecke über dem Ozean so gering wie noch nie.
Die globale Erwärmung ist nun mehr denn je mit aktuellen Zahlen zu belegen: Jedes der 16 Jahre seit der Jahrtausendwende ist nach WMO-Berechnungen mindestens 0,4 Grad wärmer gewesen als der Durchschnitt der Jahre 1961 bis 1990. Das südliche Afrika habe 2016 vHitzerekorde von mehr als 42 Grad in Pretoria erlebt – mehr als drei Grad über dem vorherigen Rekord. In Thailand wurde im April ein Hitzerekord von 44,6 Grad und in Indonesien im Mai von 51 Grad gemessen. Im September 2016 war es in Córdoba in Südspanien 45,5 Grad warm.
Angesichts dieser Daten griff Carlson zu dramatischen Formulierungen: „Wir sehen bemerkenswerte Veränderungen auf dem Planeten, die die Grenzen unseres Verständnisses des Klimasystems erreichen", sagte er. „Wir betreten hier absolutes Neuland."
Deutsche Klimaforscher wunderten sich etwas über diese Formulierung. Sie fanden die Zahlen wenig überraschend – allerdings nicht weniger dramatisch. „Wir sind in Bereiche vorgestoßen, die es auf der Erde seit Jahrtausen-

den nicht gab. Damit ist aber genau das eingetreten, was wir bereits in den allerersten Computersimulationen vor 30 Jahren errechnet haben“, sagte der Kieler Klimaforscher Mojib Latif. Auch sein Potsdamer Kollege Stefan Rahmstorf hält die Zahlen der WMO zwar für dramatisch, aber alles andere als überraschend.

„Der Bericht zeigt: Es wird von Jahr zu Jahr dringender, die Emissionen[2] von Treibhausgasen zu stoppen“, sagt Rahmstorf, der am Potsdamer Institut für Klimafolgenforschung arbeitet. „Wir haben nur noch sehr wenig Zeit. Wenn wir weltweit auf dem jetzigen Niveau der CO_2-Emissionen[3] bleiben, hätten wir nur noch acht Jahre Zeit, bis die Emissionen auf null sinken müssten. Sonst wäre das 1,5 Grad-Ziel des Pariser Klimagipfels nicht mehr erreichbar. Würden wir zwei Grad globale Erwärmung tolerieren, könnten wir noch 22 Jahre lang so weitermachen wie bisher. Besser wäre es natürlich, die Emissionen jetzt stark herunterzufahren.“

Rahmstorf fordert die Bundesregierung auf, ihre Klimaziele zu revidieren[4]. „Die Reduktion von 85 bis 90 Prozent des CO_2-Ausstoßes bis 2050 reicht nicht mehr aus, da muss nachgebessert werden. Die Wende muss jetzt passieren. Diese Ziele sind nicht unrealistisch, zurzeit stagniert der globale CO_2-Ausstoß. Die Klimaziele wären erreichbar, wenn der politische Wille vorhanden wäre.“

Beide Klimaforscher äußerten sich schockiert über die neue US-Regierung, in der Klimawandel-Skeptiker das Sagen haben. „Dass Trump alarmierende Tatsachen ignoriert, passt in seine postfaktische[5] Welt“, sagt Latif.

Jan Sternberg: Hitzewellen am Nordpol. Hildesheimer Allgemeine Zeitung, 22.03.2017

[1] weltweit

[2] Ausstoß

[3] Kohlenstoffdioxid- oder Kohlendioxid-Ausstoß: Kohlenstoffdioxid entsteht durch die Verbrennung verschiedener kohlenstoffhaltiger Materialien wie Kohle, Diesel und Benzin, Erdgas, Holz oder Flüssiggas und ist wesentlich am sogenannten Treibhauseffekt beteiligt, der zu einer globalen Klimaerwärmung führt.

[4] prüfen und berichtigen, verändern

[5] auf Gefühlen, nicht auf Tatsachen beruhend

Diagramm: Temperaturentwicklung in der Arktis/Nähe Nordpol

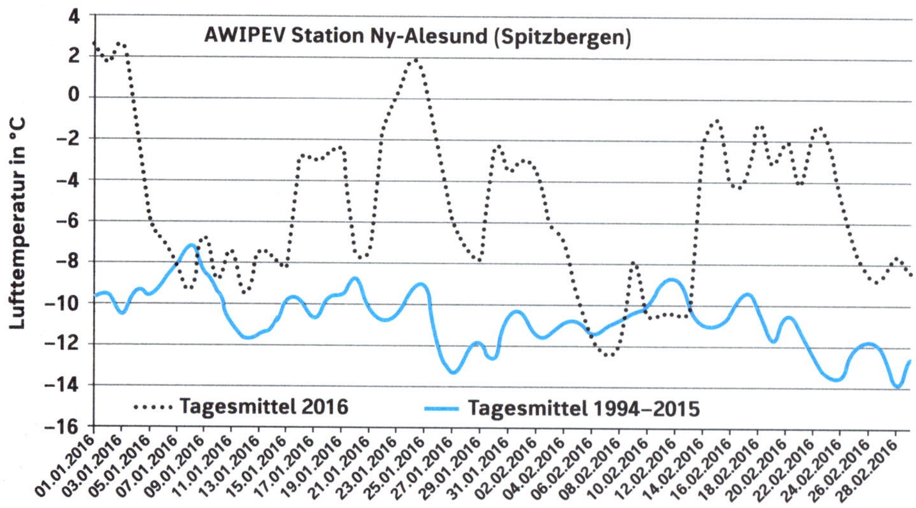

Quelle: Alfred-Wegener-Institut, Bremerhaven (http://www.meereisportal.de/archiv/2016-kurzmeldungen-gesamttexte/warmer-jan-feb/#c4680)

Aufgabe 1
Fasse den Inhalt des Textes in nicht mehr als vier Sätzen zusammen.

Aufgabe 2
Welchen Personen sind folgende Textaussagen zuzuordnen? Trage die entsprechenden Namen in die Tabelle ein.

Person	Aussage
	... glaubt, dass die herrschenden Politiker in Amerika die alarmierenden Tatsachen des Klimawandels ignorieren.
	... hat nachgewiesen, dass die Wärme am Nordpol das Wetter weltweit beeinflusst.
	... hält die Zahlen der WMO zwar für dramatisch, aber nicht für überraschend.

Aufgabe 3
Erläutere drei klimatische Veränderungen, die den Klimawandel auf der Erde deutlich machen.

Aufgabe 4
Stelle einen Zusammenhang zwischen dem Text und dem Diagramm her.

Aufgabe 5
Verfasse einen informierenden Text zum Thema „Klimawandel auf der Erde“ für eure Schülerzeitung. Gehe dabei so vor:

a) Finde eine passende Überschrift für deinen Text.
b) Schreibe mithilfe der Informationen aus dem Zeitungsartikel eine kurze Einleitung zu dem Thema.
c) Stelle dar, wie sich das Klima auf der Erde in den letzten Jahren gewandelt hat und welche Auswirkungen der Klimawandel mit sich bringt. Beziehe dazu alle Materialien mit ein.
d) Erläutere, was von Wissenschaftlern gefordert wird, um den Klimawandel zu verlangsamen bzw. aufzuhalten.
e) Nimm im Schlussteil kurz Stellung zum Thema „Klimawandel auf der Erde“.

Erster Schritt: Sich orientieren

TIPP zum ersten Schritt

Stürze dich nicht gleich in die Arbeit, sondern verschaffe dir eine erste Orientierung:
- Worum geht es im Text bzw. der Grafik?
- Was verraten dir die Überschriften?
- Was verlangen die Aufgaben von dir? Beachte besonders die Aufgabenstellung zu Aufgabe ❺ (Seite 43).

1. Notiere stichpunktartig, was dir zu dem Thema „Klimawandel“ einfällt. Welche Unterthemen könnten dargestellt werden?

___

___

___

2. Lies die Aufgabenstellungen zu Aufgabe ❺ (Seite 43) „mit dem Stift“. Gib dann mit eigenen Worten wieder, was du tun sollst.

___

___

___

Zweiter Schritt: Texte und Materialien erschließen und Inhalte erfassen

TIPP zum zweiten Schritt

- Lies den Text mehrmals. Nimm dabei immer einen Stift zur Hand.
- Unterstreiche alle unbekannten Begriffe und kläre sie mithilfe eines Wörterbuches oder aus dem Sinnzusammenhang.
- Kennzeichne mit Markierungen und Symbolen (! ?) Textstellen, die für das Verständnis der Texte wichtig sind oder die dir noch nicht klar sind. Verweise kannst du mit Pfeilen (→) verdeutlichen.
- Erarbeite das Diagramm mithilfe der Arbeitstechnik „Schaubilder auswerten“ auf Seite 29/30.

3. Schau dir auf Seite 41 die Unterstreichungen zu Beginn des Textes an. Bearbeite in ähnlicher Weise die folgenden Absätze.

4. Notiere, welche Informationen im Diagramm dargestellt werden.

___

___

___

___

___

Dritter Schritt: Inhalt des Textes zusammenfassen

TIPP zum dritten Schritt

Mithilfe dieser Vorarbeiten kannst du die Aufgabe 1 auf Seite 43 leicht lösen.

- In welche Sinnabschnitte kann man den Text einteilen?
- Wie lassen sich die einzelnen Abschnitte in jeweils einem Satz zusammenfassen?
- Welche Informationen aus den einzelnen Abschnitten kann ich miteinander verknüpfen?

5. Unterteile den Text in sinnvolle Abschnitte, damit er für die Weiterarbeit übersichtlicher wird. Fasse den jeweiligen Inhalt in einem Satz zusammen.

a) 2016: Hitzewellen am Nordpol, dadurch wird das Wetter global beeinflusst (Z. 1 – 9)

b) 2016 wärmstes Jahr seit 1880, überdurchschnittlich starker Anstieg des Meeresspiegels, Fläche der Eisdecke auf den Weltmeeren kleiner als jemals zuvor (Z. 10 – 19)

c) Hitzerekorde in Afrika, Asien und Südeuropa belegen globale Erwärmung (Z. 20 – 27)

d) Zahlen für deutsche Forscher dramatisch, aber nicht überraschend

e) …

f) …

6. Schreibe eine kurze Inhaltsangabe zu Text 1 (siehe Aufgabe 1, S. 43).

TIPP zu 6.

Im ersten Satz deiner Inhaltsangabe stellst du den Text kurz vor: Titel, Autor, Textsorte, Thema. Dann fasst du die Überschriften der Sinnabschnitte zu ganzen Sätzen zusammen. Achte genau auf die Aufgabenstellung.

Vierter Schritt: Materialien genau untersuchen und auswerten

TIPP zum vierten Schritt

Was im Text und in der Grafik dargestellt wird, hast du durch die Bearbeitung der Aufgaben 4., 5. und 6. (Seite 44/45) bereits festgestellt. Nun musst du überprüfen, welche Informationen du für die Aufgaben 2 – 4 und für den informierenden Text (Aufgabe 5, Seite 43) nutzen kannst. Lies dir dazu noch einmal genau die einzelnen Aufgabenstellungen durch.

7. In welchen Zeiträumen unterscheiden sich die im Diagramm dargestellten Kurven besonders auffällig voneinander? Worin besteht der Unterschied? Schreibe in ganzen Sätzen.

8. Benenne die Auswirkungen der Hitzewellen am Nordpol bzw. des Klimawandels für das globale Klima.

9. Schreibe stichwortartig auf, welche Maßnahmen nach Meinung der Klimaforscher erforderlich sind, um den Klimawandel zu verlangsamen.

TIPP zu 9.

Lies Text 1 noch einmal gründlich. Unterstreiche alle Stellen, die sich mit den Forderungen der Klimaforscher beschäftigen, mit einem farbigen Stift.

Fünfter Schritt: Einen Schreibplan anlegen

TIPP zum fünften Schritt

Aufgabe 5 besteht darin, einen informierenden Text zusammenhängend zu schreiben. Stelle dazu Zusammenhänge zwischen den Informationen des Textes her und nutze die Erkenntnisse, die du beim Lösen der anderen Aufgaben gewonnen hast. Nutze die Aufgabenstellung und deren Unterpunkte für deine Gliederung. Bei der Erstellung des Schreibplans gehst du so vor:

1. Finde eine passende **Überschrift** und orientiere dich dabei an der Vorgabe des Themas. Achte auch darauf, dass die Überschrift neugierig macht und zum Lesen anregt.
2. In der **Einleitung** führst du in das Thema ein und weckst das Interesse deiner Leser. Zuerst stellst du kurz den Text vor, machst Angaben zu Titel, Autor, Textart und Erscheinungsjahr. Danach fasst du knapp zusammen, worum es allgemein in dem Text geht. Damit hast du die Aufgabe 5 a) und b) bearbeitet.
3. Im **Hauptteil** wendest du dich den Aufgaben 5 c) und d) zu. Hier beschreibst du an Beispielen, wie sich das Klima auf der Erde verändert hat und beziehst dabei auch die Aussagen des Diagramms mit ein. Weiterhin erläuterst du, welche Maßnahmen nach Aussage von Wissenschaftlern erforderlich sind, um den Klimawandel zu verlangsamen.
4. Im **Schluss** formulierst du deine eigene Meinung zum Thema. Damit hast du die Aufgabe 5 e) bearbeitet.

10. In einem Schreibplan legst du die Abfolge deiner Gedanken in Stichpunkten fest. Stelle diese Gliederung für deinen informierenden Text zusammen. Sie sichert ab, dass du deine Ergebnisse zusammenhängend und strukturiert darstellst. Vervollständige den folgenden Schreibplan als Grundlage für deinen Text.

Schreibplan

Überschrift:

a) Bald Sonnenbaden am Nordpol?

Einleitung:

b) Einleitung zum Thema mithilfe der Informationen aus dem Zeitungsartikel:

Hauptteil:

c) Wie hat sich das Klima auf der Erde verändert?
Welche Folgen hat der Klimawandel?

d) Maßnahmen, die Klimaforscher für erforderlich halten, um Klimawandel zu verlangsamen:

Schluss:

e) Persönliche Stellungnahme zum Thema Klimawandel:

Sechster Schritt: Eigenen Text schreiben und überarbeiten

TIPP zum sechsten Schritt

1. Schreibe deinen Text. Lasse an der Seite deines Blattes und unten einen breiten Rand, damit du Platz für die Überarbeitung und Ergänzungen hast.
2. Finde eine Überschrift, die deine Leser neugierig macht: *Bald Sonnenbaden am Nordpol?*
3. Bringe die Ergebnisse deiner Vorarbeit in einen schlüssigen und zusammenhängenden Gedankengang. Orientiere dich an den **Aufgaben**. Setze nach jeder Aufgabe einen **Absatz**.
4. Schreibe sachlich, aber auch anschaulich und lebendig.
5. Halte dich an die dargestellten Fakten und Zahlen. Verwende Fachbegriffe, erkläre aber auch Begriffe und Namen, die in der Alltagssprache nicht häufig vorkommen.
6. Formuliere in eigenen Worten. Kennzeichne Zitate oder Belege durch Anführungszeichen und Angabe der Quelle: *„Wir betreten hier absolutes Neuland."* (Zeile 30 – 31)
7. Schreibe grundsätzlich im Präsens.

11. Verfasse deinen informierenden Text. Orientiere dich dazu an deinem Schreibplan. Beginne mit der Einleitung.

Bald Sonnenbaden am Nordpol?
Der Zeitungsartikel „Hitzewellen am Nordpol" von Jan Sternberg, erschienen am 22.3.2017 in der Hannoverschen Allgemeinen Zeitung, beschäftigt sich mit der Klimaveränderung am Nordpol und deren Folgen für das Klima weltweit ...

Die WMO hat nämlich festgestellt, dass es im Winter 2016 am Nordpol dreimal so etwas wie „Hitzewellen" gab. Obwohl die Temperaturen dort mitten im Winter eigentlich weit unter dem Gefrierpunkt liegen müssten, gab es Tage mit Temperaturen fast am Schmelzpunkt ...

12. Schließe nach einem Absatz deinen Hauptteil an:

Die Frage danach, wie sich das Klima auf der Erde in den letzten Jahren gewandelt hat, lässt sich kurz und knapp beantworten: Auf der Erde wird es immer wärmer. Die Zahlen aus dem Diagramm belegen diese Entwicklungen.
Die globale Erwärmung bleibt natürlich nicht ohne Folgen. So hat beispielsweise die Oberflächentemperatur der Meere Rekordwerte erreicht ...
Deutsche Klimaforscher bewerten diese bemerkenswerten Veränderungen zwar als dramatisch, aber nicht als überraschend. Sie haben diese Entwicklungen bereits vor 30 Jahren vorhergesagt.
Auch wenn die Folgen der globalen Erwärmung noch nicht bis ins Detail abzusehen sind, ist eines ganz klar: Wir können so nicht weitermachen.
Die Klimaforscher nehmen in diesem Zusammenhang vor allem die Politiker in die Pflicht und fordern diese auf, aktiv zu werden und die bisherigen Klimaziele zu überdenken.

13. Im Schlussteil beziehst du Stellung zu dem Thema. Der Anfang der Stellungnahme könnte so lauten:

Das Ziel meines Textes ist es, über das Thema „Klimawandel auf der Erde" zu informieren. Die im Artikel und im Diagramm genannten Zahlen machen sehr deutlich, wie stark sich das Klima weltweit bereits verändert hat. Das war mir bisher noch gar nicht bewusst ...
Die globale Erwärmung macht mir Angst ...
Ich unterstütze daher die Forderungen der Klimaforscher ...
Aber auch jeder Einzelne von uns sollte sich überlegen, was er zum Thema Klimaschutz beitragen kann ...

14. Überarbeite deinen Text. Verwende dazu die Checkliste.

CHECKLISTE zur Überarbeitung von informierenden Texten

1. Den Text inhaltlich überprüfen (Inhaltsleistung)

- ✓ Hast du in deinem Text alle Unterpunkte der Schreibaufgabe berücksichtigt?
- ✓ Hast du den Text sinnvoll gegliedert? Ist er durch Absätze überschaubar gestaltet?
- ✓ Sind die Informationen für den Leser nachvollziehbar und interessant dargestellt?
- ✓ Wurden die Informationen (Fakten, Zahlen) richtig aus den Materialien übernommen?
- ✓ Hast du unterschiedliche Beobachtungen miteinander verknüpft und Zusammenhänge hergestellt?
- ✓ Hast du deine Stellungnahme nachvollziehbar gestaltet und deine Meinung begründet?

2. Den Text sprachlich überprüfen (Darstellungsleistung)

- ✓ Gibt es unnötige Wiederholungen?
- ✓ Fallen dir unklare Formulierungen oder Begriffe auf, die du noch erklären musst?
- ✓ Sind deine Sätze vollständig?
- ✓ Kannst du komplizierte Sätze vereinfachen?
- ✓ Hast du Zusammenhänge durch sinnvolle Satzverknüpfungen verdeutlicht?
- ✓ Überprüfe Rechtschreibung, Zeichensetzung und Grammatik.
  Alle wichtigen Rechtschreibregeln findest du auch im Internet auf **www.finaleonline.de.** Einfach „Realschulabschluss" und dein Bundesland eingeben und das kostenlose „EXTRA-Training Rechtschreibung" herunterladen.

B 7 Einen erzählenden Text in sechs Schritten erarbeiten

Im Folgenden werden die wichtigsten Arbeitsschritte für das Erarbeiten eines erzählenden Textes vorgestellt. Dieses Kapitel stellt eine Art Grundkurs dar. Es enthält dabei Aufgabenstellungen, wie sie auch in der Prüfung vorkommen können.

Du sollst dich mit einer Kurzgeschichte auseinandersetzen und eine Interpretation dazu verfassen. Lies den vorliegenden Text. Du kannst dabei auch schon Markierungen von Aussagen und sprachlichen Mitteln vornehmen.

Saisonbeginn

Elisabeth Langgässer

Elisabeth Langgässer (23.2.1899–25.7.1950) gilt als typische Vertreterin der deutschen Nachkriegsliteratur. Ihre Romane, Erzählungen und Kurzgeschichten haben hauptsächlich die Judenverfolgung zum Thema und sind von ihrer Biographie geprägt. Als Halbjüdin wurde sie 1936 aus dem deutschen Schriftstellerverband ausgeschlossen und 1942 zur Zwangsarbeit in einer Munitionsfabrik verurteilt. Ihre Tochter Cordelia überlebte die Konzentrationslager Theresienstadt und Auschwitz. Die Kurzgeschichte „Saisonbeginn" wurde 1947 veröffentlicht.

Die Arbeiter kamen mit ihrem Schild und einem hölzernen Pfosten, auf den es genagelt werden sollte, zu dem Eingang der Ortschaft, die hoch in den Bergen an der letzten Passkehre lag. Es war ein heißer Spätfrühlingstag, die Schneegrenze hatte sich schon hinauf zu den Gletscherwänden gezogen. Überall standen die Wiesen wieder in Saft und Kraft; die Wucherblume verschwendete sich, der Löwenzahn strotzte und blähte sein Haupt über den milchigen Stengeln; Trollblumen, welche wie eingefettet mit gelber Sahne waren, platzten vor Glück, und in strahlenden Tümpeln kleinblütiger Enziane spiegelte sich ein Himmel von unwahrscheinlichem Blau. Auch die Häuser und Gasthöfe waren wie neu: ihre Fensterläden frisch angestrichen, die Schindeldächer gut ausgebessert, die Scherenzäune ergänzt. Ein Atemzug noch: dann würden die Fremden, die Sommergäste kommen, die Lehrerinnen, die mutigen Sachsen, die Kinderreichen, die Alpinisten, aber vor allem die Autobesitzer in ihren großen Wagen ... Ford und Mercedes, Fiat und Opel, blitzend von Chrom und Glas. Das Geld würde anrollen. Alles war darauf vorbereitet. Ein Schild kam zum anderen, die Haarnadelkurve zu dem Totenkopf, Kilometerschilder und Schilder für Fußgänger: Zwei Minuten zum Café Alpenrose.

Arbeiter wollen ein Schild aufstellen

An der Stelle, wo die Männer den Pfosten in die Erde einrammen wollten, stand ein Holzkreuz, über dem Kopf des Christus war auch ein Schild angebracht. Seine Inschrift war bis heute die gleiche, wie sie Pilatus entworfen hatte: J.N.R.J[1], die Enttäuschung darüber, dass es im Grunde hätte heißen sollen: er behauptet nur, dieser König zu sein, hatte im Lauf der Jahrhunderte an Heftigkeit eingebüßt. Die beiden Männer, welche den Pfosten, das Schild und die große Schaufel, um den Pfosten in die Erde zu graben, auf ihren Schultern trugen, setzten alles unter dem Wegkreuz ab; der dritte stellte

??

den Werkzeugkasten, Hammer, Zange und Nägel daneben und spuckte ermunternd aus.

Suche nach einem Platz für das Schild

Nun beratschlagten die drei Männer, an welcher Stelle die Inschrift des Schildes am besten zur Geltung käme; sie sollte für alle, welche das Dorf auf dem breiten Passweg betraten, besser: befuhren, als Blickfang dienen und nicht zu verfehlen sein. Man kam also überein, das Schild kurz vor dem Wegekreuz anzubringen, gewissermaßen als Gruß, den die Ortschaft jedem Fremden entgegenschickte. Leider stellt sich aber heraus, dass der Pfosten dann in den Pflasterbelag einer Tankstelle hätte gesetzt werden müssen, eine Sache, die sich selbst verbot, da die Wagen, besonders die größeren, dann am Wenden behindert waren. Die Männer schleppten also den Pfosten noch ein Stück weiter hinaus bis zu der Gemeindewiese und wollten schon mit der Arbeit beginnen, als ihnen auffiel, dass diese Stelle bereits zu weit von dem Ortsschild entfernt war, das den Namen angab und die Gemeinde, zu welcher der Flecken gehörte. Wenn also das Dorf den Vorzug dieses Schildes und seiner Inschrift für sich beanspruchen wollte, musste das Schild wieder näherrücken, am besten gerade dem Kreuz gegenüber, so dass Wagen und Fußgänger zwischen beiden hätten passieren müssen.

Dieser Vorschlag, von dem Mann mit den Nägeln und dem Hammer gemacht, fand Beifall. Die beiden anderen luden von neuem den Pfosten auf ihre Schultern und schleppten ihn vor das Kreuz. Nun sollte also das Schild mit der Inschrift zu dem Wegekreuz senkrecht stehen; doch zeigte es sich, dass die uralte Buche, welche gerade hier ihre Äste mit riesiger Spanne nach beiden Seiten wie eine Mantelmadonna[2] ihren Umhang entfaltete, die Inschrift im Sommer verdeckt und ihr Schattenspiel deren Bedeutung verwischt, aber mindestens abgeschwächt hätte.

Es blieb daher nur noch die andere Seite neben dem Herrenkreuz, und da die erste, die in das Pflaster der Tankstelle überging, gewissermaßen den Platz des Schächers[3] zur Linken[4] bezeichnet hätte, wurde jetzt der Platz zur Rechten[5] gewählt und endgültig beibehalten. Zwei Männer hoben die Erde aus, der dritte nagelte rasch das Schild mit wuchtigen Schlägen auf; dann stellten sie den Pfosten gemeinsam in die Grube und rammten ihn rings von allen Seiten mit größeren Feldsteinen an.

Reaktion der Dorfbewohner auf die Inschrift des Schildes

Ihre Tätigkeit blieb nicht unbeobachtet. Schulkinder machten sich gegenseitig die Ehre streitig, dabei zu helfen, den Hammer, die Nägel hinzureichen und passende Steine zu suchen; auch einige Frauen blieben stehen, um die Inschrift genau zu studieren. Zwei Nonnen, welche die Blumenvase zu Fuße des Kreuzes aufs neue füllten, blickten einander unsicher an, bevor sie weitergingen. Bei den Männern, die von der Holzarbeit oder vom Acker kamen, war die Wirkung verschieden: einige lachten, andere schüttelten nur den Kopf, ohne etwas zu sagen; die Mehrzahl blieb davon unberührt und gab weder Beifall noch Ablehnung kund, sondern war gleichgültig, wie sich die Sache auch immer entwickeln würde. Im Ganzen genommen konnten die Männer mit der Wirkung zufrieden sein. Der Pfosten, kerzengerade, trug das Schild mit der weithin sichtbaren Inschrift, die Nachmittagssonne glitt wie ein Finger über die zollgroßen Buchstaben hin und fuhr jeden einzelnen langsam nach wie den Richtspruch an einer Tafel …

Auch der sterbende Christus, dessen blasses, blutüberronnenes Haupt im

Tod nach der rechten Seite geneigt war, schien sich mit letzter Kraft zu bemühen, die Inschrift aufzunehmen: man merkte, sie ging ihn gleichfalls an, welcher bisher von den Leuten als einer der ihren betrachtet und wohl gelitten war. Unerbittlich und dauerhaft wie sein Leiden, würde sie ihm nun für lange Zeit schwarz auf weiß gegenüberstehen.
Als die Männer den Kreuzigungsort verließen und ihr Handwerkszeug wieder zusammenpackten, blickten alle drei noch einmal befriedigt zu dem Schild mit der Inschrift auf. Sie lautete: „In diesem Kurort sind Juden unerwünscht."

Elisabeth Langgässer: Saisonbeginn. Aus: Elisabeth Langgässer, Der Torso. Claassen & Goverts, Hamburg 1947, S. 15 – 18

1 J.N.R.J.: Jesus von Nazareth, König der Juden
2 Mantelmadonna: Mariendarstellung – Madonna, die unter ihrem ausgebreiteten Mantel betende Gläubige birgt.
3 Schächer: (aus dem mittelhochdeutschen) Verbrecher, Mörder. Die Bezeichnung wird heute nur noch für die beiden Verbrecher verwendet, die zur Linken und Rechten von Jesus gekreuzigt wurden.
4 Platz zur Linken (des gekreuzigten Jesus): der Gekreuzigte bittet Jesus um Vergebung
5 Platz zur Rechten (des gekreuzigten Jesus): der Gekreuzigte verhöhnt Jesus

Aufgabe 1

Verfasse eine Einleitung für die Interpretation der Kurzgeschichte. Gehe dabei auch auf die Biografie der Autorin und die Entstehungszeit der Kurzgeschichte ein.

Aufgabe 2

Fasse den Inhalt des Textes kurz zusammen.

Aufgabe 3

Mit welchen sprachlichen Bildern bringt die Autorin die „Aufbruchstimmung" bei Mensch und Natur nach dem Winter zum Ausdruck? Schreibe mindestens drei Textbeispiele heraus und erkläre sie.

Zeile	Textstelle	Erklärung

Aufgabe 4

Mit welchen Formulierungen wird die Spannung gesteigert und die bittere Pointe vorbereitet? Schreibe mindestens drei solcher Stellen heraus und erkläre sie.

Zeile	Textstelle	Bedeutung

Aufgabe 5

Weise mindestens vier Hauptmerkmale einer Kurzgeschichte am Text nach.

Merkmal	Textbezug

Aufgabe 6

In Zeile 73 vergleicht die Autorin die Inschrift auf dem Schild mit einem „Richtspruch".
Erkläre diesen Vergleich.

Aufgabe 7

Erkläre die Doppeldeutigkeit der Überschrift „Saisonbeginn".

Aufgabe 8

Die Kurzgeschichte hat einen historischen Hintergrund. Verfasse einen Text zu dieser Thematik und gehe dabei folgendermaßen vor:

a) Verfasse eine Einleitung, in der du das Thema der Geschichte vorstellst und anschließend den Inhalt kurz zusammenfasst.
b) Stelle dar, wie die Autorin Spannung entwickelt und steigert.
c) Erläutere, welcher Zusammenhang zwischen dem Christuskreuz und dem Platz des neuen Schildes besteht.
d) Erläutere die Überschrift („Saisonbeginn").
e) Äußere zum Schluss deine persönliche Meinung zu der Geschichte. Nimm Stellung zur Textabsicht und stelle einen Bezug zur Gegenwart her.

Erster Schritt: Sich orientieren

TIPP zum ersten Schritt

Stürze dich nicht gleich in die Arbeit, sondern verschaffe dir eine erste Orientierung:
- Worum geht es in dem Text? Was verrät dir die Überschrift?
- Was verlangen die Aufgaben von dir? Beachte besonders die Aufgabenstellung zur Aufgabe 8.

1. Notiere stichwortartig, was dir zu dem Titel „Saisonbeginn" einfällt. Wovon könnte der Text handeln?

___

___

2. Schau dir die Aufgabe 8 auf Seite 52 an. Schreibe auf, was du tun sollst.

___

___

Zweiter Schritt: Den Text lesen und das Thema erfassen

TIPP zum zweiten Schritt

- Lies den Text mehrmals. Unterstreiche alle Wörter oder Textstellen, die dir unbekannt sind.
- Verwende zum Klären dieser Stellen ein Wörterbuch oder erschließe die Bedeutung aus dem Textzusammenhang. Schreibe deine Erklärungen an den Textrand oder auf ein Extrablatt.
- Kennzeichne wichtige, auffällige oder unklare Textstellen mit Zeichen (!?). Verweise solltest du mit → verdeutlichen, z. B. Wiederholung einer Textstelle, eines Wortes.

3. Schau dir auf Seite 49/50 die Markierungen und Randnotizen an. Bearbeite in gleicher Weise die folgenden Absätze des Textes.

4. Schreibe in Stichworten auf, um welche Probleme es in diesem Text geht.

– Judenverfolgung im Dritten Reich

– Die Bewohner eines Bergdorfs bereiten sich auf die neue Saison vor und wollen in Zukunft keine Juden mehr beherbergen.

– ...

5. Schreibe eine Einleitung (siehe Aufgabe 1, Seite 51).

TIPP zur Teilaufgabe 1

- In der Einleitung wird der Text kurz vorgestellt: Titel, Autor, Textsorte, Thema.
- Mithilfe der Ergebnisse aus 4. kannst du die Kurzgeschichte kurz zusammenfassen:

In der Kurzgeschichte „Saisonbeginn" von Elisabeth Langgässer geht es vordergründig darum, wie sich ein Bergkurort auf die neue Saison vorbereitet. In Wirklichkeit ...

Dritter Schritt: Den Inhalt zusammenfassen

TIPP zum dritten Schritt

- Stelle W-Fragen an den Text und beantworte sie in Stichworten. Dadurch gewinnst du schnell einen Überblick über die Handlung und gleichzeitig sammelst du Stichwörter für die Inhaltszusammenfassung.
- In welche Sinnabschnitte kann man den Text einteilen? Wie lassen sich die einzelnen Abschnitte in jeweils einem Satz zusammenfassen? Mithilfe dieser Informationen kannst du leicht die Inhaltsangabe schreiben.

6. Notiere dir den Aufbau des Textes, indem du ihn in Sinnabschnitte einteilst.

a) Mit dem Frühling in einem kleinen Bergkurort beginnen die Vorbereitungen für das Eintreffen der ersehnten Kurgäste.
b) Drei Männer wollen ein Schild dort aufstellen, wo bereits ein Jesuskreuz steht.
c) Die Männer suchen einen Platz, von dem aus das Schild das Anliegen des Ortes am besten zur Geltung bringt.
d) ...
e) ...
f) ...

7. Schreibe eine Inhaltsangabe (siehe Aufgabe 2 auf Seite 51).

Drei Männer sind an einem schönen Spätfrühlingstag unterwegs, um am Eingang eines Kurorts in den Bergen ein Schild aufzustellen. Sie untersuchen verschiedene Stellen und entscheiden sich für den Platz neben einem Holzkreuz. Dort stellen sie das Schild auf, wobei ihnen ein paar Kinder zur Hand gehen. Vorbeikommende ...

Vierter Schritt: Den Text untersuchen und die sprachlichen Merkmale erfassen

TIPP zum vierten Schritt

- Die Absicht und die Wirkung eines Textes auf die Leser werden durch sprachliche Mittel (→ Glossar) erreicht, z. B. durch
  - sprachliche Bilder,
  - Verwendung von Farbwörtern und bestimmten Adjektiven,
  - auffällige Wortwahl,
  - auffälligen Satzbau.
- Die sprachlichen Mittel stehen immer in Beziehung zur Textaussage.
- In diesem Schritt werden die Aufgaben 3, 4, 5 und 6 (Seite 51 und 52) bearbeitet.

8. Lies und bearbeite die Aufgabe 3 (Seite 51).

TIPP zur Aufgabe 3

Suche Wörter oder Satzteile heraus, die die Natur und das Verhalten der Menschen beschreiben.

Zeile	Textstelle	Erklärung
5	Überall standen die Wiesen in Saft und Kraft ...	Die Natur ist bereit für den kommenden Sommer.
7 – 8	Trollblumen (...) platzten vor Glück ...	
9 – 10	... die Häuser und Gasthöfe waren wie neu ...	

9. Lies und bearbeite die Aufgabe 4 (Seite 51).

TIPP zur Aufgabe 4

Es gibt verschiedene Sätze und Wendungen, die von der Bedeutung und Wirkung des Schildes handeln, aber den Inhalt verschweigen.

Zeile	Textstelle	Erklärung
29 – 30	... an welcher Stelle die Inschrift des Schildes am besten zur Geltung käme ...	
30 – 31	... sie sollte für alle (...) als Blickfang dienen.	
66 – 67	... einige lachten, andere schüttelten nur den Kopf, ohne etwas zu sagen ...	
76	... die Inschrift (...), sie ging ihn gleichfalls an ...	

10. Lies und bearbeite die Aufgabe 5 (Seite 52).

TIPP zur Aufgabe 5

Wenn du nicht sicher bist, was die typischen Merkmale einer Kurzgeschichte sind, sieh im Glossar unter dem Begriff „Kurzgeschichte“ nach.

Merkmal	Textbezug
Die Geschichte beginnt unvermittelt ohne Einleitung (erkennbar an bestimmten Artikeln = „die Arbeiter“, Pronomen, Eigennamen oder direkter Rede gleich am Anfang).	Der Leser ist mittendrin in der Geschichte, obwohl er nicht weiß, was vorher passiert ist, wann und wo sich alles abspielt.

Merkmal	Textbezug
Die Geschichte endet offen. Das Problem wird nicht gelöst.	Der Leser bleibt mit der völlig überraschenden Pointe allein. Er wird „gezwungen", darüber nachzudenken.
Alltäglichkeit	Das Geschehen, die Situation, die Örtlichkeit, die Menschen sind alltäglich. Alles ist realistisch und auf den ersten Blick nicht außergewöhnlich.

11. Lies und bearbeite die Aufgabe 6 (Seite 52).

TIPP zur Aufgabe 6

Als „Richtspruch" bezeichnet man einen Urteilsspruch, der einen Verurteilten bestraft.

Die Inschrift auf dem Schild ist ein Urteilsspruch, der alle Juden betrifft und verurteilt. Der gekreuzigte Jesus ist als „König der Juden" symbolisch gesehen stellvertretend für alle Juden erneut verurteilt worden.

12. Lies und bearbeite die Aufgabe 7 (Seite 52).

Unter „Saisonbeginn" versteht man ...

a) den Beginn eines Jahresabschnitts, in dem z.B. die Touristen üblicherweise in einem Ferienort anreisen.

b) den Beginn z.B. der Jagdsaison.

Erklärung: Elisabeth Langgässer verbindet beide Bedeutungen auf ironische, zynische Weise miteinander, und zwar im Hinblick auf den Umgang mit Juden. Die Inschrift auf dem Schild macht deutlich, dass neben der Vorbereitung auf den Ansturm der Touristen in dem Bergort nun auch die Jagd auf Juden beginnt.

Fünfter Schritt: Den Text interpretieren

TIPP zum fünften Schritt

Um die Aussageabsicht der Kurzgeschichte zu erschließen, musst du dir selbstständig Fragen zum Text stellen. Sie können sich beziehen auf auffällige Textstellen, Wörter, Verhaltensweisen der handelnden Personen, besondere Gegenstände, Farben, die Überschrift oder überraschende Handlungsschritte.
Die folgenden Fragen sollen dir helfen, die Aufgabe 8 vorzubereiten. Mithilfe der Fragen sollst du das Verhalten der Hauptpersonen darstellen und Begründungen dafür abgeben: Was ist das für ein Bergdorf? Warum nennt die Autorin die Inschrift des Schildes erst im letzten Satz? Was sollen die Bezüge zur biblischen Geschichte? Lies die entsprechenden Textstellen jeweils noch einmal im Zusammenhang, damit du die Fragen richtig beantworten kannst. Du kannst in Stichworten antworten.

13. Wie wirkt die Darstellung des Bergdorfes mit seinen Menschen zunächst auf dich? Suche entsprechende Textstellen.

14. Warum hat die Autorin die Überschrift „Saisonbeginn“ gewählt?

15. Warum entwickelt die Autorin Spannung bis zum letzten Satz?

16. Warum wird an vielen Stellen in der Geschichte auf den gekreuzigten Jesus verwiesen?

17. Wie reagieren die Bewohner des Ortes auf das Schild?

18. Ändert sich deine Sichtweise auf das Bergdorf, nachdem du die Inschrift des Schildes kennst?

Sechster Schritt: Eigenen Text vorbereiten, schreiben und überarbeiten

TIPP zum sechsten Schritt

Sieh dir die Aufgabe 8 noch einmal genau an. Hier sollst du die Aussage und Absicht eines Textes darstellen und bestimmte gestalterische Mittel nennen, die die Zielsetzung des Autors/der Autorin unterstützen.

In einer **Stellungnahme** wird von dir erwartet, dass du deinen Standpunkt klar und eindeutig darstellst und durch nachvollziehbare Gründe und anschauliche Beispiele erläuterst. Dabei soll deine persönliche Position klar erkennbar werden.

19. Lege dir in Stichworten einen Schreibplan an.

TIPP zum Schreibplan

Orientiere dich an den Aufgaben 1 bis 7.

Schreibplan

Einleitung:

a) – Vorstellung des Textes } siehe Aufgaben 1 und 2

– Zusammenfassung des Inhalts } siehe Aufgaben 1 und 2

Hauptteil:

b) – Wie wird Spannung entwickelt und gesteigert?

c) – Zusammenhang zwischen Schild und Jesuskreuz

d) – Bedeutung der Überschrift

} Aufgaben 3 – 7 bereiten auf Aufgabe 8 vor

Schluss:

e) – Persönliche Meinung zu der Geschichte

– Stellungnahme zu Textabsicht und Gegenwartsbezug

20. Verfasse nun deinen Text (Bearbeitung der Aufgabe 8). Schreibe in vollständigen Sätzen.

In der Kurzgeschichte „Saisonbeginn“ von Elisabeth Langgässer (1899–1950), die 1947 erschienen ist, geht es um das Problem der Judenverfolgung. Die Autorin verarbeitet in ihrer Geschichte auch ihr persönliches Schicksal als Halbjüdin im Dritten Reich ...

In der Kurzgeschichte wird gezeigt, wie ein Dorf, das harmlos und sympathisch wirkt, sich der menschenverachtenden Nazidoktrin unterwirft. Es geht dabei um die Doppelmoral vieler damaliger deutscher Bürger, die ...

Drei Männer sind an einem schönen Spätfrühlingstag unterwegs, um am Eingang eines Kurorts in den Bergen ein Schild aufzustellen. Sie untersuchen verschiedene Stellen und entscheiden sich für den Platz neben einem Holzkreuz mit dem gekreuzigten Jesus. Dort stellen sie das Schild auf, wobei ihnen ein paar Kinder zur Hand gehen. Vorbeikommende …

21. So könnte dein Schlussteil (Aufgabe 8) anfangen. Beginne mit einer persönlichen Stellungnahme.

TIPP zur Stellungnahme

Für deine persönliche Beurteilung kannst du folgende Formulierungen verwenden: *einerseits – andererseits, im Gegensatz zu, meiner Meinung nach, fest steht, dass …, ich denke, dass …, denn, aus diesem Grund, hinzu kommt, dass …, nicht zu vergessen ist, dass …, das bedeutet …, unbestritten ist, dass …*

Ich finde die Geschichte sehr interessant und spannend. Insbesondere der Kontrast zwischen der harmlosen Alltäglichkeit und der politischen Einstellung der Menschen wird durch die überraschende Pointe besonders hervorgehoben. …

22. Überarbeite deinen Text. Verwende dazu die Checkliste.

CHECKLISTE zur Überarbeitung des Textes

Text inhaltlich überprüfen

- ✓ Hast du in deinem Text alle Unterpunkte der Aufgabenstellung berücksichtigt?
- ✓ Wo könnten Absätze deinen Text besser gliedern?
- ✓ Wo willst du etwas ergänzen oder streichen?
- ✓ Hast du deine Aussagen am Text belegt?

Text sprachlich überarbeiten

- ✓ Hast du das Präsens verwendet und wörtliche Rede im Konjunktiv wiedergegeben?
- ✓ Hast du störende Wiederholungen vermieden? Hast du verschiedene Satzanfänge gewählt?
- ✓ Sind deine Sätze vollständig?
- ✓ Hast du Satzgefüge verwendet? An welchen Stellen kannst du Sätze verbinden?
- ✓ Gibt es lange Sätze, die du auflösen solltest?

Text auf Rechtschreibung und Zeichensetzung überprüfen

- ✓ Entdeckst du Flüchtigkeitsfehler (unvollständige Wörter, falsche Groß- und Kleinschreibung)?
- ✓ Musst du Wörter nachschlagen?
- ✓ Stimmt die Zeichensetzung (Punkte, Fragezeichen, Kommas, Anführungsstriche)?

Alle wichtigen Rechtschreibregeln findest du auch im Internet auf **www.finaleonline.de.** Einfach „Realschulabschluss" und dein Bundesland eingeben und das kostenlose „EXTRA-Training Rechtschreibung" herunterladen.

B 8 Einen lyrischen Text in sechs Schritten erarbeiten

Im Folgenden werden die wichtigsten Arbeitsschritte für das Erarbeiten eines lyrischen Textes vorgestellt. Ein lyrischer Text kann ein Gedicht, aber auch, wie in diesem Beispiel, ein Lied sein. Dieses Kapitel stellt eine Art Grundkurs dar. Es enthält Aufgabenstellungen, wie sie auch in der Prüfung vorkommen können.

Du sollst dich mit einem Songtext als Beispiel für einen lyrischen Text auseinandersetzen, diesen interpretieren und abschließend eine Stellungnahme verfassen.
Lies den vorliegenden Text. Du kannst dabei auch schon Markierungen von wichtigen Textstellen oder sprachlichen Mitteln vornehmen.

Haus am See (2008)

Peter Fox

Hier bin ich gebor'n und laufe durch die Straßen,
Kenn' die Gesichter, jedes Haus und jeden Laden.
Ich muss mal weg, kenn jede Taube hier beim Namen.
Daumen raus, ich warte auf 'ne schicke Frau mit schnellem Wagen.
Die Sonne blendet, alles fliegt vorbei.
Und die Welt hinter mir wird langsam klein.
Doch die Welt vor mir ist für mich gemacht!
Ich weiß, sie wartet und ich hol sie ab!
Ich hab den Tag auf meiner Seite, ich hab Rückenwind!
Ein Frauenchor am Straßenrand, der für mich singt!
Ich lehne mich zurück und guck ins tiefe Blau,
Schließ' die Augen und lauf einfach geradeaus.

Und am Ende der Straße steht ein Haus am See.
Orangenbaumblätter liegen auf dem Weg.
Ich hab 20 Kinder, meine Frau ist schön.
Alle komm'n vorbei, ich brauch nie rauszugehen.

Ich suche neues Land mit unbekannten Straßen,
Fremde Gesichter und keiner kennt mein'n Namen!
Alles gewinnen beim Spiel mit gezinkten Karten.
Alles verlieren, Gott hat einen harten linken Haken.
Ich grabe Schätze aus im Schnee und Sand,
Und Frauen rauben mir jeden Verstand!
Doch irgendwann werd ich vom Glück verfolgt
Und komm zurück mit beiden Taschen voll Gold.
Ich lad' die alten Vögel und Verwandten ein.
Und alle fang'n vor Freude an zu wein'n.
Wir grillen, die Mamas kochen und wir saufen Schnaps.
Und feiern eine Woche jede Nacht.

Und der Mond scheint hell auf mein Haus am See.
Orangenbaumblätter liegen auf dem Weg.
Ich hab 20 Kinder, meine Frau ist schön.
Alle komm'n vorbei, ich brauch nie rauszugehen.

Und am Ende der Straße steht ein Haus am See.
Orangenbaumblätter liegen auf dem Weg.
Ich hab 20 Kinder, meine Frau ist schön.
Alle komm'n vorbei, ich brauch nie rauszugehen.

Hier bin ich gebor'n, hier werd ich begraben.
Hab taube Ohr'n, 'nen weißen Bart und sitz im Garten.
Meine 100 Enkel spielen Cricket auf'm Rasen.
Wenn ich so daran denke, kann ich's eigentlich kaum erwarten.

Aufgabe 1

Verfasse eine Einleitung für deine Interpretation.

Aufgabe 2

Gib den Inhalt des Liedes mit eigenen Worten wieder.

Aufgabe 3

Beschreibe stichwortartig den formalen Aufbau des Liedtextes.

- 6 Teilabschnitte (3 Strophen, 3x Refrain), 40 Verse, kein eindeutiges Reimschema
- …

Aufgabe 4

Der Verfasser beschreibt seine Sehnsucht danach, sein Leben zu verändern. Finde im Liedtext drei (zusätzliche) sprachliche Mittel, die dies verdeutlichen.
Beispiel:

Textstelle	Zitat	Stilmittel	Erklärung
Vers 6 + 7	„die Welt“ (2x)	Wiederholung	Es gibt eine Welt vor ihm und eine hinter ihm. Es gibt also zwei verschiedene Welten für ihn. Die eine ist Vergangenheit, die andere Zukunft.
Vers 19 / 20	„Alles gewinnen … alles verlieren“	Anapher	Gegensätzlichkeit des Lebens, Lebendigkeit
Vers 13 + 33	„am Ende der Straße“	Metapher	Ziel, angekommen sein

Aufgabe 5

a) Untersuche die Formulierung „kenn jede Taube hier beim Namen“ (Vers 3). Was will der Verfasser damit sagen? Welche Stimmung wird dadurch ausgedrückt?

b) Das Lied ist aus der Perspektive des „Lyrischen Ichs“ geschrieben. Wie wirkt diese fiktive Person auf dich? Warum wird deiner Meinung nach die Ich-Perspektive benutzt?

Aufgabe 6

Analysiere den Liedtext und setze dich kritisch mit der dargestellten Zukunftsversion auseinander. Gehe dabei folgendermaßen vor:

a) Stelle das Lied einleitend vor und fasse den Inhalt kurz zusammen. (Aufgabe 1 und 2)
b) Beschreibe, wie die Situation des Menschen in dem Lied auf dich wirkt und mit welchen sprachlichen Mitteln der Verfasser dies zu erreichen versucht. (Aufgabe 4 und 5)
c) Erkläre, warum im Lied deiner Meinung nach die „Ich-Perspektive" genutzt wird. (Aufgabe 5)
d) Nimm zum Schluss Stellung dazu, ob eine Zukunftsvision, wie sie in diesem Liedtext dargestellt wird, deiner Meinung nach realistisch und/oder wünschenswert erscheint.

Erster Schritt: Sich orientieren

TIPP zum ersten Schritt

Stürze dich nicht gleich in die Arbeit, sondern verschaffe dir eine erste Übersicht:

- Was verrät dir die Überschrift?
- Worum geht es in dem Text?
- Vor allem solltest du an dieser Stelle schon einmal alle Aufgaben genau lesen. Besonders Aufgabe 6 ist für dich wichtig, um zu verstehen, worauf du eigentlich hinarbeiten musst.

1. Notiere stichpunktartig, was dir zu dem Titel „Haus am See" einfällt. Um was könnte es in dem Lied von Peter Fox gehen?

____

____

____

2. Schau dir die Aufgabe 6 an (siehe oben). Schreibe auf, was du tun sollst.

____

____

____

Zweiter Schritt: Den Text lesen und das Thema erfassen

TIPP zum zweiten Schritt

- Unterstreiche alle Wörter oder Textstellen, die dir unbekannt sind und kläre sie mithilfe eines Wörterbuches oder aus dem Sinnzusammenhang.
- Schreibe deine Erklärungen an den Textrand oder auf ein Extrablatt.
- Kennzeichne wichtige, auffällige oder unklare Textstellen mit Zeichen (!?). Verweise solltest du mit → verdeutlichen, z. B. Wiederholungen einer Textstelle oder eines Wortes.

3. Schreibe in Stichworten auf, um was es in dem Lied geht.

4. Schreibe den Entwurf für die Einleitung deiner Interpretation (Aufgabe 1, Seite 61) auf ein Extrablatt.

TIPP zur Aufgabe 1

- In der Einleitung wird der Text zunächst kurz vorgestellt: Titel, Interpret, Erscheinungsjahr, Textsorte, Thema (einleitender Satz).
- Mit den Stichpunkten aus 3. (siehe oben) kannst du zudem die Thematik des Liedes in ein bis zwei Sätzen zusammenfassen.

Dritter Schritt: Den Inhalt zusammenfassen

TIPP zum dritten Schritt

- Stelle W-Fragen an den Text und beantworte sie in Stichworten. Dadurch gewinnst du einen Überblick über die Handlung oder über dargestellte Gedanken und sammelst so Stichwörter für die Inhaltszusammenfassung.
- Entsprechen die Strophen einzelnen Sinnabschnitten oder lassen sich andere Zusammenfassungen finden, aus denen du eine Inhaltsangabe schreiben kannst?

5. a) Worin besteht die Handlung?

b) Wer spricht im Text?

c) Was ist das Ergebnis?

d) Untersuche die Veränderungen, die die letzte Strophe inhaltlich deutlich macht. Was ist anders?

6. Notiere dir den Aufbau des Liedes, indem du es in Sinnabschnitte einteilst.

TIPP zu 6.

Sinnabschnitte sind zusammengehörende Teile einer Handlung oder einer Gedankenführung.
Ein Sinnabschnitt kann daher mehrere Verse oder Strophen umfassen.

a) 1. Abschnitt: Vers 1 – 3 (Ausgangssituation)

b) 2. Abschnitt: Vers 4 – 6 (Die Person haut einfach ab.)

7. Schreibe eine Inhaltsangabe zu dem Liedtext (siehe Aufgabe 2, Seite 61).

Dieser Liedtext handelt von einem Lebenstraum. Das lyrische Ich lebt in einer Welt, in der es alles kennt und die es langweilig findet ...

Vierter Schritt: Den Text untersuchen und sprachliche Merkmale erfassen

TIPP zum vierten Schritt

- Absicht und Wirkung eines Textes auf den Leser werden durch die Verwendung von sprachlichen Mitteln (→ Glossar) erreicht, z. B.:
  - sprachliche Bilder, Vergleiche, Metaphern,
  - die Verwendung von Farben, von bestimmten Adjektiven,
  - auffällige Wortwahl, Neuschöpfungen,
  - auffälliger Satzbau, Schreibweise und Textanordnung.
- Die sprachlichen Mittel stehen immer in Beziehung zur Textaussage.
- In diesem Schritt werden die Aufgaben 3, 4 und 5 (Seite 61/62) bearbeitet)

8. a) Lies und bearbeite die Aufgabe 3 auf Seite 61. Hinweise zu Merkmalen lyrischer Texte findest du im Glossar ab Seite 129.
   b) Das Lied besteht aus drei verschiedenen Strophen. Versuche jeder dieser Strophen in nur einem Satz eine Hauptaussage zuzuordnen.

9. a) Lies und bearbeite die Aufgabe 4 auf Seite 62.
   b) Wie verändert sich die Stimmung in diesem Liedtext?

Textstelle	Stimmung	Erklärung
Vers 1 – 3	perspektivlos gelangweilt, will weg	Der Handelnde beschreibt seine Wohngegend als ihm vertraut, aber langweilig. Er sehnt sich nach Neuem.
...	...	...

Fünfter Schritt: Den Liedtext interpretieren

TIPP zum fünften Schritt

Um die Aussageabsicht eines lyrischen Textes zu erschließen, musst du dir selbstständig Fragen überlegen, die du an den Text stellen könntest. Sie können sich beziehen auf auffällige Textstellen, Wörter, Textanordnung, Verhaltensweisen, besondere Gegenstände, Farben, die Überschrift oder überraschende Handlungsschritte.

Die folgenden Fragen sind Beispiele, die dir helfen sollen, Aufgabe 5 vorzubereiten. Mit diesen Fragen sollst du auf die innere Form des Gedichtes eingehen und dich zur Absicht des Verfassers äußern. Außerdem sollst du Stellung zu der im Gedicht dargestellten Zukunftsvision nehmen. Du kannst in Stichworten antworten.

10. Lies und bearbeite die Aufgabe 5 auf Seite 62. Falls dir eine Teilaufgabe Probleme bereitet, findest du Anregungen im Lösungsteil.

11. a) Was verbindet der Verfasser mit dem „Haus am See“?

____

____

b) Was soll dieses Lied beim Zuhörer auslösen?

____

____

c) Was löst dieses Lied bei dir aus?

____

____

12. Verfasse den Schlussteil für deine Interpretation.

Zusammenfassend bin ich der Meinung, dass Peter Fox mit seinem Lied aussagen möchte, dass sich jeder wünscht, anzukommen. …

Sechster Schritt: Eigenen Text planen, schreiben und überarbeiten

TIPP zum sechsten Schritt

Sieh dir die Aufgabe 6 noch einmal genau an. Hier sollst du die Aussage und Absicht des Liedtextes darstellen und bestimmte gestalterische Mittel nennen, die die Zielsetzung der Autorin unterstützen.

Im **Schlussteil** wird von dir erwartet, dass du deinen Standpunkt klar und eindeutig darstellst und durch nachvollziehbare Gründe und anschauliche Beispiele erläuterst. Dabei soll deine persönliche Position erkennbar werden.

13. Lege dir in Stichworten einen Schreibplan an. Orientiere dich dabei an den Aufgaben.

Schreibplan

Einleitung:

a) Vorstellung des Textes und Zusammenfassung bereits erledigt, Aufgabe 1

Hauptteil:

b) Wir wirkt der Mensch in dem Lied auf mich?

Verwendete sprachliche Mittel hierfür:

c) Warum wurde die Ich-Perspektive gewählt?

Schluss:

d) Persönliche Stellungnahme mit Begründung:

14. Verfasse nun deinen Text (Aufgabe 6, Seite 63). Schreibe in vollständigen Sätzen. Folgende Sätze könntest du verwenden:

- Jeder kennt wohl das Gefühl, etwas Neues erleben zu wollen.
- Wer hat sich noch nicht vorgestellt, wie sein Leben aussehen soll, wenn man einmal alt ist? Träumen wir nicht alle davon, irgendwann einmal anzukommen?
- Der Verfasser wählt durchgehend die Ich-Perspektive. Das bedeutet, es geht um ihn. Um SEIN Leben, SEINE Zukunft, um SEINE Gedanken und Träume.
- Aus diesem Grund halte ich den Liedtext auch für aktuell.
- Ich denke, das Lied ist deshalb so erfolgreich gewesen, weil es die Sehnsüchte der Menschen anspricht. Jeder, der dieses Lied mitsingt, spricht damit automatisch von sich selbst.

TIPP zum Schlussteil

Für deine persönliche Beurteilung kannst du folgende Formulierungen verwenden: *einerseits – andererseits; im Gegensatz zu; meiner Meinung nach; fest steht, dass ...; ich denke, dass ...; denn; aus diesem Grund; hinzu kommt, dass ...; nicht zu vergessen ist, dass ...; das bedeutet ...; unbestritten ist, dass ...*

15. Überarbeite deinen Text. Verwende dazu die Checkliste.

CHECKLISTE zur Überarbeitung der Interpretation

Text inhaltlich überprüfen

- ✓ Hast du in deinem Text alle Unterpunkte des Schreibplans berücksichtigt?
- ✓ Hast du den Text sinnvoll gegliedert? Ist er durch Absätze überschaubar gestaltet?
- ✓ Ist für die Leser erkennbar und nachvollziehbar, wie und warum du etwas so empfunden und verstanden hast?
- ✓ Wird klar, welche Bedeutung die Form und Sprache des Textes für die Absicht haben?
- ✓ Hast du unterschiedliche Beobachtungen verknüpft und Zusammenhänge hergestellt?
- ✓ Nennst du Begründungen zu deinen Schlussfolgerungen oder Sichtweisen?
- ✓ Hast du deine Beobachtungen und Schlussfolgerungen durch Zitate und Belege untermauert?
- ✓ Wo willst du etwas ergänzen oder streichen?

Text sprachlich überprüfen

- ✓ Gibt es unnötige Wiederholungen?
- ✓ Fallen dir unklare Formulierungen oder Begriffe auf, die du noch erklären musst?
- ✓ Sind deine Sätze vollständig?
- ✓ Kannst du komplizierte Sätze vereinfachen?
- ✓ Hast du Zusammenhänge durch sinnvolle Satzverknüpfungen verdeutlicht?
- ✓ Überprüfe Rechtschreibung, Zeichensetzung und Grammatik.
  Alle wichtigen Rechtschreibregeln findest du auch im Internet auf **www.finaleonline.de.** Einfach „Realschulabschluss“ und dein Bundesland eingeben und das kostenlose „EXTRA-Training Rechtschreibung“ herunterladen.

C Angeleitete Prüfungsaufgaben

C 1 Prüfungsbeispiel: Konsum

Bearbeite auch diese Prüfungsvorlage so, wie du es es im Kapitel B1 (Seite 27/28) sowie in den Grundkursen B6–B8 (Seite 41–68) gelernt hast. Gehe dabei schrittweise vor. Auf den Seiten 76–78 findest du Lösungshilfen.

Hier liegt ein Hörtext in gedruckter Form vor. Lasse ihn dir zweimal in einem normalen Sprachtempo vorlesen, um die Prüfungssituation zu simulieren. Decke ihn ab, wenn du die dazugehörigen Aufgaben bearbeitest.

Hörverstehenstest

Konsumverweigerer

Marius Diab (26) aus München lebt seit mehr als einem Jahr im Konsumstreik. Er gibt so gut wie kein Geld für seinen Lebensunterhalt aus und zeigt uns, wie man in einer so teuren Stadt wie München überleben kann.

Ein Badezimmer? Das braucht Marius Diab nicht. Der 26-Jährige führt ein ungewöhnliches Leben – ohne Dusche und ohne Geld! Versteckt in Münchens Innenstadt inmitten verwilderter Gartenbeete! Hier will er sein Obst und Gemüse anbauen, damit er im Sommer ernten kann, was er wirklich braucht.

Unsere Wegwerfgesellschaft? Die hat er satt. „Mit der Zeit habe ich festgestellt, dass Lebensmittel nicht das Einzige sind, was verschwendet wird, sondern eigentlich fast alle Konsumgüter, die man im Laden so kaufen kann." Marius Diab besucht regelmäßig den veganen Supermarkt. Nicht um einzukaufen; er holt kostenlos ab, was eigentlich im Müll landet: Aussortiertes Obst oder Produkte mit abgelaufenem Haltbarkeitsdatum. Auch heute kommt wieder einiges zusammen. Genug, um mit anderen zu teilen. „Foodsharing" nennt man das. Rund 500 dieser Lebensmittelretter gibt es allein in München.

Marius Diab ist einer der Organisatoren – regelmäßig verschenkt er die Lebensmittel an Studenten. Er darf vorübergehend im Garten der Universität München wohnen – in einer Jurte, die er als Abschlussprojekt seines Kunststudiums selbst gebaut hat. Sie ist preiswerter als jede Studentenbude, denn die Möbel kommen vom Sperrmüll und er zahlt keine Miete. Dafür verzichtet er auf Strom und Zentralheizung. Das ist im Winter ziemlich ungemütlich.

„Ja, zurzeit ist es wirklich hart, da ich die Dämmung noch nicht fertig habe. Ich bin gerade dabei, aus Schafwolle Filzmatten herzustellen, mit der ich die Wände und das komplette Dach auskleiden möchte. Die erste hängt bereits schon. Solange ich damit noch nicht fertig bin, ist es tatsächlich ein bisschen kühl hier drin." Nachts zieht Marius Diab durch die Stadt. Sein Ziel sind dann die Müllcontainer der Supermärkte. Dort steigt er immer wieder ein – verbotenerweise! 1,3 Millionen Tonnen Lebensmittel werden in Bayern jährlich weggeworfen, oft genug einwandfreies Essen, das noch originalverpackt ist. „In der Gesellschaft wird so viel weggeworfen, dass nicht nur ich, sondern ganz viele andere Menschen auch noch von dem leben könnten." Marius Diab macht das traurig. Deswegen geht sein Protest gegen das Wegwerfen weiter. Wie lange, das weiß er nicht. „Ja, ich werde immer wieder neu überlegen, ob das noch Sinn für mich macht, ob es mir noch gut dabei geht und wenn nicht, dann muss ich das halt abbrechen. Aber ich kann mir auch vorstellen, dass es mir weiterhin gefällt und es noch sehr lange so weitergeht."

Verschriftlichung des YouTube-Beitrags „Überleben ohne Geld" des Instituts zur Förderung publizistischen Nachwuchses in München (https://www.youtube.com/watch?v=uKKO8kq9JIU)

Aufgabe 1

Fasse kurz den Inhalt des YouTube-Beitrages zusammen.

Aufgabe 2

Kreuze an, welche der folgenden Aussagen richtig ist.

a) Marius Diab ist Selbstversorger – er baut Obst und Gemüse an und erntet nach Bedarf. ☐

b) Er kauft regelmäßig vegane Produkte im Supermarkt. ☐

c) Aussortierte und abgelaufene Lebensmittel wandern nicht in den Müll, sondern werden aus den Supermärkten abgeholt und an ein Foodsharing-Netzwerk verteilt. ☐

d) Foodsharing bedeutet Lebensmittel zu teilen, anstatt sie wegzuwerfen. ☐

e) In Bayern werden jährlich 0,5 Millionen Tonnen Lebensmittel weggeworfen. ☐

Aufgabe 3

Marius Diab bezeichnet unsere Gesellschaft als „Wegwerfgesellschaft". Erkläre diesen Begriff.

Aufgabe 4

Erkläre den Begriff „konsumfreies“ Leben.

Aufgabe 5

Wie stellt Marius Diab sich seine Zukunft vor?

Die folgenden Texte befassen sich mit dem Thema „Konsum“. Bearbeite zunächst die Aufgaben im Basisteil. Im Anschluss daran bearbeitest du die von dir gewählte Wahlaufgabe im Wahlteil A oder B.

Basisteil

Text 1: Ab Montag leben wir auf Öko-Pump

Vollbad, Plastiktüten und der Flug in den Urlaub: Deutsche leben mit ihrer Öko-Bilanz weit über ihre Verhältnisse.
Nach den Berechnungen für Umweltorganisationen sind im August 2016 bereits mehr Ressourcen[1] für Nahrung, Wasser oder Energie verbraucht worden, als die Erde im ganzen Jahr regenerieren[2] kann. Was bedeutet das? Das heißt, dass die Weltbevölkerung alles gerodet, gegessen, bebaut und verschmutzt hat, was ihr für 2016 zusteht. Für den Rest des Jahres lebe die Menschheit von den Reserven des Planeten, teilte der Umweltschutzverband WWF mit. Und es wird immer schlimmer. Im Jahr 2000 waren die Ressourcen im Oktober verbraucht, im Jahr 2016 bereits im August. Läuft es so weiter, sind diese im Jahr 2030 schon im Juni aufgebraucht.

Doch was sind die Ursachen dieses Problems? Das sind zum Beispiel überfischte Ozeane, das heißt, es werden in einem Gewässer mehr Fische gefangen, als durch natürliche Vermehrung nachwachsen. Aber auch die Abholzung von Wäldern sowie ein hoher Kohlenstoffdioxid-Ausstoß durch Industrie und Verkehr tragen ihren Teil dazu bei.

Die Folgen seien schon zu spüren, warnen Umweltschützer. So sei die biologische Vielfalt in den letzten 40 Jahren stark zurückgegangen. Die Anzahl untersuchter Säugetiere, Vögel, Reptilien, Amphibien und Fische habe sich im Durchschnitt halbiert. Weitere Folgen sind Wassermangel, Meeresverschmutzung und der Klimawandel, der zu mehr Überschwemmungen und Dürre führe.

Würden alle Menschen so leben und wirtschaften wie die Deutschen, wären ca. 3 Erden notwendig, um den Bedarf an Ressourcen zu decken. Bei einem weltweiten Konsumverhalten wie in den USA wären sogar 4,8 Erden nötig – bei einem Leben wie in Indien dagegen nur 0,7.

1 Ressourcen: Die auf der Erde vorhandenen Rohstoffe und Energieträger (zum Beispiel Öl, Getreide, Wasser)

2 regenerieren: wiederherstellen, nachwachsen

Aufgabe 1

Stelle die grundlegenden Informationen des Textes in nicht mehr als drei Sätzen vor.

Aufgabe 2

Wir Menschen leben weit über unsere Verhältnisse. Aber warum ist das so?
Erkläre mithilfe von Text 1 Ursachen und Folgen dieses Problems.

Ursachen:

Folgen:

Abbildung: Die Nächste, bitte!

Quelle: BUNDjugend (Jugend im Bund für Umwelt und Naturschutz Deutschland); gezeichnet von Annika Huskamp

Aufgabe 3

Welche Aussage aus Text 1 wird in der Abbildung wiedergespiegelt?
Kreuze die richtige Aussage an.

A Die Menschen nutzen mehr natürliche Ressourcen, als die Erde uns zur Verfügung stellt. ☐

B Von Jahr zu Jahr steigt die Weltbevölkerung auf der Erde um 2,5 Menschen. ☐

C Ganz im Inneren der Erde befindet sich der Erdkern aus Eisen und Nickel. ☐

Aufgabe 4

Erkläre die Überschrift der Abbildung.

___

___

___

___

___

___

___

___

Wahlteil A

Im Fach Erdkunde beschäftigt ihr euch mit der Frage, was passieren würde, wenn alle 7,4 Milliarden Menschen der Erde so leben wollten, wie wir Menschen in Deutschland. Was wäre, wenn alle unseren Lebensstil übernehmen würden? Hat die Erde dafür genügend Kapazitäten? Mit diesen Fragen setzt du dich in einem Referat auseinander. Abschließend stellst du deine persönliche Meinung zum Thema dar.

Text 2A: Wir haben genug!

Erdbeeren zu jeder Jahreszeit, Billigflieger in den Kurzurlaub, Kleidung, die für die Produktion um den Globus reist. Unser täglicher Konsum hat Auswirkungen, die wir uns nur selten bewusst machen. Gleichzeitig wollen Werbung und Medien uns täglich davon überzeugen, dass wir immer mehr Dinge brauchen, um glücklich zu sein und vor allem immer das neueste Modell. Wenn jeder Mensch auf diesem Planeten so leben würde wie die Menschen in Deutschland, dann bräuchten wir über 2,6 Erden: Platz, um Lebensmittel anzubauen, Rohstoffe abzubauen, Energie zu produzieren, Müll aufzuarbeiten sowie zu deponieren und um Kohlstoffdioxid zu binden. Unser Lebensstil geht also zwangsläufig zu Lasten der Umwelt, zukünftiger Generationen und Menschen in anderen Teilen der Welt.
Doch jeder Einzelne kann seinen Beitrag zur Lösung dieses Problems leisten. Beispielsweise, indem man darauf achtet, ökologische und fair gehandelte Produkte zu kaufen und überwiegend Erzeuger (Landwirte) vor Ort zu unterstützen. Man könnte auch Obst und Gemüse selbst anbauen. Jeder sollte auch darüber nachdenken, was und wie viel man wirklich braucht. Manche Dinge kann man sehr gut mit anderen teilen oder auch tauschen. Zudem kann es erleichternd und befreiend sein, seinen Besitz zu reduzieren. Doch wir sehen auch die Politik in der Verantwortung, mehr Transparenz für Verbraucher zu schaffen, Unternehmen in die Schranken zu weisen und die Produktion und den Kauf nachhaltiger Produkte zu fördern.

Konsum. http://www.bundjugend.de/thema/konsum/ (Zugriff 04.01.2016, gekürzt und vereinfacht)

Bearbeite nun die folgenden Aufgaben in einem zusammenhängenden Text. Beziehe dich dabei auf die Texte 1 und 2A sowie die Abbildung und gehe folgendermaßen vor:

a) Stelle einleitend dar, was es bedeutet, dass wir Menschen auf „Öko-Pump“ leben.
b) Erläutere Ursachen und Folgen des Problems.
c) Erkläre, welche Rolle dabei unser eigenes Konsumverhalten spielt.
d) Gehe auch auf die Bedeutung von Werbung ein.
e) Stelle abschließend deine Meinung zu der Thematik dar und erläutere mögliche Konsequenzen für dein Verhalten.

Wahlteil B

Im Fach Deutsch beschäftigt ihr euch mit dem Gedicht „Konsum" von Petra Mönter. Davon angeregt machst du dir Gedanken über das Konsumverhalten unserer Gesellschaft und auch über deinen eigenen Lebensstil. Schreibe zu diesem Thema einen Text für die Schülerzeitung.

Text 2B: Gedicht

Konsum *(Petra Mönter)*

KONSUM
Ich kaufe mir ein Auto,
und das für viel, viel Geld.

Ich kaufe mir ein Büchlein,
das mir so gut gefällt!

Ich kaufe mir ein Sofa,
und Kinkerlitz dazu,
doch fröhlich werd' ich trotzdem nicht,
dann halt noch ein Paar Schuh!

Ich kaufe mir 'was Schminke,
ich gehe zum Frisör,
ich schaff mir etwas Schönes an,
das ist ja gar nicht schwer.

Doch irgendwie da merke ich,
die Freude wirkt nicht lang,
und langsam da begreif ich,
und mir wird angst und bang.

Konsum, der macht nicht glücklich,
Konsum, der macht nicht froh,
man will nur immer, immer mehr –
das ist halt einfach so!
Und während ich dies schreibe,
da träum ich von 'ner Welt,
die hat es schon gegeben –
in der gab's gar kein Geld!

Da hat man noch gegessen,
was selber man gesät,
man war nicht übersättigt
... Jetzt ist es zu spät!!!!!!!!!!!!!!!!

Petra Mönter: Konsum. http://www.e-stories.de/gedichte-lesen.phtml?2708 (Zugriff: 04.01.2017)

Bearbeite nun die folgenden Aufgaben in einem zusammenhängenden Text.
Gehe folgendermaßen vor:

a) Stelle in deiner Einleitung das Gedicht kurz vor und fasse dessen Kernaussage zusammen.
b) Beschreibe, von was für einer Welt das lyrische Ich träumt.
c) Das Gedicht endet mit dem Satz „Jetzt ist es zu spät!“. Erläutere diese Aussage und stelle auch einen Zusammenhang mit der Überschrift der Abbildung her.
d) Du denkst kritisch über dein eigenes Konsumverhalten nach. Schildere deine Gedanken.
e) Beende den Text mit deinen persönlichen Schlussfolgerungen zum Thema in drei Sätzen.

Lösungshilfen zum Wahlteil A

1. Erkläre, was es bedeutet, dass wir Menschen auf Öko-Pump leben (Text 1 und Abbildung).

2. Unterstreiche in Text 1 die Textstellen, die die Ursachen und Folgen des Problems beschreiben, und versuche diese Aussagen mit eigenen Worten wiederzugeben.

3. Unser täglicher Konsum geht auf Kosten der Umwelt und der natürlichen Ressourcen. Zur Lösung dieses Problems sollte jeder Einzelne bei sich anfangen. Führe stichwortartig auf, was du tun könntest (Text 2A).

4. Welche Rolle kann Werbung beim Konsum spielen?

____

____

____

5. Lege dir einen Schreibplan nach folgendem Muster an, um die Schreibaufgabe im Wahlteil A zu bearbeiten. Vervollständige diesen Schreibplan.

Schreibplan zum Wahlteil A

Überschrift: Die nächste Erde bitte – Leben auf Öko-Pump

Einleitung:

a) Auch im Jahr 2016 leben wir Menschen wieder auf Öko-Pump. Das bedeutet, dass ...

Hauptteil:

b) Ursachen der Erdüberlastung: ...

Folgen: ...

c) Unser Konsumverhalten: ...

d) Bedeutung von Werbung: ...

Schluss:

e) Persönliche Einstellung zum Thema: ...

Evtl. Vorschläge zur Lösung des Problems: ...

6. Schreibe nun deinen Text. Die folgenden Formulierungsvorschläge können dir dabei helfen.

Einleitung:
Auch im Jahr 2016 leben wir Menschen wieder auf Öko-Pump. Das bedeutet, dass ...

Hauptteil:
Die Erdüberlastung hat verschiedene Ursachen ... Beispielweise fangen wir mehr Fische aus den Ozeanen, als natürlich nachwachsen können, holzen wir zu viele Wälder ab und ...
Die Folgen sind schlimm, denn ...
Mit unserem eigenen Konsumverhalten tragen wir einen großen Teil dazu bei.
Medien und Werbung spielen dabei eine große Rolle, denn ...

Schluss:
Wollen wir das?
Die Antwort muss ...

7. Überarbeite deinen Text mithilfe der Checklisten auf den Seiten 48, 59 und 68.

Lösungshilfen zum Wahlteil B

1. Du machst dir Gedanken über das Konsumverhalten unserer Gesellschaft und auch über deinen eigenen Lebensstil. Notiere deine Gedanken stichwortartig.

2. Petra Mönter zeigt in ihrem Gedicht, dass Konsum nicht immer nur glücklich macht, sondern auch negative Seiten haben kann. Nenne diese.

3. Was möchte Petra Mönter mit ihrem Gedicht ausdrücken? Gib dies mit eigenen Worten wieder.

4. Im Gedicht steht: „da träum ich von 'ner Welt". Von was für einer Welt träumt das lyrische Ich?

5. Lege dir einen Schreibplan nach folgendem Muster an, um die Schreibaufgabe im Wahlteil B zu bearbeiten. Vervollständige diesen Schreibplan.

Schreibplan zum Wahlteil B

Einleitung:

a) Anlass für deinen Text in der Schülerzeitung: ...
Aussage des Gedichtes

Hauptteil:

b) Im Gedicht träumt das lyrische Ich von einer besseren Welt ...
Das hat mich veranlasst, über meinen eigenen Lebensstil nachzudenken ...

c) Das Gedicht endet mit der Aussage, dass es jetzt zu spät sei. Ich denke ...

Schluss:

d) Stellungnahme: ...

6. Schreibe nun deinen Text. Die folgenden Formulierungsvorschläge können dir dabei helfen.

Einleitung:
Im Unterricht haben wir uns mit dem Gedicht „Konsum" von Petra Mönter beschäftigt ...
Die Autorin bringt in ihrem Gedicht zum Ausdruck, dass ...

Hauptteil:
Im Gedicht träumt das lyrische Ich von einer besseren Welt ...
Das Gedicht endet mit der Aussage, dass es jetzt zu spät sei.
Das hat mich veranlasst, über meinen eigenen Lebensstil nachzudenken ...
Wenn ich darüber nachdenke, ob mich Konsum glücklich macht, muss ich sagen, dass ...

Schluss:
Ich habe mir fest vorgenommen, ...
Ich hätte folgende Ideen ...

7. Überarbeite deinen Text mithilfe der Checkliste auf den Seiten 48, 59 und 68.

C 2 Prüfungsbeispiel: Krisen in der Jugendzeit

Bearbeite auch diese Prüfungsvorlage so, wie du es in den Grundkursen B6 – B8 (Seite 41 – 68) gelernt hast. Gehe dabei schrittweise vor. Auf den Seiten 84 – 87 findest du Lösungshilfen zu den Schreibaufgaben des Wahlteils A und B.

Die folgenden Texte befassen sich mit dem Thema „Krisen in der Jugendzeit". Bearbeite zunächst die Aufgaben im Basisteil. Im Anschluss daran bearbeitest du die von dir gewählte Wahlaufgabe im Wahlteil A oder B.

Basisteil

Text 1: An manchen Tagen

Nadja Einzmann

An manchen Tagen warte ich, dass etwas passiert. Auf einen Anruf; dass das Haus einstürzt; oder der Arzt mir sagt, dass ich nur noch wenige Wochen zu leben habe. Ich sitze im Bett und warte und meine Mutter klopft an die Türe. Zu berichten hat sie nichts. Sei so gut, sagt sie, bring den Müll hinunter, oder: Wie wäre es mit einem Spaziergang, es ist ein wunderbarer Tag, sonnig, und die Spatzen pfeifen es von allen Dächern. Nein, rufe ich ihr zu, durch die geschlossene Tür, mir ist nicht danach, mir ist nicht nach Welt. Und ich sitze im Bett, der Himmel schaut blau durch mein Fenster oder umwölkt sich, oder ein Gewitter zieht auf. Mein Bett ist mein Schiff, mein Bett ist mein Floß, ich treibe dahin, Haie und andere Meerestiere unter mir und Sterne und Himmel über mir.

Was soll ich unternehmen mit dir, sagt meine Mutter, und stellt mir das Abendessen vor die Tür. Keines meiner Kinder, keines meiner Kinder, alle sind sie normal und gehen zur Arbeit, gehen morgens aus dem Haus und kehren abends zurück, nur du nicht. Was soll nur werden mit dir?

Es gab Zeiten, da ich anders war, solche Zeiten hat es gegeben. Ausgesprochen lebhaft war ich. Keine Aufgabe war sicher vor mir, und dann noch zum bloßen Zeitvertreib zeichnete ich und voltigierte[1] und focht und tanzte die Nächte durch. Meine Geschwister sahen müde aus, wenn sie von der Arbeit kamen. Sie hatten sich das Weiß in ihren Augen blutig gesehen über den Tag und auch ihre Hände waren wund und schmerzten. Mir sah man keine Mühe an. Nie. Ich schwebte über den Boden, wo andere gingen und dass ich mich bückte, kam nur sehr selten vor. Ja, es hat Zeiten gegeben, da ich anders war und ich trauere ihnen nicht nach. Packt eure Herzen in Alufolie, dass sie geschützt sind, wenn ihr aus dem Haus geht und reicht sie nicht frei herum!

Es hat Zeiten gegeben, da ich anders war und meine Mutter trauert ihnen nach. Kind, sagt sie, willst du nicht aufstehen, dass dein Vater mit dir fischen gehen kann und deine Geschwister dir berichten von ihrem Tag? Nein, sage ich, mir ist nicht nach Welt. In meinem Bett sitze ich, das mein Floß ist, und der Seegang ist hoch. Salziger Wind fährt mir durchs Haar und die Wellen überschlagen sich.

Nadja Einzmann: An manchen Tagen. Aus: Nadja Einzmann: Da kann ich nicht nein sagen. S. Fischer Verlag. Frankfurt a. M. 2001, S. 41 – 42

[1] voltigieren: auf dem galoppierenden Pferd turnen

Aufgabe 1

Beschreibe das Verhalten der Hauptperson der Kurzgeschichte in wenigen Sätzen.

Aufgabe 2

Warum kommt es der Person in der Geschichte vor, als sei ihr Bett ihr „Floß“?

Aufgabe 3

Beschreibe, inwiefern sich das Verhalten der Hauptperson im Vergleich zu früher geändert hat.

Aufgabe 4

Suche aus deinem eigenen Erfahrungsschatz drei mögliche Gründe für diese Verhaltensänderung.

Foto:

Quelle: fotolia.com

Aufgabe 5

Beschreibe die Situation auf dem Foto auf Seite 80.

Aufgabe 6

Erkläre, inwiefern die Situation auf dem Foto typisch dafür ist, wie Jugendliche sich häufig fühlen.

Text 2: Jugendliche Krisen

Die „normalen“, d. h. notwendigen Prozesse der Selbstwerdung und Selbstfindung im Jugendalter sind an sich schon als eine Lebenskrise zu verstehen. Es ist eine Krise, die die zentralen Bereiche des Menschen, die Persönlichkeit oder das Selbst, zu ihrem Thema hat. Eine Krise ist als ein Prozess zu verstehen, der sich langsam oder schnell zuspitzt. Alle Methoden und Strategien, ein Problem zu bewältigen, haben versagt oder versagen. Es kommt zu einer Ansammlung, einer Ballung verschiedener Gefühle, die als spannungsreich und unerträglich empfunden werden. Jeder Mensch erlebt solche Prozesse im Laufe der Entwicklung. Er wird dadurch gezwungen, Altes aufzugeben, da es nicht mehr weiterhilft, und neue Möglichkeiten in sich selbst und in seiner Umwelt zu entwickeln und einzusetzen.
Ursprünglich bedeutet der aus dem Griechischen kommende Begriff „Krise“ „Entscheidung“.
Eine Krisenzeit ist eine Zeit großer Labilität[1], aber auch großer Offenheit für Neues, eine Zeit großer Wandlungsfähigkeit, aber auch erhöhter Anfälligkeit, Verletzlichkeit und Kränkbarkeit. Sie beinhaltet sowohl entwicklungsfördernde Momente – ist insofern ein kreativer Prozess – als auch zerstörerische oder selbstzerstörerische Tendenzen.

[1] Labilität: Anfälligkeit, Schwäche

Quelle: http://www.neuhland.net/index.php/fachoeffentlichkeit/informationen-suizidgefaehrdung/74-jugendliche-krisen vom 05.01.2017

Aufgabe 7

Beschreibe anhand von Text 2 in eigenen Worten, was eine Krise eigentlich ist.

Aufgabe 8

Entnehme Text 2, was der aus dem Griechischen stammende Begriff „Krise“ ursprünglich bedeutet. Stelle dann eine begründete Überlegung an, was diese beiden Wörter miteinander zu tun haben.

Wahlteil A

Deine Schule gestaltet einen informierenden Elternabend zum Thema „Erwachsen werden“. Du bist Schulsprecherin bzw. Schulsprecher und dein Anliegen ist es, den Eltern zu verdeutlichen, wie wichtig ihre Rolle bei der Bewältigung der emotionalen Krisen ihres Kindes ist. Bei der Recherche stößt du im Internet auf folgenden Artikel:

Text 3A: Das soziale Netzwerk der Eltern

Das soziale Netzwerk der Eltern prägt das soziale Umfeld, in dem die Kinder aufwachsen. Freunde der Eltern und Verwandte können die Sozialwelt der Kinder bereichern, indem sie den Kindern als Interaktionspartner zur Verfügung stehen. Kinder können durch diese Personen neue Sichtweisen vermittelt bekommen und lernen, die Sichtweisen der Eltern zu relativieren[1]. Die Interaktionen[2] zwischen Netzwerkpartnern der Eltern und Kindern unterscheiden sich von den Interaktionen zwischen Eltern und Kindern, da die Netzwerkpartner freier (re)agieren. Es kommt auch zu einer Relativierung der Position der Eltern, da die Kinder ihre Eltern mit anderen Erwachsenen vergleichen. Manche Netzwerkpartner der Eltern (vor allem Verwandte und enge Freunde), können die Kinder in schwierigen Situationen beraten und eventuell zwischen Kindern und Eltern vermitteln. Die Kinder werden dadurch emotional gestützt, und sie können Vertrauen in andere Menschen neben den Eltern entwickeln. Sozial aktive Eltern können ihren Kindern Vorbild darin sein, viele mitmenschliche Kontakte über die Familie hinaus zu pflegen. Gleichzeitig kommen auch die Freunde und Verwandte als Modelle in Betracht. Diese Personen werden sozial eher aktiv sein, sonst wären sie nicht mit der Familie, zu der die Kinder gehören, in Kontakt. Kinder gut integrierter Eltern können also viele sozial aktive Personen beobachten.

Sind die Eltern dagegen sozial isoliert, haben die Kinder weniger potentielle[3] Vorbilder. Diese übrig bleibenden Vorbilder, nämlich die Eltern selber, haben nur wenig oder gar keine Beziehungen. Die Kinder erlernen und erleben also ein zurückgezogenes soziales Leben."

Werner Stangl: Das soziale Netzwerk der Eltern. http://arbeitsblaetter.stangl-taller.at/JUGENDALTER/Eltern-Freundschaft-Jugendliche.shtml/ (Zugriff: 05.01.2017)

1 relativieren: die Bedeutung von etwas abschwächen, indem man es zu einer anderen Sache in Beziehung setzt
2 Interaktion: wechselseitige Handlung / Kommunikation zwischen zwei oder mehreren Menschen
3 potentielle: mögliche

Du möchtest im Rahmen des Elternabends einen Vortrag halten, der zum einen die Sicht der Jugendlichen beschreibt und zum anderen einen Appell an die Eltern richtet. Als Grundlage dafür verfasst du einen Text. Bearbeite hierfür die folgenden Aufgaben. Beachte auch die Überleitungen zwischen den einzelnen Aufgaben, um einen zusammenhängenden Vortrag zu gestalten.

a) Beginne mit der Begrüßung des Publikums und der Beschreibung deines Anliegens.
b) Beschreibe den Eltern, wie sich Jugendliche in Krisensituationen fühlen. Beziehe deine Erkenntnisse aus der Bearbeitung von Text 1 und dem Foto in deine Überlegungen ein.
c) Erkläre, was der Begriff „Krise" heißt, und ab wann man von einer Krise sprechen kann.
d) Verdeutliche anhand dreier Aspekte aus Text 3A, welche Vorbildfunktion Eltern gegenüber ihren Kindern haben. Erkläre es so, dass der Zusammenhang deutlich wird.
e) Appelliere an die anwesenden Eltern, ihren Kindern dabei zu helfen, jugendliche Krisen zu bewältigen oder erst gar nicht entstehen zu lassen.

Wahlteil B

Stell dir folgende Situation vor: Du bist die Person aus Text 1, sitzt abends auf deinem Bett, schaust hinaus in den Nachthimmel und denkst über dein Leben nach. In letzter Zeit hattest du es nicht leicht. Immer wieder geht dir ein Gedicht durch den Kopf, welches du zufällig in einer Zeitung gelesen hast.

Text 3B: pass auf

pass auf, wer deine freunde sind!
pass auf, wes geistes kind sie sind!
pass auf, woher sie kommen.

pass auf, wohin sie gehen.
pass auf, zu wem sie stehen.
pass auf, ob sie auch sehen.

pass auf, von welcher art sie sind!
pass auf, mein liebes, gutes kind,
pass auf, pass auf!

pass auf, wo deine sterne steh'n,
pass auf, wo die gedanken weh'n,
pass auf, ob alle herzen treu – slash –
mir – slash – dir – slash – nicht so neu.

pass auf, ob immer noch die welt:
pass auf: das grüne sich erhält!
pass auf, dass lügen nicht mehr stimmen.
pass auf. denn alles kommt von innen.

pass auf, wo deine sehnsucht schlummert
pass auf, wo nur dein herz so wummert,
pass auf, wo sehnsucht in dir wohnt,
pass auf, ob dieses dieses lohnt.

pass auf, dass licht den tag erhellt,
pass auf, dass wahrheit aus dir schnellt.
pass auf. pass auf.

pass auf, du kannst nur deinen augen trauen.
pass auf: dann musst du schlauer schauend schauen.
pass auf!

pass auf: auch dies gedicht wird schwinden.
pass auf: sie werden lügen um es winden.
pass auf …

pass auf, wer deine freunde sind!
pass auf, wes geistes kind sie sind!
pass auf! versehentlich werden sie gehen.

Wolfgang Reus: pass auf! https://www.aphorismen.de/suche?f_rubrik=Gedichte&f_autor=3147_Wolfgang+J.+Reus&seite=2 (Zugriff: 05.01.2017)

Du nimmst dein Tagebuch und schreibst einen Tagebucheintrag, um deine Gedanken zu strukturieren.

a) Beschreibe die Gefühlssituation, die sich in Text 1 offenbart, aus der Ich-Perspektive. Nutze dabei auch die Erkenntnisse, die du aus der Auswertung des Fotos gewonnen hast.
b) Beschreibe das Gedicht (Text 3B), indem du es inhaltlich vorstellst. Gehe dabei nicht auf jeden einzelnen Vers ein, sondern fasse es geschickt zusammen.
c) Benenne die drei für dich wichtigsten Aspekte aus dem Gedicht und begründe, warum sie für dich in deiner Situation bedeutsam sind.
d) Mache dir selber Mut mit einem Appell, der sich aus deinem Textverlauf ergibt.

Lösungshilfen zum Wahlteil A

1. Mache dir stichpunktartig Notizen dazu, wie es Jugendlichen in Krisensituationen geht. Welche Probleme haben sie? Beziehe auch deinen eigenen Erfahrungsschatz mit ein.

____

____

____

____

2. Lies Text 3A genau und unterstreiche, welche Informationen zur Bearbeitung der Aufgabenstellung wichtig sind. Was versteht man unter einer Krise? Ab wann spricht man von einer Krise? Fasse deine Erkenntnisse in ein paar Sätzen zusammen.

3. Notiere dir die drei Aussagen aus Text 3A, auf die du die Eltern hinweisen möchtest.

4. Lege dir in Stichworten einen Schreibplan an.

Schreibplan zum Wahlteil A

Einleitung:

a) Begrüßung des Publikums (Eltern), warum halte ich den Vortrag, was möchte ich?

Hauptteil:

b) Gefühle von Jugendlichen in Krisensituationen:

c) Definition „Krise“:

Von einer Krise spricht man, wenn ...

d) Eltern haben für Kinder eine Vorbildfunktion, weil:

1.

2.

3.

Schluss:

e) Appell an die Eltern:

5. Schreibe nun deinen Text. Die folgenden Formulierungsvorschläge können dir dabei helfen.

Einleitung:
- Liebe Eltern, ich freue mich, dass ...
- Ich stehe heute hier, weil ich Ihnen verdeutlichen möchte ...

Hauptteil:
- Die Zeit der Pubertät stellt uns Jugendliche vor ganz besondere Herausforderungen.
- Auch seelisch ist es in dieser Zeit für uns schwer.
- Von einer wirklichen Krise aber spricht man, wenn ...
- Aber auch Ihnen, liebe Eltern, kommt eine nicht unerhebliche Vorbildfunktion zu ...
- Gerne möchte ich Ihnen aufzeigen, wie Sie ...

Schluss:
- Ich würde mir wünschen, dass ...

6. Überarbeite deinen Text mithilfe der Checklisten auf den Seiten 48, 59 und 68.

Lösungshilfen zum Wahlteil B

1. Versetze dich in die Situation einer Person, die das erlebt, was Text 1 und 2 ausdrücken. Wie geht es ihr?

____

____

2. Fasse den Inhalt des Gedichtes in fünf Sätzen zusammen.

____

____

____

3. Finde die drei für dich hilfreichsten Aussagen des Gedichtes in Bezug auf die eigene Entwicklung.

Helfende Aussage	Begründung, warum das für mich wichtig ist

westermann

FiNALE Prüfungstraining

Abschluss 10. Klasse
Realschule

2020

Deutsch

Niedersachsen

Lösungen

Walburga Böker
Melanie Priesnitz

Mit Beiträgen von
Peter Delp
Andrea Heinrichs
Marlene Meiners
Susanne Meyer
Harald Stöveken
Martina Wolff

Lösungsheft zu 978-3-7426-2026-2

A Vorbereitung auf die Abschlussprüfung

A 1 Methoden der Prüfungsvorbereitung

Seite 8

1. Teil I der Prüfung (Auswahl der Prüfungsaufgabe: 15 Minuten): 8.00 – 8.15 Uhr
   Teil II der Prüfung (Bearbeitung der Prüfungsaufgabe: 180 Minuten): Hörverstehenstext: 8.15 – 8.35 Uhr, Basisteil und Wahlaufgabe: 8.35 – 11.15 Uhr
   Da die Schulen den Beginn zwischen 8.00 und 8.15 wählen können, muss der Zeitstrahl spätestens um 11.30 Uhr beendet sein.

A 2 Was wird bei den Aufgabenstellungen erwartet?

Seite 10

Aufgabe ❶
Fasse die Kurzgeschichte „Die Tochter" von Peter Bichsel (Text 1) in nicht mehr als fünf Sätzen zusammen.

Aufgabe ❷
Beschreibe, wie die Eltern die Tochter sehen.

Aufgabe ❸
Stelle dar, wie sich das Verhältnis zwischen Eltern und Tochter in Text 2 entwickelt hat.

Aufgabe ❹
Vergleiche die im Diagramm dargestellten Umfrageergebnisse mit den Erklärungen der Mutter in Text 3.

Aufgabe ❺
Benenne die sprachlichen Mittel, die der Autor von Text 3 einsetzt, um die Haltung der Tochter deutlich zu machen. Erläutere diese an zwei Beispielen.

Seite 11

Aufgabe ❻
Die Texte 1 – 4 beziehen sich auf das Verhältnis von Kindern zu ihren Eltern. Beurteile die unterschiedlichen Verhaltensweisen der vorgestellten Elternpaare. Nimm Stellung zu den vorgeschlagenen Lösungsansätzen.

Wahlteil

Du arbeitest als Schülervertreter in der Arbeitsgruppe „Elternarbeit" in deiner Schule mit. Für eure nächste Sitzung verfasst du einen Text darüber, wie Eltern und Kinder sich in verschiedenen Situationen verhalten und wie sich durch bestimmte Verhaltensweisen das Verhältnis zueinander problematisch entwickeln kann.
Bearbeite hierfür die folgenden Aufgaben in einem zusammenhängenden Text.
Beachte dabei auch die Überleitungen.

a) Alle Texte befassen sich mit dem Thema „Konflikte zwischen Eltern und Kindern". Fasse die einzelnen Textaussagen kurz zusammen.
b) Vergleiche, welche Rolle die Verhaltensweisen der Eltern in den dargestellten Konfliktsituationen spielen.
c) Beurteile die Reaktionen der Kinder auf das Verhalten der Eltern anhand von zwei Beispielen.
d) Erörtere, welche Lösungsmöglichkeiten für beide Seiten vorgeschlagen werden.
e) Begründe, für welches Lösungsmodell du dich entscheidest.

A 3 Wie entscheide ich mich für die Prüfungsaufgabe?

Seite 12

1. Beispiel:
   Die folgenden Texte, das Diagramm und das Foto befassen sich aus unterschiedlichen Perspektiven mit dem Thema „Herbst". Lies alles aufmerksam, markiere die für dich wichtigen Stellen und bearbeite dann zuerst die sich anschließenden Aufgaben im Basisteil.
   Im Anschluss daran musst du dich entscheiden, ob du die Schreibaufgabe im Wahlteil A oder B bearbeitest.

2. a) Fasse Text 1 in nicht mehr als vier Sätzen zusammen.
   b) Vergleiche die im Diagramm dargestellten Ergebnisse mit den in Text 2 genannten Erwartungen der Menschen.
   c) Stelle mithilfe eines Beispiels dar, wie sich die Befragten das Voranschreiten der Klimaerwärmung vorstellen.
   d) Benenne in jedem der drei Gedichte zwei sprachliche Mittel, die die Autoren einsetzen. Erkläre deren Bedeutung.
   e) Die Texte 2 – 4 beziehen sich auf das Thema „Herbst". Verdeutliche in jeweils einem Satz ihre zentrale Aussage.

Seite 13

3. **Wahlteil A**
   Du bist Mitarbeiterin bzw. Mitarbeiter der AG „Schul-Homepage". Immer zu Beginn eines neuen Schuljahres bekommt eine/einer den Auftrag, ein passendes Gedicht für die Startseite auszusuchen. Diesmal bist du an der Reihe. Für die nächste Redaktionssitzung sollst du begründen, für welches Gedicht du dich entschieden hast.
   Bearbeite dazu die folgenden Aufgaben in einem zusammenhängenden Text.
   Beachte auch die Überleitungen.
   a) Stelle einleitend die drei Gedichte vor, die du zur Auswahl hast.
   b) Erläutere kurz die Gemeinsamkeiten, aber auch die Unterschiede zwischen den einzelnen Gedichten.
   c) Formuliere drei Gründe, die für das Gedicht deiner Wahl sprechen. Gehe dazu auf die unterschiedlichen Inhalte und die eingesetzten sprachlichen Mittel ein.

Wahlteil B

Im Erdkundeunterricht behandelt ihr das Thema „Klimaveränderung". Für eine Wandzeitung zu diesem Thema sollst du einen informierenden Text zur Klimaveränderung in Deutschland am Beispiel der Jahreszeit Herbst verfassen.
Bearbeite dazu die folgenden Aufgaben in einem zusammenhängenden Text.
Beachte auch die Überleitungen.
a) Verfasse zunächst eine Einleitung, in der du deine

Mitschülerinnen und Mitschüler auf das Thema einstimmst.

b) Beschreibe, welche positiven bzw. negativen Auswirkungen die Jahreszeit Herbst auf die Menschen haben kann. Zeige dies mithilfe von je zwei Beispielen aus den drei Gedichten.

c) Erläutere, welche Klimaveränderungen die Forscher in der Jahreszeit Herbst erwarten.

d) Erkläre und begründe anhand von zwei Beispielen, welche Maßnahmen die Menschen gegen die Klimaveränderung ergreifen können.

A 4 Die Prüfungsarbeit: Ein Beispiel

Seite 14 – 26

Die Aufgaben aus Hauptteil 1 und 2 sind richtig gelöst worden. Ebenso verhält es sich mit den Schreibaufgaben in den Wahlteilen A und B.

Wonach richtet sich die Note?

Die Anforderungen sind nahezu alle erfüllt worden. Sinn der Aufgabenstellung ist es, dass du durch den Vergleich von Aufgabenstellung und Bewertungsbogen erkennst, welche Gesichtspunkte in die Bewertung einfließen. Manche Aufgaben würdest du vielleicht anders lösen – oder ausführlicher. Das ist toll und absolut in Ordnung. Achte nur darauf, dass du die Aufgabenstellung bei der Lösung der Aufgaben im Blick behältst!

B Arbeitstechniken und Strategien der Aufgabenbearbeitung

B 1 Arbeitstechnik: Hörverstehen üben

Seite 27

Dritter Schritt: Aufgaben beantworten

1. In dem Text wird beschrieben, wie Lebensmittel in Deutschland gekennzeichnet sein müssen und welche Bedeutung diese Kennzeichnungen für den Verbraucher haben. Dabei geht der Text kritisch auf bestimmte Kennzeichnungen wie „regional" ein oder auf sogenannte „clean labels" wie laktosefrei oder glutenfrei. Die Verbraucherzentralen fordern schon lange eine Ampelkennzeichnung für Lebensmittel, damit der Kunde durch die vielen anderen, oft unnötigen Informationen, nicht verwirrt wird.

2. ☒ Verbraucherzentralen stehen den „Frei von"-Labels kritisch gegenüber.
   ☒ Strichcodes auf Lebensmittelverpackungen enthalten keine Informationen für den Verbraucher.

3. a) – Zutatenliste
   – Mindesthaltbarkeitsdatum bzw. Verfallsdatum
   – Füllmenge

   b) Dabei handelt es sich um einen Hinweis auf das Nichtvorhandensein oder die Nichtverwendung von bestimmten Lebensmittelzutaten oder Stoffen. Zu den „clean labels" gehören Kennzeichnungen wie „ohne Gentechnik", „laktosefrei", „glutenfrei" oder Angaben wie „ohne Zuckerzusatz".

B 2 Arbeitstechnik: Schaubilder, Tabellen und Karikaturen auswerten

Seite 29

1. **Schaubild 1**

   a) Thema: Anteil erneuerbarer Energien in Deutschland Zahlenangaben: in Gigawattstunden (GWh)
   graue Säulen: 1990
   blaue Säulen: 2008
   Vergleiche zwischen: 1990 und 2008

   b) Die Stromerzeugung durch erneuerbare Energien hat im Jahr 2008 gegenüber 1990 erheblich zugenommen. Den größten Zuwachs verzeichnet die Windenergie. Sie hat einen fast doppelt so hohen Wert in Bezug auf die Stromerzeugung in GWh wie die an zweiter Stelle liegende Biomasse. Knapp dahinter liegt die Wasserkraft. Der biogene Anteil des Abfalls und die Photovoltaik liegen etwa gleichauf auf Platz 4 und 5. Sie haben etwa ein Drittel des Anteils der Wasserkraft. Die Geothermie liegt noch nahezu unbedeutend auf dem 6. Platz.
   Der Anteil der Stromerzeugung insgesamt, gemessen am gesamten Bruttostromverbrauch, hat sich von 1990 bis 2008 fast verfünffacht.

   c) 1. Den größten Zuwachs hat von 1990 bis 2008 die Windenergie erzielt.
   2. Die Wasserkraft hat im Vergleich zur Windenergie nur etwa die Hälfte des Anteils der Windenergie.

Seite 29/30

2. **Schaubild 2**
   a) Thema: Stromverbrauch der privaten Haushalte nach Anwendungsarten
   Zahlenangaben: in Prozent
   Felder des Kreisdiagramms: Stromverbrauch nach Anwendungsarten, Vergleich: 1996 und 2011
   b) In je einem Kreisdiagramm für das Jahr 1996 und 2011 werden sieben verschiedene Bereiche des Stromverbrauchs in privaten Haushalten angegeben. Den größten Anteil hatte im Jahr 1996 mit 26,7 % der Bereich „Klima-, Wellness-, Garten- und sonstige Elektrogeräte". 2011 hingegen nimmt der Bereich „TV/Audio und Büro" den größten Anteil ein (25,5 %). 1996 war er noch auf dem letzten Platz zu finden (6,7 %).
   c) 1. Der Anteil des Stromverbrauchs für den Bereich „TV/Audio und Büro" ist von 6,7 % (1996) auf 25,5 % (2011) erheblich angestiegen.
   2. Gespart wurde 2011 vor allem im Bereich „Kühlen und Gefrieren". Mehr verbraucht wurde besonders im Bereich „TV/Audio und Büro".

Schaubild 3

a) Thema: Rauchverhalten Jugendlicher
Zahlenangaben: Anteil der Raucher unter den 12- bis 17-Jährigen, in Prozent
graue Kurve: Raucher, blaue Kurve: Raucherinnen
Vergleiche zwischen: männlichen und weiblichen Jugendlichen im Alter von 12 bis 17 Jahren im Zeitraum von 1979 bis 2012

b) Seit 2004 ist die Zahl der männlichen und weiblichen Raucher unter den Jugendlichen im Alter von 12 bis 17 Jahren bis auf einen kleinen Anstieg in den Jahren 2011 (nur Raucherinnen) und 2012 kontinuierlich zurückgegangen. Während der Anteil der Raucher unter den männlichen und weiblichen Jugendlichen von 1979 bis 1989 sehr unterschiedlich war und es die meiste Zeit mehr Raucher als Raucherinnen gab, hat sich das Rauchverhalten der Geschlechter seit 2001 sehr ähnlich entwickelt.

c) 1. Seit 2004 sinkt die Zahl der Raucher bei männlichen und weiblichen Jugendlichen insgesamt.
2. 1979 gab es hinsichtlich des Rauchverhaltens den größten zahlenmäßigen Unterschied zwischen männlichen und weiblichen Jugendlichen.

Seite 31

Karikaturen auswerten

1. a) • Schule, Schulklasse, 4 Schüler, 1 Lehrer
   • Mann/Lehrer in Trachtenkleidern
   • Tafel (Aufschrift: „Was ist Brauchtum?!)
   • Sprechblase Mann: „Nennt mir ein Beispiel!"
   • Lebkuchenherz, das an der Tafel hängt („Münchner Wiesn")
   • Schüler melden sich und rufen Antworten: Public Viewing, Nabelpiercing, Halloween
   b) Ein Lehrer möchte mit seinen Schülern über Brauchtümer reden. Er will (durch das Herz und seine Kleidung ausgedrückt) auf das Oktoberfest als Brauch hinaus. Die Schüler nennen dieses Brauchtum jedoch nicht, sondern geben andere Antworten. Sie denken bei „Brauchtum" an andere Dinge als ihr Lehrer.
   c) Mögliche Antwort:
   Der Zeichner zeigt einen Generationenkonflikt auf. Was für den Lehrer ein typischer Brauch ist (das Oktoberfest), ist den Schülern unwichtig oder nicht bekannt. Sie verbinden mit „Brauchtum" ganz andere Dinge aus ihrer eigenen Lebensumwelt.

Seite 32

2. a) Was sehe ich? – Ein Mann und eine Frau sitzen am Frühstückstisch. Der Mann ist mit seinem Laptop beschäftigt. Als die Frau ihn fragt, ob es draußen regnet, antwortet er: „Bin gerade offline."
   Was bedeutet das, was ich sehe? – Eigentlich sollte das Paar gemütlich frühstücken und sich unterhalten. Es kommt aber kein Gespräch zustande, da sich der Mann auf seinen Computer konzentriert. Er missversteht seine Frau, die ihn fragt, ob es regnet, und er meint, dass er im Internet nachschauen soll, während seine Frau aus dem Fenster in die „echte" Welt blickt.
   Was will der Zeichner damit aussagen? – Der Zeichner kritisiert, dass sich manche Menschen mit Computer, Smartphone etc. beschäftigen, statt sich mit den Menschen zu unterhalten, mit denen sie gerade zusammen sind.
   b) Die Karikatur „offline" von Freimut Wössner zeigt ein Paar am Frühstückstisch. Der Mann ist so mit seinem Laptop beschäftigt, dass er denkt, er soll im Internet nachschauen, als seine Frau ihn fragt, ob es regnet. Die Frau schaut aber aus dem Fenster in die „echte" Welt, während er in seine virtuelle Welt versunken ist. Der Zeichner will damit meiner Meinung nach kritisieren, dass sich viele Menschen lieber mit der virtuellen Welt beschäftigen, statt sich mit den Menschen, mit denen man gerade zusammen ist.

B 3 Arbeitstechnik: Argumente aufbauen

Seite 33/34

1. <u>Behauptung:</u> Reisen bildet.
   <u>Begründung:</u> Man lernt andere Sitten und Gebräuche kennen. Dadurch weiß man nicht nur, was man selber als Kind gelernt hat, sondern lernt von anderen Menschen auch das, was in anderen Gegenden üblich ist.
   <u>Beispiel:</u> In meinem letzten Urlaub habe ich zum Beispiel gelernt, dass die Menschen in Italien die Pizza früher eigentlich erfunden haben, weil sich auch arme Menschen dieses Essen leisten konnten.

   <u>Behauptung:</u> Haustiere sind wichtig für Kinder.
   <u>Begründung:</u> Kinder können durch die Pflege der Haustiere lernen, Verantwortung zu übernehmen. Sie müssen bestimmte Pflichten zuverlässig einhalten.
   <u>Beispiel:</u> Meine Familie hat zum Beispiel zwei Hunde. Ich habe früh angefangen, mit ihnen spazieren zu gehen und sie zu füttern. So habe ich meiner Mutter Arbeit abgenommen und gelernt, mich um andere zu kümmern.

Seite 34

2. <u>Behauptung:</u>
   Lebensweisen anderer Länder und Kulturen können das eigene Leben verändern und bereichern.

Begründung: Reisende bringen aus dem Urlaub oft Dinge mit, die bei uns unbekannt sind und die sich als praktisch, modisch, wohlschmeckend oder dekorativ erweisen.
Beispiel: Wenn man zum Beispiel in islamisch geprägten Ländern unterwegs ist, wird man durch die Küche beeindruckt, die sich durch leichte Speisen und viele unbekannte Gewürze auszeichnet. Aus der türkischen Küche haben wir beispielsweise das Gewürz Kumin übernommen und viele in Salz und Essig eingelegte Gemüsesorten. Das alles macht unsere Speisen pikanter, abwechslungsreicher und obendrein noch bekömmlicher.

Seite 35

3. A Das Thema ist deshalb wichtig, weil viele von uns den Tag vor dem Computer verbringen. Kommunikation findet nur noch über das Handy oder über soziale Netzwerke statt. Wir unternehmen gar nichts miteinander.
   B Ein Beispiel dafür, dass das Thema gut ist, ist unsere letzte Klassenfahrt. Wir haben viel zusammen gemacht. Ich habe dabei viele Kartenspiele gelernt, die auch später in meinem Freundeskreis gut ankamen.
   C In unserer Klasse gibt es oft Streit. Irgendwie will jeder besser sein als der andere und gönnt dem anderen nichts. Lukas hat Marc neulich den ganzen Tag geärgert – nur weil der eine bessere Note in der Mathearbeit geschrieben hat.
   D Mobbing ist ja wohl überall ein Problem, deshalb ist das Thema wichtig. Auch in unserer Klasse gibt es Schüler, die dauernd ausgelacht werden. Ich nenne jetzt keinen Namen, aber du weißt, wen ich meine.

4. Mögliche Lösung:
   a) Behauptung: Es herrscht Streit in den Klassen.
   Begründung: Schüler werden geärgert, oft aus Gründen, für die sie nichts können und die auch eigentlich kein Grund sind, jemanden zu beleidigen.
   Beispiel: In unserer Klasse gibt es Schüler, die dauernd ausgelacht werden. Wenn zum Beispiel jemand eine gute Arbeit schreibt, ist er erst mal eine Woche „dran".
   b) Behauptung: Viele von uns sitzen lange vor dem Computer.
   Begründung: Es ist in unserer Klasse „in", Computerspiele zu spielen. Wenn man einmal vor dem Rechner sitzt, vergehen die Stunden wie im Flug. Dann trifft man sich mit den anderen überhaupt nicht mehr und geht nicht raus.
   Beispiel: In meiner Klasse gibt es zwei Jungen, Leon und Max, von denen ich weiß, dass sie eigentlich nur über Skype miteinander reden und online Spiele zusammen spielen. Die treffen sich nie wirklich.
   c) Behauptung: Wenn man etwas zusammen unternimmt, lernt man voneinander.
   Begründung: Nur, wenn eine Klasse wirklich ein Team ist und zusammen Zeit verbringt, kann der eine vom anderen lernen.
   Beispiel: Auf unserer letzten Klassenfahrt haben wir viel zusammen gespielt. Das Ergebnis war, dass eigentlich jeder Schüler irgendwelche neuen Spiele kennengelernt hat. Das hat uns allen Spaß gemacht.

B 4 Arbeitstechnik: Überfliegendes Lesen

Seite 36/37

1. Mögliche Lösung:
Fidget Spinner – **der Überraschungstrend des Sommers 2017**
Auf Pausenhöfen und Spielplätzen kommt man nicht mehr an ihm vorbei: **Fidget Spinner** sind in. Von Weitem ähnelt das Spielzeug einem Ninjastern, betrachtet man es aus der Nähe, sieht man, dass es aus einem **fest stehenden Kugellager** und einem darauf frei drehenden **propellerartigen Gebilde** besteht, welches **in Rotation versetzt** werden kann.
Während die kleinen Drehkreisel in **Amerika** schon seit Jahren **zu therapeutischen Zwecken** eingesetzt werden, waren sie in Deutschland bisher eher unbekannt. Schon die Wortbestandteile sprechen für sich: **„Fidget"** ist ein englisches Wort für **„Zappelphillip"**, **„Spinner"** bedeutet **Kreisel**. Das Spielzeug soll also, indem es sich dreht, eine **beruhigende Wirkung** auf seinen Benutzer haben.
In **Deutschland** scheint der **Trend nicht sehr nachhaltig** zu sein – länger als einen Sommer hielt der Verkauf scheinbar nicht an. Zum jetzigen Zeitpunkt eines dieser Geräte in einem Geschäft zu kaufen zu können, gleicht schon einem Kunststück. Oft wird man die Antwort erhalten, dass man hierfür ein paar Monate zu spät dran sei.
Dass der Fidget Spinner nicht nur Fürsprecher hatte, beweisen **kritische Stimmen**, die behaupten, der Spinner habe nicht zur Beruhigung beigetragen, sondern den Anwender **eher nervös gemacht**. Auf jeden Fall aber haben die kleinen Kreisel die Aufmerksamkeit auf sich gezogen. Denn nur mit einer ruhigen Hand und mit Konzentration ist es möglich, das Spielzeug in der Balance zu halten oder sogar Kunststücke damit zu vollbringen.
Und ja, es gibt edle Spinner, aus massivem Holz oder Metall. Absatz fand aber vor allem die Plastikversion, ganz einfach, weil sie viel billiger ist. Damit sei der Fidget Spinner, so die Kritiker, nichts weiter als Plastikmüll. Es sei Blödsinn, die **Umwelt** nur für ein schnelllebiges Kinderspielzeug in diesem Maße zu **belasten**. Besonders leidet unsere Natur unter dem LED-Modell. Nicht nur, dass es viele Batterien benötigt, es ist damit auch eigentlich ein **Elektrogerät**. Kaum jemand macht sich aber die Mühe, die „kleinen Dinger" **angemessen zu entsorgen**. Es sollte zudem jedem bewusst sein, dass der niedrige Verkaufspreis nur durch **Herstellung in Billiglohnländern** gehalten werden kann. Trotz aller Kritikpunkte sieht man noch viele Kinder und Jugendliche mit dem Kreisel in der Hand. Wie lange noch, wird sich zeigen.

Seite 37

2. Mögliche Lösung:
Clown
Seit vier Jahren **arbeitete** er nun schon als Clown. Obwohl – eigentlich nicht wirklich. Im richtigen Leben, fernab der Zirkuswelt, war er der **Inhaber eines kleinen Buchgeschäftes**.
„Junge", hatte sein **Vater ihn gewarnt**, „Junge, das wird nichts. Mach dich nicht lächerlich. Warum wirst du nicht Tischler, so wie ich? Handwerk, weißt du, Handwerk hat goldenen Boden."
Seine **Mutter, die hatte zu ihm gehalten**, so lange er denken konnte. Sie glaubte an ihn. Stets und immer hatte sie

allen wieder und wieder gesagt, dass sie an ihren Jungen glaube, an ihn und an seinen Traum von einem eigenen, gut besuchten, Buchladen. (...)
„Spot an!" Die klassische Zirkusmusik ertönte, während er mit seinen Kollegen in die Manege einmarschierte. Er winkte, sah kleine Kinder auf sich zeigen. Es war so einfach: Er stolperte, oder besser gesagt, er tat so und die Kinder im Publikum jauchzten und klatschten vor Begeisterung. Nach der Pause hatten viele dieser Kinder kleine Luftballontiere im Arm, die er in der Pause an sie zu verschenken pflegte. Mittlerweile war er gut darin, konnte blitzschnell die verschiedensten Tiere formen.
„Hund!", „Giraffe!", „Katze!", brüllten sie begeistert – und er gab ihnen, was immer sie sich wünschten. Bis hierhin war es **okay für ihn**. Was er **hasste**, war der Teil, in dem er mit einem anderen Clown zusammen als **eigene Zirkusnummer** auftrat. Er fragte sich, wie man sich als erwachsener Mann dermaßen **der Lächerlichkeit preisgeben** konnte. (...)

B 5 Arbeitstechnik: Texte erschließen und zusammenfassen

Seite 40

6. – Abschnitt 1: Ein Blog ist ein sogenanntes Online-Tagebuch. (Z. 1 –11)
   – Abschnitt 2: Blogs sind schlicht, ihre Beiträge sind in einer bestimmten Reihenfolge aufgelistet und im Internet unter zugeordneten Schlagwörtern zu finden. (Z. 12 –24)
   – Abschnitt 3: Es gibt weltweit Millionen Blogger, die in einem regen Gedankenaustausch stehen. (Z. 24 –28)
   – Ein eigener Blog kann über Blogging-Dienste kostenfrei und ohne Registrierung, lediglich unter Angabe eines Nicknamen und einer Mailadresse eingerichtet werden. (Z. 28 –32)
   – Es gibt Blogs zu allen möglichen Themen. (Z. 33 –37)
   – Mit einem Blog kann eine Meinung kundgetan, aber auch beeinflusst werden. (Z. 38 –41)
   – Blogger sind im Vergleich zu professionellen Journalisten mit ihren Beiträgen oft schneller und aktueller. (Z. 42 –45)

7. Mögliche Schlüsselwörter:
   Online-Tagebuch (Z. 6), World Wide Web & Logbuch (Z. 10), einfacher und schlichter Aufbau (Z. 17), Verlinkung (Z. 22), Schlagwort (Z. 23), Gedankenaustausch (Z. 27), eigener Blog (Z. 28), Blogthemen (Z. 35), Meinungsmacht (Z. 41), schneller und aktueller (Z. 45)

8. Mögliche Antworten:
   – Es geht um das Thema „Bloggen".
   – Der Artikel stammt von Andreas Meyhöfer, der selbst ein Blogger zu sein scheint.
   – Weil das Thema zu einem Trend geworden ist.
   – Nein
   – Es handelt sich um einen Blogartikel, der im Online-Portal „blogsheet" veröffentlicht wurde.
   – Der Autor möchte mithilfe von Fachwissen und Profi-Tipps über das Thema informieren.

B 6 Einen informierenden Text in sechs Schritten erarbeiten

Seite 43

Aufgabe 1
Im Text wird auf den Jahresbericht der Weltwetterorganisation (WMO) verwiesen, welcher besagt, dass es im Winter 2016 am Nordpol mindestens dreimal „zu so etwas wie Hitzewellen gekommen" sei. Diese Erwärmung am Nordpol verändert das Klima weltweit. Wissenschaftler an unterschiedlichen Orten der Erde haben Anzeichen für einen dramatischen Klimawandel bemerkt. Deshalb fordern sie eine Überarbeitung der Klimaziele durch die Politik.

Aufgabe 2

Person	Aussage
Mojib Latif	... glaubt, dass die herrschenden Politiker in Amerika die alarmierenden Tatsachen des Klimawandels ignorieren.
David Carlson	... hat nachgewiesen, dass die Wärme am Nordpol das Wetter weltweit beeinflusst.
Stefan Rahmstorf	... hält die Zahlen der WMO zwar für dramatisch, aber nicht für überraschend.

Aufgabe 3
– Der Meeresspiegel ist im Zeitraum von November 2014 bis Februar 2016 um 15 Millimeter gestiegen, während der durchschnittliche Anstieg seit 1993 nur 3 bis 3,5 Millimeter im Jahr betrug.
– Die arktische Eisdecke wurde am 24. März 2016 mit einer Größe von 14,5 Millionen Quadratkilometern gemessen, dies ist die kleinste Fläche seit 1979.
– Das südliche Afrika hat im Jahr 2016 Hitzerekorde von mehr als 42 Grad in Pretoria erlebt – mehr als drei Grad über dem vorherigen Rekord. In Thailand wurde im April ein Hitzerekord von 44,6 Grad und in Indonesien im Mai von 51 Grad gemessen. Im September 2016 war es in Córdoba in Südspanien 45,5 Grad warm.

Aufgabe 4
Schaut man sich im Diagramm „Temperaturentwicklung – Nähe Nordpol" den Zeitraum vom 01.01.2016 bis zum 28.02.2016 an, wird deutlich, dass die Temperatur fast immer höher war als im durchschnittlichen Tagesmittel im entsprechenden Zeitraum in den Jahren 1994 bis 2015. Besonders drei Zeiträume sind sehr auffällig: Vom 01.01. bis 03.01.2016 ist es um ungefähr 12 bis 13 Grad wärmer als im entsprechenden Zeitraum von 1994 bis 2015. Vom 21.01. bis 25.01.2016 ist es um 10 bis 12 Grad wärmer und vom 14.02. bis 24.02.2016 um 11 Grad. Diese Zahlen belegen, dass es tatsächlich so etwas wie Hitzewellen am Nordpol gegeben hat und unterstreichen somit die Aussagen des Textes.

Seite 44

1. Was versteht man unter dem Begriff „Klimawandel"? Wie äußert sich der Klimawandel? Welche Auswir-

kungen hat er? Was lässt sich gegen den Klimawandel tun?

2. Ich soll einen informierenden Text mit einer abschließenden persönlichen Stellungnahme zum Thema „Klimawandel auf der Erde" schreiben. Vorher muss ich verschiedene Aufgaben bearbeiten. Die Ergebnisse dieser Aufgaben kann ich beim Verfassen meines informierenden Textes verwenden. Ich gliedere meinen Text wie in Aufgabe 5 durch die Unterpunkte a) bis e) vorgegeben.

3. Mögliche Unterstreichungen und Randbemerkungen:
   - globale Erwärmung gewinnt an Dramatik
   - Weltwetterorganisation (WMO) berichtet: 2016 gab es „Hitzewellen" am Nordpol, d. h. Tage mit Temperaturen um den Schmelzpunkt während des Winters (Z. 3–7)
   - Das habe den polaren Jetstream – einen der Windströme, die sich in großer Höhe um den Planeten ziehen – und damit das Wetter global beeinflusst. (Z. 7–9)
   - 2016 war das wärmste Jahr seit Beginn der Aufzeichnungen 1880 (Z. 10)
   - Der Meeresspiegel ist zwischen November 2014 und Februar 2016 um 15 Millimeter gestiegen, deutlich über dem durchschnittlichen Anstieg seit 1993 (Z. 12–14)
   - Fläche der Eisdecke auf allen Weltmeeren vier Millionen Quadratkilometer kleiner als im langjährigen Mittel (Z. 17–18)
   - Die globale Erwärmung führt zu Hitzerekorden im südlichen Afrika, Thailand, Indonesien und Córdoba (Südspanien). (Z. 23–27)
   - Deutsche Klimaforscher fanden die Zahlen wenig überraschend, allerdings nicht weniger dramatisch. (Z. 37–38)
   - Es wird von Jahr zu Jahr dringender, die Emissionen von Treibhausgasen zu stoppen, nur noch sehr wenig Zeit (Z. 40–41; Z. 42)
   - Kimaforscher fordert die Bundesregierung auf, ihre Klimaziele zu revidieren, Wende muss jetzt passieren (Z. 49; Z. 51–52)
   - Klimaziele wären erreichbar, wenn der politische Wille vorhanden wäre (Z. 53–54)

4. Das Diagramm zeigt die Temperaturentwicklung in der Nähe des Nordpols an der Wetterstation Ny-Alesund (Spitzbergen). Dabei wird das Tagesmittel der Temperaturen im Zeitraum vom 01.01. bis zum 28.02. im Jahr 2016 verglichen mit dem Tagesmittel der Temperaturen in den Jahren1994 bis 2015 im gleichen Zeitraum.

Seite 45

5. a) 2016: Hitzewellen am Nordpol, dadurch wird das Wetter global beeinflusst (Z. 1–9)
   b) 2016 wärmstes Jahr seit 1880, überdurchschnittlich starker Anstieg des Meeresspiegels, Fläche der Eisdecke auf den Weltmeeren kleiner als jemals zuvor (Z. 10–19)
   c) Hitzerekorde in Afrika, Asien und Südeuropa belegen globale Erwärmung (Z. 20–27)
   d) Zahlen für deutsche Forscher dramatisch, aber nicht überraschend (Z. 28–29)
   e) Emissionen von Treibhausgasen müssen stark heruntergefahren oder gestoppt werden, um Klimawandel aufzuhalten; es bleibt nur wenig Zeit. (Z. 40–48)
   f) Bundesregierung muss ihre Klimaziele revidieren, Klimaziele wären erreichbar, wenn der politische Wille da wäre (Z. 49–57)

6. Der Artikel „Hitzewellen am Nordpol" von Jan Sternberg, erschienen am 22.3.2017 in der Hannoverschen Allgemeinen Zeitung, beschäftigt sich mit den Klimaveränderungen am Nordpol und deren Folgen für das Klima weltweit. Die Weltwetterorganisation (WMO) hat festgestellt, dass es im Winter 2016 mehrfach Hitzewellen am Nordpol gab, die das Klima weltweit beeinflussen: 2016 war das wärmste Jahr seit 1880. Das sieht man unter anderem am Anstieg des Meeresspiegels und an den Hitzerekorden in Afrika, Asien und Südeuropa. Ebenso war die Fläche der Eisdecke auf den Weltmeeren kleiner als jemals zuvor. Für Wissenschaftler ist diese Entwicklung zwar nicht überraschend, aber dennoch dramatisch. Sie fordern deshalb von der Politik, sich dafür einzusetzen, dass die Emissionen von Treibhausgasen, die für den Klimawandel verantwortlich sind, gestoppt werden, weil nur noch wenig Zeit bleibt, um den Klimawandel aufzuhalten.

Seite 46

7. Besonders drei im Diagramm dargestellte Zeiträume sind sehr auffällig, und zwar die Zeit vom 01.01. bis 03.01.2016, außerdem die Zeit vom 21.01. bis 25.1.2016 und vom 14.02. bis 24.02.2016. Während dieser Zeiträume ist es im Tagesmittel um teilweise mehr als 10 Grad wärmer als im entsprechenden Zeitraum von 1994 bis 2015.

8. - 2016 war das wärmste Jahr seit Beginn der Aufzeichnungen 1880.
   - Die Oberflächentemperatur der Meere war auf einem Rekordhoch.
   - Der Meeresspiegel ist zwischen November 2014 und Februar 2016 um 15 Millimeter gestiegen, dieser Wert liegt deutlich über dem durchschnittlichen Anstieg seit 1993, der pro Jahr 3,0 bis 3,5 Millimeter betrug.
   - Die arktische Eisdecke misst den niedrigsten Wert seit 1979.
   - Die durchschnittliche Temperatur ist seit der Jahrtausendwende um ca. 0,4 Grad pro Jahr gestiegen, inbesondere im südlichen Afrika, in Thailand, Indonesien und in Südspanien gab es nie dagewesene Hitzerekorde.

9. - Emissionen von Treibhausgasen stoppen bzw. stark herunterfahren, insbesondere den CO_2-Ausstoß
   - Bundesregierung muss Klimaziele revidieren, Unterstützung durch die Politik ist unbedingt notwendig, um den Klimawandel zu stoppen

Seite 47

10. Möglicher Schreibplan:

Schreibplan

Überschrift: Bald Sonnenbaden am Nordpol? (5 a)

Einleitung:
Einleitung zum Thema, Vorstellung des Zeitungsartikels (5 b):
- Klima verändert sich
- am Nordpol „Hitzewellen“ durch WMO festgestellt, diese beeinflussen das Klima weltweit

Hauptteil:
Wie hat sich das Klima auf der Erde verändert? (5 c)
- Es wird immer wärmer auf der Erde, Zahlen aus dem Diagramm belegen diese Entwicklung und die Aussagen der Klimaforscher aus dem Zeitungsartikel

Folgen des Klimawandels:
- Anstieg des Meeresspiegels von November 2014 bis Dezember 2016 um 15 mm pro Jahr, sonst nur um 3 mm pro Jahr (im Zeitraum von 1993 bis 2013)
- März 2016: Die arktische Eisdecke misst mit 14,5 Millionen km^2 den niedrigsten Wert seit 1979, weltweit ist die Eisdecke auf allen Meeren vier Millionen km^2 kleiner als im langjährigen Mittel.
- Hitzerekorde in Afrika, Thailand, Indien, Indonesien und Südspanien
- 2016 wärmstes Jahr seit Beginn der Aufzeichnungen, insgesamt eine steigende jährliche Durchschnittstemperatur.

Maßnahmen, die Wissenschaftler für erforderlich halten, um Klimawandel zu verlangsamen (5 d):
- Emissionen von Treibhausgasen stoppen, insbesondere von CO_2
- Unterstützung durch Politik ist dabei unbedingt notwendig

Schluss:
Persönliche Stellungnahme (5 e):
- Ziel meines Textes: Über den Klimawandel informieren
- Klimawandel ist bereits weiter vorangeschritten als gedacht
- Globale Erwärmung ist beängstigend, weil die Folgen nicht absehbar sind
- Es muss jetzt etwas getan werden, um den Klimawandel aufzuhalten!
- Jeder Einzelne muss sein Verhalten ändern, um den Klimawandel aufzuhalten (selbst CO_2 sparen durch Verzicht auf unnötige Flugreisen/Autofahrten; Politiker dazu auffordern, aktiv zu werden).

Seite 47/48

11.–13. (Aufgabe 5 a) bis e)

Möglicher Schülertext:

Bald Sonnenbaden am Nordpol?

Der Text „Hitzewellen am Nordpol“ von Jan Sternberg, erschienen am 22.3.2017 in der Hannoverschen Allgemeinen Zeitung, beschäftigt sich mit der Klimaveränderung am Nordpol und deren Folgen für das Klima weltweit. Die Weltwetterorganisation (WMO) hat nämlich festgestellt, dass es im Winter 2016 dreimal zu einer Art Hitzewelle am Nordpol gekommen ist: Obwohl die Temperaturen dort mitten im Winter eigentlich weit unter dem Gefrierpunkt liegen müssten, gab es Tage mit Temperaturen fast unter dem Schmelzpunkt. Diese Hitzewellen am Nordpol beeinflussen das Klima weltweit, sodass auch an anderen Orten der Welt dramatische Klimaveränderungen deutlich werden.

Die Frage danach, wie sich das Klima auf der Erde in den letzten Jahren gewandelt hat, lässt sich kurz und knapp beantworten: Auf der Erde wird es immer wärmer.

Dies lässt sich auch beweisen. Schaut man sich beispielsweise im Diagramm „Temperaturentwicklung – Nähe Nordpol“ den Zeitraum vom 01.01.2016 bis zum 28.02.2016 an, wird deutlich, dass die Temperatur fast immer höher war als im durchschnittlichen Tagesmittel im entsprechenden Zeitraum in den Jahren 1994 bis 2015. Besonders drei Zeiträume sind sehr auffällig: Vom 01.01. bis 03.01.2016 ist es im Tagesmittel um ungefähr 12 bis 13 Grad wärmer als im entsprechenden Zeitraum von 1994 bis 2015. Vom 21.01. bis 25.01.2016 ist es im Tagesmittel um ca. 10 bis 12 Grad wärmer und vom 14.02. bis 24.02.2016 um bis zu 11 Grad. Diese Zahlen belegen, dass es tatsächlich so etwas wie Hitzewellen am Nordpol gegeben hat, und unterstreichen somit die Aussagen der Klimaforscher aus dem Zeitungsartikel.

Die globale Erwärmung bleibt natürlich nicht ohne Folgen. So hat beispielsweise die Oberflächentemperatur der Meere Rekordwerte erreicht, außerdem ist der Meeresspiegel von November 2014 bis Dezember 2016 um 15 Millimeter angestiegen, während sonst nur ein Anstieg um 3 Millimeter pro Jahr zu verzeichnen war.

Gleichzeitig wurde festgestellt, dass die arktische Eisdecke im März 2016 insgesamt nur noch 14,5 Millionen Quadratkilometer maß. Das ist der niedrigste Wert seit 1979. Auch weltweit ist die Fläche der Eisdecken auf allen Weltmeeren vier Millionen Quadratkilometer kleiner als im langjährigen Mittel. Nicht zu vergssen sind die Hitzerekorde, die im Jahr 2016 in Afrika, Thailand, Indien, Indonesien und Südspanien gemessen wurden. So wurde zum Beispiel im Mai 2016 in Indonesien eine Temperatur von 51 Grad gemessen. Auch ist eine steigende jährliche Durchschnittstemperatur festzustellen. Seit der Jahrtausendwende war es jedes Jahr um 0,4 Grad heißer als im Durchschnitt der Jahre 1961 bis 1990. Insgesamt war das Jahr 2016 das wärmste seit Beginn der Aufzeichnungen im Jahr 1880.

Deutsche Klimaforscher bewerten diese bemerkenswerten Veränderungenen zwar als dramatisch, aber nicht als überraschend. Sie haben diese Entwicklungen bereits vor 30 Jahren vorhergesagt. Auch wenn die Folgen der globalen Erwärmung noch nicht bis ins Detail abzusehen sind, ist eines ganz klar: Wir können so nicht weitermachen. Würden wir weiterhin so mit unserem Planeten umgehen, blieben uns nur noch acht Jahre bis zum Kollaps.

Die Klimaforscher nehmen in diesem Zusammenhang vor allem die Politiker in die Pflicht und fordern diese auf, aktiv zu werden und die bisherigen Klimaziele zu überdenken. Nur wenn die Emissionen von Treibhausgasen, insbesondere CO_2 gestoppt werden, kann der Klimawandel aufgehalten werden.

Das Ziel meines Textes ist es, über das Thema „Klimawandel auf der Erde“ zu informieren. Die in dem Artikel und in dem Diagramm genannten Zahlen zeigen sehr deutlich, wie stark sich das Klima weltweit bereits verändert hat.

Das war mir bisher gar nicht bewusst. Die globale Erwärmung macht mir Angst, weil niemand genau weiß, welche Folgen sie für jeden Einzelnen von uns haben wird. Deshalb muss jetzt etwas getan werden, und nicht erst dann, wenn es zu spät ist.
Ich unterstütze daher die Forderung der Klimaforscher, die unsere Regierung dazu aufrufen, die Klimaziele zu überdenken und die Emissionen von Treibhausgasen, insbesondere von CO_2, zu stoppen bzw. zu verringern. Außerdem halte ich es auch für wichtig, dass auch wir Bürger den Politikern deutlich machen, dass das Thema Klimawandel extrem für unser aller Zukunft ist. Wir dürfen uns aber nicht nur auf die Politiker verlassen, sondern jeder Einzelne von uns muss sich überlegen, was er dazu beitragen kann, um den Klimawandel zu stoppen! Wir sollten uns also gut überlegen, ob z. B. die nächste Urlaubsreise mit dem Flugzeug tatsächlich sein muss.

B 7 Einen erzählenden Text in sechs Schritten erarbeiten

Seite 53

1. - Beginn der Urlaubszeit
   - Beginn der Jahreszeit für bestimmte sportliche Aktivitäten, z. B. Skisaison

2. - Einleitung und Textzusammenfassung schreiben
   - Spannungselemente beschreiben
   - Zusammenhang zwischen Christuskreuz und Standort des neuen Schildes erläutern
   - Überschrift erläutern
   - Persönliche Meinung zur Geschichte äußern, Textabsicht sowie Bezug zur Gegenwart herausstellen

4. - Judenverfolgung im Dritten Reich
   - Ein Bergdorf bereitet sich auf die neue Saison vor und will in Zukunft keine Juden mehr beherbergen.
   - Reaktion der Bewohner auf das Schild
   - Doppelmoral der Bewohner: gute Christen vs. Judenverfolgung

5. (Aufgabe 1, S. 51)
   In der 1947 erschienenen Kurzgeschichte „Saisonbeginn“ von Elisabeth Langgässer (1899 – 1950) geht es um das Thema Judenverfolgung. Die Autorin verarbeitet in ihrer Geschichte auch ihr persönliches Schicksal als Halbjüdin im Dritten Reich. 1936 wurde sie aus dem Deutschen Schriftstellerverband ausgeschlossen, 1942 zur Zwangsarbeit verurteilt. Ihre Tochter überlebte die Konzentrationslager Theresienstadt und Auschwitz.
   Die Kurzgeschichte zeigt, wie ein Dorf, das zunächst harmlos und sympathisch wirkt, sich der menschenverachtenden Nazidoktrin unterwirft. Es geht dabei um die Doppelmoral vieler damaliger deutscher Bürger, die als gläubige Christen die Judenverfolgung unterstützt haben.

Seite 54

6. Einteilung des Textes in Sinnabschnitte:
   a) Mit dem Frühling in einem kleinen Bergkurort beginnen die Vorbereitungen für das Eintreffen der ersehnten Kurgäste.
   b) Drei Männer wollen ein Schild dort aufstellen, wo bereits ein Jesuskreuz steht.
   c) Die Männer suchen einen Platz, von dem aus das Schild das Anliegen des Ortes am besten zur Geltung bringt.
   d) Aufbau des Schildes
   e) Reaktion der Bewohner
   f) Bedeutung der Inschrift für Christus
   g) Die Inschrift

7. Inhaltsangabe (Aufgabe 2, S.51)
   Drei Männer sind an einem schönen Spätfrühlingstag unterwegs, um am Eingang eines Kurorts in den Bergen ein Schild aufzustellen. Sie untersuchen verschiedene Stellen und entscheiden sich für den Platz neben einem Holzkreuz mit dem gekreuzigten Jesus. Dort stellen sie das Schild auf, wobei ihnen ein paar Kinder zur Hand gehen. Vorbeikommende Bewohner des Dorfes reagieren unterschiedlich auf das Schild und seine Inschrift: Sie lachen, schütteln den Kopf oder sind unsicher. Die meisten jedoch bleiben unberührt. Erst am Schluss wird dem Leser die Inschrift auf dem Schild mitgeteilt, wonach Juden in diesem Kurort unerwünscht sind.

8. (Aufgabe 3, S. 51)

Zeile	Textstelle	Erklärung
Zeile 5	Überall standen die Wiesen in Saft und Kraft ...	Die Natur ist bereit für den kommenden Sommer.
Zeile 6	... der Löwenzahn strotzte und blähte sein Haupt.	Die Natur ist übermütig und voller Kraft.
Zeile 7 – 8	Trollblumen (...) platzten vor Glück ...	siehe oben
Zeile 9	... ein Himmel von unwahrscheinlichem Blau.	Das Wetter ist wunderbar.
Zeile 9 – 10	... die Häuser und Gasthöfe waren wie neu ...	Sie sind einladend und in bestem Zustand.

Seite 55

9. (Aufgabe 4, S. 51)

Zeile	Textstelle	Bedeutung
Zeile 29 – 30	... an welcher Stelle die Inschrift des Schildes am besten zur Geltung käme ...	Das Schild ist offenbar sehr wichtig.
Zeile 30 – 31	... sie sollte für alle (...) als Blickfang dienen.	Jeder soll die Botschaft gut lesen können.
Zeile 66 – 67	... einige lachten, andere schüttelten nur den Kopf, ohne etwas zu sagen ...	Die Meinung über die Inschrift scheint nicht einhellig zu sein.

Zeile 76	... die Inschrift, sie ging ihn gleichfalls an ...	Merkwürdig, wenn sogar Jesus damit zu tun haben scheint.

10. (Aufgabe 5, S.52)

Merkmal	Textbezug
Die Geschichte beginnt unvermittelt ohne Einleitung (erkennbar an bestimmten Artikeln, Pronomen, Eigennamen oder direkter Rede gleich am Anfang).	Der Leser ist mittendrin in der Geschichte, obwohl er nicht weiß, was vorher passiert ist, wann und wo sich alles abspielt.
Die Geschichte endet offen. Das Problem wird nicht gelöst.	Der Leser bleibt mit der völlig überraschenden Pointe allein. Er wird „gezwungen", darüber nachzudenken.
Im Mittelpunkt stehen Alltagspersonen in Alltagssituationen, keine Übermenschen in konstruierten Situationen.	Das Geschehen, die Situation, die Örtlichkeit, die Menschen sind alltäglich. Alles ist realistisch und auf den ersten Blick nicht außergewöhnlich.
Der Schluss ist offen. Der Leser soll über den Fortgang der Handlung nachdenken.	Die Ausgangssituation der Handlung bleibt zwar erhalten, aber für den Leser entwickelt sie sich durch die Pointe am Ende unerwartet völlig anders.

Seite 56

11. (Aufgabe 6, S. 52)
Die Inschrift auf dem Schild ist ein Urteilsspruch, der alle Juden betrifft und verurteilt. Der gekreuzigte Jesus ist als „König der Juden" symbolisch gesehen stellvertretend für alle Juden erneut verurteilt worden.

12. (Aufgabe 7, S. 52)
Unter „Saisonbeginn" versteht man ...
a) den Beginn eines Jahresabschnitts, in dem z.B. die Touristen üblicherweise in einem Ferienort anreisen.
b) den Beginn z.B. der Jagdsaison.
Erklärung: Elisabeth Langgässer verbindet beide Bedeutungen auf ironische, zynische Weise miteinander, und zwar im Hinblick auf den Umgang mit Juden. Die Inschrift auf dem Schild macht deutlich, dass neben der Vorbereitung auf den Ansturm der Touristen in dem Bergdorf nun auch die Jagd auf Juden beginnt.

Seite 57

13. Das Bergdorf wirkt idyllisch, friedlich und einladend: „Auch die Häuser und Gasthöfe waren wie neu: ihre Fensterläden frisch angestrichen, die Schindeldächer gut ausgebessert, die Scherenzäune ergänzt." (Zeile 9 – 11). Selbst die Natur spielt mit und zeigt sich von ihrer schönsten Seite. „Überall standen die Wiesen wieder in Saft und Kraft; die Wucherblume verschwendete sich, der Löwenzahn strotzte und blähte sein Haupt über den milchigen Stengeln; Trollblumen, welche wie eingefettet mit gelber Sahne waren, platzten vor Glück, und in strahlenden Tümpeln kleinblütiger Enziane spiegelte sich ein Himmel von unwahrscheinlichem Blau." (Zeile 4 – 9).

14. Die Überschrift ist doppeldeutig und klingt zunächst harmlos. Sie soll die Leser auf eine falsche Fährte führen.

15. Der Leser wird immer neugieriger gemacht, um durch die Pointe völlig überrascht und erschreckt zu werden.

16. Dadurch wird der Widerspruch zwischen christlicher Botschaft und Judenverfolgung deutlich, denn die Dorfbewohner haben offenbar verdrängt, dass der von ihnen verehrte Jesus auch Jude war.
Vielleicht sollen jüdische Besucher den gekreuzigten Jesus auch als abschreckendes Beispiel sehen, denn die Inschrift über dem Kreuz bedeutet ja „Jesus von Nazareth, König der Juden".

17. Die Bewohner reagieren unterschiedlich: Sie lachen, schütteln den Kopf oder sind unsicher. Die meisten bleiben von der Inschrift des Schildes unberührt.

18. Ja, denn nun wird deutlich, dass der Schein trügt und die Idylle nur vordergründig ist. Alles Schöne bekommt einen bitteren Beigeschmack und verdeutlicht die Spießigkeit des Bösen und die Doppelmoral der vermeintlich guten Menschen in dem Dorf.

Seite 58

19.

Schreibplan

Einleitung:
- Vorstellung des Textes (siehe Aufgaben 1 und 2)
- Zusammenfassung des Inhalts (siehe Aufgaben 1 und 2)

Hauptteil:
- Wie wird die Spannung entwickelt und gesteigert?
- Zusammenhang zwischen Schild und Jesuskreuz
- Bedeutung der Überschrift (Aufgaben 3 – 7)

Schluss:
- Persönliche Meinung zu der Geschichte
- Stellungnahme zu Textabsicht und Gegenwartsbezug

20. (Aufgabe 8 a) bis d), S. 52)
In der von Elisabeth Langgässer (1899 – 1950) geschriebenen Kurzgeschichte „Saisonbeginn", die 1947 erschienen ist, geht es um die Judenverfolgung zur Zeit des Nationalsozialismus. Die Autorin verarbeitet in ihrer Geschichte auch ihr persönliches Schicksal als Halbjüdin im Dritten Reich. 1936 wurde sie aus dem Deutschen Schriftstellerverband ausgeschlossen und 1942 zur Zwangsarbeit verurteilt. Ihre Tochter überlebte die Konzentrationslager in Theresienstadt und Auschwitz.
In der Kurzgeschichte wird gezeigt, wie ein Dorf, das harmlos und sympathisch wirkt, sich der menschenverachtenden Nazidoktrin unterwirft. Es geht dabei um die Doppelmoral vieler damaliger deutscher Bürger, die als gläubige Christen die Judenverfolgung unterstützt haben.

Drei Männer sind an einem schönen Spätfrühlingstag unterwegs, um am Eingang eines Kurorts in den Bergen ein Schild aufzustellen. Sie untersuchen verschiedene Stellen und entscheiden sich für den Platz neben einem Holzkreuz mit dem gekreuzigten Jesus. Dort stellen sie das Schild auf, wobei ihnen ein paar Kinder zur Hand gehen. Die vorbeikommenden Dorfbewohner reagieren unterschiedlich. Manche lachen, andere schütteln den Kopf oder sind unsicher. Die meisten bleiben von der Aufschrift des Schildes unberührt. Erst am Schluss wird dem Leser die Inschrift auf dem Schild mitgeteilt, wonach Juden in diesem Kurort unerwünscht sind.

Die Autorin erzeugt Spannung, indem sie den Leser bis zum Ende der Geschichte im Unklaren über die Aufschrift auf dem Schild lässt. Dies vergrößert letztendlich auch die Überraschung und den Schock darüber. Die Schilderung des Ortes und die Tätigkeit der Männer, die das Schild aufstellen, vermitteln zunächst einen Eindruck von Alltäglichkeit, der Leser vermutet nichts Böses. Insbesondere die Metaphern, die die Natur beschreiben, zeichnen das Bild einer schönen, heilen Frühlingswelt und erwecken den Eindruck von Harmlosigkeit und Heiterkeit (siehe Zeile 5 – 9: Überall standen die Wiesen wieder in Saft und Kraft; die Wucherblume verschwendete sich, der Löwenzahn strotzte und blähte sein Haupt über den milchigen Stengeln; Trollblumen, welche wie eingefettet mit gelber Sahne waren, platzten vor Glück, und in strahlenden Tümpeln kleinblütiger Enziane spiegelte sich ein Himmel von unwahrscheinlichem Blau.). Auch die Aufzählung der verschiedenen schon vorhandenen Hinweis- bzw. Verkehrsschilder (Z. 15 – 17) lässt vermuten, dass das neu zu errichtende Schild von der gleichen Sorte ist.

Auffällig sind allerdings die vielen Anspielungen auf die Bibel bzw. auf die Kreuzigung Christi, die im Zusammenhang mit der Suche nach einem Standort bzw. mit dem Aufstellen des Schildes gemacht werden. So zum Beispiel in Zeile 46/47: „Die beiden anderen luden von neuem den Pfosten auf ihre Schultern und schleppten ihn vor das Kreuz." Hier wird darauf Bezug genommen, dass Jesus das Holzkreuz, an dem er starb, auf den Schultern auf den Hügel Golgatha tragen musste, wo die Kreuzigung stattfand. Der Vergleich der Buche mit einer „Mantelmadonna" (Z. 50) beschwört das Bild der Maria herauf. Und die Umschreibung des Standorts des neuen Schildes „zur Rechten des Schächers" erinnert an den Schächer, der Jesus am Kreuz einst verhöhnte. Der ganze Akt wirkt somit, nicht zuletzt durch die Bezeichnung „Kreuzigungsort" (Z. 80), wie eine erneute bzw. zweite Kreuzigung. Die Parallelität der Ereignisse macht den Leser stutzig und lässt ihn darüber nachdenken, dass trotz der beschriebenen Idylle vielleicht etwas „faul" sein könnte, auch wenn er noch nicht zu sagen vermag, was. Die Reaktionen der vorbeikommenden Bewohner des Ortes geben auch keinen weiteren Hinweis. Manche lachen, manche schütteln den Kopf oder sind unsicher. Die meisten jedoch zeigen sich unberührt von der Inschrift des Schildes (vgl. Zeile 63 – 69). Als die Männer nach verrichteter Arbeit zufrieden weggehen, erfährt der Leser im letzten Satz die absolut unerwartete Ungeheuerlichkeit der Inschrift. Sie steht im krassen Gegensatz zu der vorher dargestellten heilen Welt.

Der Platz für das Schild wird beeinflusst durch den Standort des Jesuskreuzes. Dieses steht seit langer Zeit in dem Ort und soll verdeutlichen, für wie fromm und gläubig die Menschen in dem Bergdorf sich halten. Dabei geben diese nur vor, Jesus zu verehren, verdrängen aber völlig, dass dieser auch Jude war. Die Tatsache, dass das Schild neben der Jesusfigur am Holzkreuz steht, ist im übertragenen Sinne also praktisch eine erneute Kreuzigung für Jesus. Und damit geht ihn auch die Inschrift auf dem Schild etwas an (vgl. Z. 76 – 78: „... man merkte, sie ging ihn gleichfalls an, welcher bisher von den Leuten als einer der ihren betrachtet und wohl gelitten war."). So entlarvt Elisabeth Langgässer die Doppelmoral der Christenmenschen in dem Bergort.

Elisabeth Langgässer hat eine Überschrift gewählt, deren Doppeldeutigkeit sich erst nach dem Lesen des letzten Satzes erschließt. Während der gesamten Geschichte steht „Saisonbeginn" für die harmlose Geschäftigkeit eines idyllischen Bergdorfes, das sich auf die neue Touristensaison vorbereitet. Alles wird herausgeputzt, sogar die Natur spielt mit. Aber am Schluss wird deutlich, dass noch eine andere, schlimme Saison beginnt, denn der Begriff „Saisonbeginn" ist beispielsweise auch in der Jägersprache geläufig. Elisabeth Langgässer verbindet beide Bedeutungen des Wortes auf ironisch-zynische Weise miteinander, und zwar im Hinblick auf den Umgang mit den Juden. Die Inschrift auf dem Schild macht deutlich, dass neben der Vorbereitung auf den Ansturm der Touristen in dem beschriebenen Bergdorf auch die Jagd auf Juden beginnt.

Ich finde die Geschichte sehr interessant und spannend. Insbesondere der Kontrast zwischen der harmlosen Alltäglichkeit und der politischen Einstellung der Menschen wird durch die überraschende Pointe besonders hervorgehoben. Erst am Schluss wird der irregeführte Leser mit der bitteren Wahrheit konfrontiert. Nun erst wird die zweite Ebene der Geschichte deutlich. Man kommt nicht umhin, die Geschichte erneut zu lesen und plötzlich enthüllen die zahlreichen Anspielungen ihre doppelte Bedeutung. Mit der Doppeldeutigkeit wird auch die Doppelmoral der Dorfbewohner entlarvt und der Eindruck einer „heilen Welt" zerstört. Die Idylle des Bergdorfs erweist sich als bloßer Schein, der die grausame Realität verdeckt. Das Tun der Arbeiter erscheint plötzlich negativ, da ihr Fleiß und ihre Gründlichkeit auf einmal in einem ganz anderen Licht gesehen werden, stehen sie doch im Dienste des Nationalsozialismus. Genauso ist es mit dem gleichgültigen Verhalten der Dorfbewohner, das vor dem Hintergrund der Inschrift auf dem Schild fatal und tragisch wirkt. Schließlich machte dieses feige Verhalten die Verbrechen an den Juden zur Zeit des Nationalsozialismus erst möglich. Die Autorin versucht mit dieser Kurzgeschichte kurz nach dem Krieg die Ereignisse des Nationalsozialismus zu verarbeiten. Dennoch ist die Geschichte auch heute noch höchst aktuell. Nach wie vor werden Menschen überall auf der Welt wegen ihres Glaubens, ihrer Hautfarbe oder ihrer Andersartigkeit verfolgt. Das muss aufhören. Gerade mit dem Wissen darum, was zur Zeit des Dritten Reichs passiert ist, darf niemand „gleichgültig" bleiben, „wie sich die Sache auch immer entwickeln würde" (Z. 68/69).

B 8 Einen lyrischen Text in sechs Schritten erarbeiten

Seite 61
Aufgabe 1 siehe 4., Seite 64

Aufgabe 2 siehe 7., Seite 65

Aufgabe 3 siehe 8., Seite 65

Seite 62
Aufgabe 4 siehe 9., Seite 65

Aufgabe 5 (siehe auch 10., Seite 66)

a) Mit der Formulierung möchte der Verfasser ausdrücken, dass es in seinem Heimatort nichts gibt, was er nicht kennt. Es gibt nichts Neues mehr für ihn zu entdecken – so denkt er. Er benutzt das Stilmittel der Übertreibung, um zu verdeutlichen, dass er wirklich alles für ihn Wichtige schon gesehen hat.

b) Die Person des lyrischen Ichs ist für mich eindeutig männlich (sie spricht von Frau und Kindern) und das Lied wird ja auch von einem Mann gesungen.
Auf mich wirkt die Person zunächst rastlos und unruhig. Der Handelnde verspürt einen starken Impuls wegzugehen und Neues zu entdecken. Ich denke, dass es ein Stück weit normal ist, sich so zu fühlen. Ich weiß von vielen Freunden von mir, dass sie davon träumen, in eine große Stadt zu ziehen oder einfach spannende Sachen zu erleben. Auch sie haben das Gefühl, alles zu kennen in ihrer Heimatstadt und wollen neuen Input. Da ich mich mit diesen Gedanken identifizieren kann, nehme ich an, dass der Mann in dem Lied auch jung ist und sein Leben noch vor sich hat.
Er ist voll von Träumen, Idealismus und Zuversicht, dass sein Leben trotz aller Rückschläge letzten Endes positiv endet. Gerade diese Zuversicht macht ihn in meinen Augen sehr sympathisch.
Ich denke, dass der Verfasser weiß, dass sich viele Zuhörer mit dem Liedtext und den darin ausgedrückten Gedanken identifizieren können. Das wird nicht nur mir und meinen Freunden so gehen. Insofern ist die Perspektive des lyrischen Ichs für den Song eigentlich gut gewählt, da jeder, der den Song hört und im Kopf oder laut mitsingt, das Gefühl hat, es ginge um „sein Haus am See". Das macht den Menschen Spaß und macht sie ein Stück weit glücklich.

Seite 63
Aufgabe 6 siehe 14., Seite 67

1. – der Sänger singt von seinem Leben
   – er möchte sein Leben verändern
   – er träumt von einem Haus am See, einer Frau und vielen Enkeln
   Ich denke, dass es in dem Lied „Haus am See" von Peter Fox darum geht, sein Leben zu verändern.

2. Ich soll den Liedtext „Haus am See" von Peter Fox interpretieren. Zunächst muss ich dafür den Inhalt des Liedtextes wiedergeben. Wichtig für mich ist zudem, die Situation des Menschen in dem Liedtext zu erfassen und die Wirkung dieser Situation auf mich zu benennen. Letzteres soll durch sprachliche Mittel belegt werden. Danach soll ich mir überlegen, warum das Lied aus der Ich-Perspektive geschrieben ist.
   Am Ende meiner Interpretation soll ich noch erklären, ob und inwiefern ich die Zukunftsversion, die in dem Lied „Haus am See" beschrieben wird, für realistisch halte und ob ich mir diese auch wünsche.

Seite 64

3. Strophe 1:
   - Das lyrische Ich (Mann) geht durch seine Heimatstadt, alles ist ihm vertraut.
   - Er wünscht sich, fortzugehen und stellt sich vor, wie er „seine" Welt hinter sich zurücklässt.
   - Er freut sich auf das, was kommt.
   - Er denkt, dass sich ihm neue Chancen bieten und er will sie nutzen.
   - Er genießt das Weggehen und lässt sich treiben.

   Refrain:
   - Am Ende seiner (Lebens-)Suche sieht er sich in einem Haus an einem See.
   - Er ist glücklich mit seiner Familie und alles ist wunderschön.
   - Er wird besucht, muss diesen wundervollen Ort nie verlassen.

   Strophe 2:
   - Er will in der Fremde neu anfangen.
   - Er weiß, dass Gutes und Schlechtes kommen wird.
   - Er will das Leben genießen.
   - Am Ende wird er glücklich und reich sein und nach Hause zurückkehren.
   - Er feiert ein Fest mit allen Menschen, die ihm etwas bedeuten.
   - Alle freuen sich, ihn zu sehen und feiern mit ihm, was er erreicht hat.

   Strophe 3:
   - Wenn er alt ist, sitzt er in seinem Garten und seine Enkel spielen um ihn herum.
   - Er freut sich auf diese Vorstellung und findet den Gedanken so schön, dass er gerne schon „da" wäre.

4. (siehe auch Aufgabe 1)
   In dem Songtext „Haus am See" von Peter Fox aus dem Jahr 2008 geht es um eine Lebensvision.
   Das Lied beschreibt die Lebensvorstellung eines Mannes, der mit seinem momentanen Leben unzufrieden ist. Er stellt sich vor, dass er von zuhause fortgeht, um sein Glück zu machen – und es am Ende auch zu finden.

5. a) Die Handlung besteht darin, dass ein Mann auszieht, um sein Glück zu finden.
   b) Der Sprechende im Text ist das lyrische Ich. Ich denke, dass das lyrische Ich ein Mann ist, da es von Frau und Kindern spricht. Ebenso denke ich, dass es relativ jung ist, da es sein Leben noch vor sich zu haben scheint.
   c) Das Ergebnis ist eine Vorstellung von seiner Zukunft, die es so glücklich macht, dass es sie am liebsten jetzt schon leben würde.

d) Die letzte Strophe ist kürzer als die anderen. Sie fasst das Wichtigste noch einmal zusammen bzw. betont es. Es wird noch einmal auf den Punkt gebracht, wie sehr ihm die Vorstellung seines (möglichen zukünftigen) Hauses gefällt.

Seite 65

6. Mögliche Lösung:

Abschnitt	Textstelle	Inhalt
1.	Vers 1 – 3	Ausgangssituation, Situation daheim
2.	Vers 4 – 6	Die Person geht fort, verlässt die Heimat.
3.	Vers 7 – 12	Vorfreude auf „ein neues" Leben
4.	Refrain (3x)	Beschreibung ihres zukünftigen Wohnortes
5.	Vers 17/18	Kompletter Neuanfang
6.	Vers 19 – 22	Es geht auf und ab, sie erlebt viel.
7.	Vers 23/24	Finden des Glücks
8.	Vers 25 – 28	Die Person kehrt zurück und lädt alle Menschen „von früher", die ihr wichtig sind, ein und feiert mit ihnen ihr Glück.
9.	Vers 37 – 40	Vorfreude auf diesen Moment des „Angekommenseins"

7. (siehe Aufgabe 2)
Dieser Liedtext handelt von einem Lebenstraum. Das lyrische Ich, ein Mann, lebt in einer Welt, in der es alles kennt und die es langweilig findet.
Es wünscht sich, fortzugehen und stellt sich vor, wie es „seine Welt" hinter sich zurücklässt.
Vorfreude auf das, was kommt, erfüllt es, weil es der Meinung ist, dass sich ihm ganz neue Chancen und Gelegenheiten bieten werden. Es möchte diese Gelegenheiten nutzen und lässt sich in Richtung seines neuen Lebensabschnittes treiben.
Das lyrische Ich möchte irgendwo in der Ferne neu anfangen. Es weiß, dass es nicht immer leicht werden und dass ihm sowohl Gutes als auch Schlechtes widerfahren wird. Dennoch ist es sicher, dass es sein neues Leben genießen wird, um am Ende reich und glücklich zu sein. Das ist der Moment, in dem es sich auf früher besinnt. Es erinnert sich der Menschen, die ihm wichtig sind. Es lädt sie zu sich ein und feiert ein großes Fest mit allen Menschen, die ihm etwas bedeuten. In seiner Vorstellung freuen sich alle seine alten Freunde und Verwandten mit ihm und feiern mit ihm zusammen sein Glück und seinen Erfolg.
Der Ort der Feier ist sein „Haus am See" – ein wunderschönes Anwesen, das groß genug ist, um viele Menschen zu beherbergen. Dort lebt es zusammen mit einer schönen Frau, seinen Kindern und später seinen Enkelkindern. In seiner Vorstellung ist dieser Ort so anziehend, dass alle ihn besuchen und es diesen Ort nicht verlassen muss. Diese Vorstellung gefällt dem lyrischen Ich so sehr, dass es sich beinahe wünscht, dies jetzt schon erleben zu können. Es findet die Vorstellung schön, dass sein Leben auf diese Weise im „Haus am See" enden könnte.

8. a) (Aufgabe 3)
   - 6 Teilabschnitte (3 Strophen, 3x Refrain), 40 Verse, kein eindeutiges Reimschema
   - Die ersten beiden Strophen bestehen aus je 12 Versen, die letzte nur noch aus 4 Versen.
   - viele unreine Reime

   b) Strophe 1 = Wunsch nach Aufbruch, Sehnsucht nach einem neuen Leben
   Strophe 2 = Rückkehr in das alte Leben, Erfolg
   Strophe 3 = Zuhause angekommen nach einem erfüllten Leben

9. a) (Aufgabe 4)
Mögliche zusätzliche Lösungen:

Textstelle	Zitat	Stilmittel	Erklärung
Vers 1 + Vers 37	„Hier bin ich gebor'n"	Wiederholung	Rahmt das Gedicht ein, er kommt da an, von wo er losgeht
Vers 2	„jedes Haus ... jeden Laden"	Wiederholung	Verdeutlichung, dass er wirklich alles kennt
Vers 4	„schicke" / „schnell"	Alliteration	„sch" gedoppelt, Verdeutlichung der Schnelligkeit
Vers 5	„alles fliegt vorbei"	Metapher	Er bewegt sich sehr schnell.
Vers 8	„sie wartet"	Personifikation	Die Erde kann nicht im menschlichen Sinne warten. Es geht darum, die vorhandenen Chancen zu nutzen.
Vers 8/9	4x „ich"	Anapher	Selbstbezogenheit
Vers 12	„Schließ' die Augen und lauf einfach geradeaus"	Paradoxon	Er will verdeutlichen, dass er trotz aller Ängste und Ungewissheiten das Neue angeht.
Vers 21	„Ich grabe Schätze aus im Schnee und Sand"	Metapher	Er ist überall erfolgreich, findet überall schöne Dinge.
Vers 22	„Und Frauen rauben mir jeden Verstand"	Metapher	Er denkt zeitweise nur an sein Vergnügen.

Vers 23	„Vom Glück verfolgt“	Personifikation	Er denkt, irgendwann werden ihm viele gute Dinge widerfahren.
Vers 24	„Taschen voll Gold“	Metapher / Übertreibung	Er denkt, er wird sehr reich sein.
Vers 25	„alten Vögel“	Metapher	Kumpel, gute Freunde

9. b) Mögliche Lösung:

Textstelle	**Stimmung**	**Erklärung**
Vers 1 – 3	perspektivlos gelangweilt, will weg	Der Handelnde beschreibt seine Wohngegend als ihm vertraut, aber langweilig. Er sehnt sich nach Neuem.
Vers 4	entschlossen	Er beschließt zu gehen.
Vers 5/6	freier werdend	Er fängt an, das Alte zurückzulassen.
Vers 7 – 10	Euphorie, Vorfreude	Er spürt, dass Neues auf ihn wartet und denkt, dass es gut wird.
Vers 11 – 12	entspannt	Er lässt die Dinge auf sich zukommen.
Vers 13 – 16 (Refrain), 29 – 32, 33 – 36	verträumt	Er malt sich gedanklich seine ideale Zukunft aus.
Vers 17/18	unsicher	Alles ist neu.
Vers 19 – 22	hinnehmend, akzeptierend	Er weiß, dass er auf seinem Weg gute und schlechte Erfahrungen machen wird.
Vers 23/24	optimistisch	Er glaubt, dass er am Ende als „gemachter Mann“ dasteht.
Vers 25/26	sehnsüchtig, erinnernd	Er denkt an die Menschen, die ihm wichtig sind.
Vers 27/28	Freude	Alle freuen sich mit und für ihn.
Vers 37 – 39	angekommen sein	Er denkt an seinen idealen Lebensabend.
Vers 40	Vorfreude	Er freut sich darauf, wünscht sich, es wäre später wirklich so.

Seite 66

11. a) Das „Haus am See“ ist für das lyrische Ich der ideale Wohnort. Es ist das Symbol für Glück und Zufriedenheit im Alter. Von dort aus kann auf ein letzten Endes erfolgreiches Leben zurückgeblickt werden.
    b) Der Zuhörer soll motiviert werden, sich mit seiner eigenen Idealvorstellung des Lebens auseinanderzusetzen. Er soll daran erinnert werden, wofür er „das alles“ (Arbeit, Ängste, Stress, ...) macht.
    c) Ich finde die Vorstellung des „Haus(es) am See“ schön. Ich finde die Vorstellung romantisch, am Ende meines Lebens alle lieben Menschen um mich herum zu haben und auf ein erfülltes und glückliches Leben zurückblicken zu können. Es erinnert mich daran, dass sich wohl jeder Mensch wünscht, am Ende einfach nur glücklich zu sein.

12. Zusammenfassend bin ich der Meinung, dass Peter Fox mit seinem Lied aussagen möchte, dass sich jeder wünscht, anzukommen. Das mache ich daran fest, dass er immer wieder die Vorstellung des idealen Wohnortes wiederholt. Das „Haus am See“ wird durch Wiederholung stark betont. Alle Refrains beginnen mit „und“. Deshalb habe ich den Eindruck, dass er darauf hinweist, dass, egal was passiert im Leben, am Ende alles gut wird und das „Haus am See“ auf ihn wartet.
Ich denke, dass das Lied deshalb so erfolgreich gewesen ist, weil sich die Menschen mit dieser Zukunftsvision identifizieren können. Meine Klassenkameraden und ich sind gerade in unserem letzten Realschuljahr. Wir machen in diesem Jahr unseren Abschluss und überlegen zum ersten Mal in unserem Leben wirklich, in welche Richtung wir nach dem Realschulabschluss gehen wollen. Wir haben oft im Unterricht darüber gesprochen, was wir uns für unsere Zukunft vorstellen und was uns glücklich machen würde. Viele von uns wissen die Antwort noch nicht so genau. Wie das lyrische Ich in diesem Lied, müssen wir das „Auf und Ab“ erleben. Es wird schöne Momente geben, aber auch ganz fürchterliche. Auch für uns ist es wichtig, am Ende daran zu glauben, dass alles gut wird. Es hat sich gezeigt, dass für viele auch zum Glück gehört, eine Familie zu haben, Kinder und ein eigenes Haus zu besitzen. Ich glaube, viele wären mit einem Lebensweg, wie er hier aufgezeigt wird, sehr, sehr glücklich. Ich wäre es auf jeden Fall.
Da Peter Fox in der letzten Strophe davon spricht, an diesem Ort geboren zu sein und sterben zu wollen, kann ich mir sogar vorstellen, dass das lyrische Ich schlussendlich nach Hause zurückkehrt, nachdem es in der Fremde sein Lebensglück geschmiedet hat und dann letztendlich doch da glücklich wird, von wo aus es am Anfang des Liedes gelangweilt und perspektivlos wegzog. Auch das ist ein schöner Gedanke. Ich denke, dass in jedem Mensch der Wunsch nach Harmonie und der Aussöhnung mit der eigenen Herkunft liegt. Auch das ist realistisch, finde ich. Ich jedenfalls könnte nicht wirklich glücklich sein, wenn ich mich mit mir wichtigen Menschen im Streit befinden würde.

Seite 67

13. Schreibplan / Mögliche Lösung:

Schreibplan

Einleitung:

a) Vorstellung des Textes und Zusammenfassung (bereits erledigt, Teilaufgabe 1 + 2)

Hauptteil:

b) Wie wirkt der Mensch in dem Lied auf mich? (bereits erledigt: Teilaufgabe 4)
Verwendete sprachliche Mittel hierfür: (vgl. Teilaufgabe 4 und 5)

c) Warum wurde die Ich-Perspektive gewählt? (bereits erledigt: Teilaufgabe 5)

Schluss:

d) Persönliche Stellungnahme mit Begründung

14. (siehe auch Aufgabe 6)

In dem Songtext „Haus am See" von Peter Fox aus dem Jahr 2008 geht es um eine Lebensvision. Das Lied beschreibt die Lebensvorstellung eines Mannes, der mit seinem momentanen Leben unzufrieden ist. Er stellt sich vor, dass er fortgeht, um sein Glück zu machen – und es am Ende auch zu finden.

Wer hat sich noch nicht vorgestellt, wie sein Leben aussehen soll, wenn man einmal alt ist? Dieser Liedtext handelt von so einem Lebenstraum. Das lyrische Ich, ein Mann, lebt in einer Welt, in der es alles kennt und die es langweilig findet. Es wünscht sich, fortzugehen und stellt sich vor, wie es „seine Welt" hinter sich zurücklässt. Vorfreude auf das, was kommt, erfüllt es, weil es der Meinung ist, dass sich ihm ganz neue Chancen und Gelegenheiten bieten werden. Es möchte diese Gelegenheiten nutzen und lässt sich in Richtung seines neuen Lebensabschnittes treiben. Das lyrische Ich möchte irgendwo in der Ferne neu anfangen. Es weiß, dass es nicht immer leicht wird und dass ihm sowohl Gutes als auch Schlechtes widerfahren wird. Dennoch ist es sicher, dass es sein neues Leben genießen wird, um am Ende reich und glücklich zu sein. Das ist der Moment, in dem es sich auf früher besinnt: Es erinnert sich der Menschen, die ihm wichtig sind. Es lädt sie zu sich ein und feiert ein großes Fest mit allen Menschen, die ihm etwas bedeuten. In seiner Vorstellung freuen sich alle seine alten Freunde und Verwandten mit ihm und feiern mit ihm zusammen sein Glück und seinen Erfolg. Der Ort der Feier ist sein „Haus am See" – ein wunderschönes Anwesen, das groß genug ist, um viele Menschen zu beherbergen. Dort lebt es zusammen mit einer schönen Frau, seinen Kindern und später seinen Enkelkindern. In seiner Vorstellung ist dieser Ort so anziehend, dass alle ihn besuchen und es diesen Ort nicht verlassen muss.

Diese Vorstellung gefällt dem lyrischen Ich so sehr, dass es sich beinahe wünscht, dies jetzt schon erleben zu können. Es findet die Vorstellung schön, dass sein Leben auf diese Weise im „Haus am See" enden könnte.

Auf mich wirkt die Person des lyrischen Ichs zunächst rastlos und unruhig. Der Handelnde verspürt einen starken Impuls wegzugehen und Neues zu entdecken. Ich denke, dass es ein Stück weit normal ist, sich so zu fühlen. Ich weiß von vielen Freunden von mir, dass sie davon träumen, in eine große Stadt zu ziehen oder einfach spannende Sachen zu erleben. Auch sie haben das Gefühl, alles zu kennen in ihrer Heimatstadt und wollen neuen Input. Da ich mich mit diesen Gedanken identifizieren kann, nehme ich an, dass der Mann in dem Lied auch jung ist und sein Leben noch vor sich hat.

Er ist voll von Träumen, Idealismus und Zuversicht, dass sein Leben trotz aller Rückschläge letzten Endes positiv endet. Gerade diese Zuversicht macht ihn in meinen Augen sehr sympathisch.

Mithilfe der vom Verfasser verwendeten sprachlichen Mittel lassen sich meine Gedanken verdeutlichen. In Vers 2 benutzt der Verfasser des Liedes die Wiederholung des Wortes „jede" („jedes Haus ... jeden Laden"), in Vers 3 betont er noch einmal, dass er „jede Taube" kennt. Dieses Stilmittel verwendet er, um zu zeigen, dass er in seinem Heimatort wirklich alles kennt. „Schick" und „schnell" (Vers 4) ist in Verbindung eine Alliteration. Mit ihr wird die Geschwindigkeit verdeutlicht, mit der die handelnde Person ihr Zuhause verlässt. Unterstrichen wird dies durch die Metapher „alles fliegt vorbei" in Vers 5.

Das lyrische Ich bewegt sich auf eine Welt zu, die auf es „wartet" (Vers 8). Es gibt also genug Chancen in der Welt, die es lediglich nutzen muss. Nach seinen anfänglichen Zweifeln tut es das schließlich auch: „Schließ' die Augen und lauf einfach geradeaus" (Paradoxon / Vers 12). Zu diesem Zeitpunkt wissen wir lediglich, dass sich das lyrische Ich von Zuhause wegbewegt und ein neues Leben beginnt. Erst in Strophe zwei erfahren wir mehr: „Alles gewinnen ... alles verlieren" (Anapher, Vers 19/20) – sein Leben geht auf und ab, bis es „vom Glück verfolgt" (Personifikation, Vers 23) und den „Taschen voll Gold" (Metapher, Vers 24) heimkehrt. Es gibt ein großes Fest und lädt Verwandte und „alte Vögel" (Metapher, Vers 25) ein. „Alte Vögel" ist ein Kosewort für richtig gute Freunde – man kann also erahnen, dass es wirklich etwas zu feiern gibt. Es hat es geschafft und ist am Ziel. Das Ziel ist das „Haus am See", welches dem Lied auch seinen Titel gibt. Die Formulierung ist zwar eigentlich kein sprachliches Mittel, aber hier kann man es durchaus als Symbol des Lebenstraumes verstehen.

Zusammenfassend bin ich der Meinung, dass Peter Fox mit seinem Lied aussagen möchte, dass sich jeder wünscht, anzukommen. Das mache ich daran fest, dass er immer wieder die Vorstellung des idealen Wohnortes wiederholt. Das „Haus am See" wird durch Wiederholung stark betont. Alle Refrains beginnen mit dem Wort „und". Deshalb habe ich den Eindruck, dass er darauf hinweist, dass egal was passiert im Leben, am Ende alles gut wird und das „Haus am See" auf ihn wartet.

Der Sprechende im Text ist das lyrische Ich, im Lied wird also durchgängig die Ich-Perspektive gewählt. Das bedeutet, es geht um ihn. Um SEIN Leben, SEINE Zukunft, um SEINE Gedanken und Träume. Ich denke, dass das lyrische Ich ein Mann ist, da es von Frau und Kindern spricht. Ebenso denke ich, dass es relativ jung ist, da es sein Leben noch vor sich zu haben scheint. Ich bin der Meinung, dass der Verfasser weiß, dass sich viele Zuhörer mit dem Liedtext und den darin verwendeten Gedanken identifizieren können. Das wird nicht nur mir und meinen Freunden so gehen. Insofern ist die Perspektive des lyrischen Ichs für einen Song eigentlich gut gewählt, da jeder, der den Song hört und im Kopf oder laut mitsingt, das Gefühl hat, es

ginge um „sein Haus am See". Das macht den Menschen Spaß und macht sie ein Stück weit glücklich.
Ich glaube, das Lied ist deshalb so erfolgreich gewesen, weil es die Sehnsüchte der Menschen anspricht. Jeder, der dieses Lied mitsingt, spricht damit automatisch von sich selbst und die Menschen können sich mit der dargestellten Zukunftsvision identifizieren. Meine Klassenkameraden und ich sind gerade in unserem letzten Realschuljahr. Wir machen in diesem Jahr unseren Abschluss und überlegen zum ersten Mal in unserem Leben wirklich, in welche Richtung wir nach dem Realschulabschluss gehen wollen. Wir haben oft im Unterricht darüber gesprochen, was wir uns für unsere Zukunft vorstellen und was und glücklich machen würde. Viele von uns wissen die Antwort noch nicht so genau. Wie das lyrische Ich in diesem Lied, müssen wir das „Auf und Ab" erleben. Es wird schöne Momente geben, aber auch ganz fürchterliche. Auch für uns ist es wichtig, am Ende daran zu glauben, dass alles gut wird. Es hat sich gezeigt, dass für viele auch zum Glück gehört, eine Familie zu haben, Kinder und ein eigenes Haus zu besitzen. Ich glaube, viele wären mit einem Lebensweg, wie er hier aufgezeigt wird, sehr, sehr glücklich. Ich wäre es auf jeden Fall. Da Peter Fox in der letzten Strophe davon spricht, an diesem Ort geboren zu sein und dort auch sterben zu wollen, kann ich mir sogar vorstellen, dass das lyrische Ich schlussendlich nach Hause zurückkehrt, nachdem es in der Fremde sein Lebensglück geschmiedet hat und dann letztendlich doch da glücklich wird, von wo aus es am Anfang des Liedes noch gelangweilt und perspektivlos wegzog. Auch das ist ein schöner Gedanke. Ich denke, dass in jedem Menschen der Wunsch nach Harmonie und der Aussöhnung mit der eigenen Herkunft liegt. Auch das ist realistisch, finde ich. Ich jedenfalls könnte nicht wirklich glücklich sein, wenn ich mich mit mir wichtigen Menschen im Streit befinden würde.

C Angeleitete Prüfungsaufgaben

C 1 Prüfungsbeispiel: Konsum

Seite 70
Aufgabe 1
In dem YouTube-Beitrag geht es um den 26-jährigen Marius Diab aus München, der seit mehr als einem Jahr im Konsumstreik lebt, um so gegen unsere Wegwerfgesellschaft zu protestieren.
Marius Diab wohnt derzeit in einer selbstgebauten Jurte im Garten der Universität München. Anstatt Lebensmittel in Supermärkten einzukaufen bekommt er von einem veganen Supermarkt abgelaufene Produkte geschenkt, die er mit anderen teilt. Außerdem steigt er nachts (verbotenerweise) in die Müllcontainer von Supermärkten, um dort nach Essbarem zu suchen. So will er gegen das unnötige Wegwerfen von Lebensmitteln protestieren.

Aufgabe 2
Richtig ist die Aussage d).

Aufgabe 3
Mit dem Begriff „Wegwerfgesellschaft" ist eine Gesellschaft gemeint, die hauptsächlich durch schnellen Konsum und den verschwenderischen Umgang mit natürlichen Ressourcen gekennzeichnet ist.

Seite 71
Aufgabe 4
Mit dem Begriff „konsumfreies Leben" ist eine Lebensweise gemeint, bei der man kein Geld ausgibt, um seinen Lebensunterhalt zu bestreiten. Stattdessen versucht man, Lebensmittel und andere benötigte Produkte selbst anzubauen oder herzustellen oder zu tauschen.

Aufgabe 5
Marius Diab weiß noch nicht genau, wie sein Leben künftig aussehen wird und ob er weiterhin im Konsumstreik leben wird. Er wird immer wieder neu überlegen, ob seine Lebensweise für ihn noch Sinn macht und ob es ihm noch gut damit geht, dann wird er entsprechend entscheiden.

Seite 72
Aufgabe 1
In dem Zeitungsartikel „Ab Montag leben wir auf Öko-Pump" geht es um die natürlich verfügbaren Ressourcen unserer Erde, die für das Jahr 2016 bereits im August von den Menschen aufgebraucht waren. Erläutert werden dabei die Ursachen und Folgen dieses Problems.

Aufgabe 2
Ursachen:
Wir Menschen nehmen auf Umwelt und Klima wenig Rücksicht, indem wir mehr Fische aus den Ozeanen fangen, als natürlich nachwachsen, zu viele Wälder abholzen und durch Industrie und Verkehr zu viel Kohlenstoffdioxid produzieren.
Folgen:
Rückgang der biologischen Vielfalt, Wassermangel, Meeresverschmutzung und der Klimawandel, der zu mehr Überschwemmungen und Dürre führt.

Seite 73
Aufgabe 3
Richtige Aussage:
A Die Menschen nutzen mehr natürliche Ressourcen als die Erde uns zur Verfügung stellt.

Aufgabe 4
Die Überschrift könnte auch „Die nächste Erde, bitte!" lauten. Seit über 40 Jahren nutzen wir Menschen mehr natürliche Ressourcen, als die Erde uns zur Verfügung stellen kann. Wenn wir so weitermachen, bleibt für uns und unsere Nachkommen nichts mehr übrig.

Seite 76
Lösungshilfen zum Wahlteil A
1. Wir Menschen nutzen seit über 40 Jahren mehr natürliche Ressourcen, als die Erde uns zur Verfügung stellen kann. Machen wir so weiter, bleibt für unsere Nachkommen nicht mehr viel übrig.

2. Überfischung: Meere werden leer gefischt; zu viele Bäume werden gefällt und Wälder platt gemacht; durch Autos, Flugzeuge und andere Verkehrsmittel, aber auch durch die Industrie wird zu viel Kohlenstoffdioxid produziert.

3. - Klamotten länger tragen, sich bewusst überlegen, ob man wirklich etwas Neues braucht
   - es müssen nicht unbedingt Markenklamotten sein
   - im Secondhand-Laden einkaufen
   - auf fairen Handel achten und sich bei den Herstellern nach den Produktionsbedingungen erkundigen
   - Smartphones länger benutzen, nicht sofort das allerneueste Modell haben wollen
   - noch funktionierende Handys verschenken und nicht wegwerfen
   - auch mal kritisch über Werbung nachdenken
   - öfter mit dem Fahrrad fahren und sich nicht immer von den Eltern mit dem Auto bringen lassen

Seite 77
4. Werbung spielt in unserer Konsumgesellschaft eine große Rolle, denn sie soll uns zum Kaufen verleiten. Sie beeinflusst unser Konsumverhalten mit raffinierten Tricks und möchte uns jeden Tag davon überzeugen, dass wir immer mehr Dinge brauchen, vor allem immer die neuesten Modelle, um glücklich zu sein.

5. Möglicher Schreibplan zum Wahlteil A:

Schreibplan

<u>Überschrift</u>
<u>Einleitung</u>:
a) Erklärung: Was bedeutet „Leben auf Öko-Pump"?

<u>Hauptteil:</u>
b) Ursachen und Folgen des Problems erläutern
c) Rolle des eigenen Konsumverhaltens beleuchten
d) Bedeutung der Werbung einbeziehen

<u>Schluss:</u>
e) Persönliche Stellungnahme/Konsequenzen für das eigene Verhalten herleiten

6. Möglicher Schülertext zum Wahlteil A:
Die nächste Erde bitte – Leben auf Öko-Pump
Auch im Jahr 2016 leben wir Menschen wieder auf Öko-Pump. Das bedeutet, dass wir bereits im August mehr natürliche Ressourcen genutzt haben, als uns die Erde für dieses Jahr zur Verfügung stellen kann. Das bedeutet wiederum, dass unsere Erde für uns und unser Verhalten eigentlich zu klein ist, denn wir leben über unsere Verhältnisse. Zum Beispiel fangen wir mehr Fische aus den Ozeanen, als natürlich nachwachsen können, wir holzen zu viele Wälder ab und produzieren durch Industrie und Verkehr einfach zu viel Kohlenstoffdioxid. Und die Folgen sind schlimm, denn das Wasser könnte knapp werden und die Meere noch stärker verschmutzen. Eine weitere Folge ist der Klimawandel, der wiederum in bestimmten Bereichen der Erde zu Überschwemmungen oder Dürre führt. Aber auch die biologische Artenvielfalt geht stark zurück.
Stellt man sich die Frage, inwiefern wir Menschen in Deutschland in Bezug auf diese Problematik eine Rolle spielen, so müssen wir zugeben, dass wir mit unserem Konsumverhalten sehr viel zu den oben genannten Entwicklungen beitragen: Wir können zu jeder Zeit frisches Obst und Gemüse kaufen, mit dem Flugzeug schnell in den Kurzurlaub fliegen, immer die aktuellste Markenkleidung tragen und ein tolles Handy besitzen die meisten auch. Und unsere Wunschliste ist noch viel länger. Das hat Auswirkungen, über die wir nicht täglich nachdenken. Medien und Werbung spielen dabei eine große Rolle, denn sie sollen uns zum Kaufen verleiten. Mit raffinierten Tricks beeinflussen sie unser Konsumverhalten und möchten uns davon überzeugen, dass wir immer mehr Dinge brauchen, vor allem ständig die neuesten Sachen, um glücklich zu sein.
Doch was würde passieren, wenn alle 7,4 Milliarden Menschen der Erde so leben wollten wie wir in Deutschland? Das wäre gar nicht möglich, da die Erde dafür nicht genügend Kapazitäten hat und wir drei Erden benötigen würden. Somit müssen wir ehrlich zugeben, dass unser Konsumverhalten und Lebensstil zum einen zu Lasten der Umwelt geht, zum anderen nur möglich ist, da wir in Kauf nehmen, dass zukünftige Generationen, aber auch Menschen in ärmeren Teilen der Welt mit weniger auskommen müssen.
Wollen wir das? Die Antwort muss jeder für sich finden und seinen eigenen Beitrag zur Lösung des Problems leisten. Beispielsweise könnte man darauf achten, ökologische und fair gehandelte Produkte zu kaufen. Des Weiteren wäre es sinnvoll, Obst und Gemüse selbst anzubauen oder bei Erzeugern vor Ort zu kaufen.
Mir sind auf jeden Fall die Augen geöffnet worden und ich werde in Zukunft ganz genau überlegen, was und wieviel ich wirklich einkaufen muss und welche Dinge auch genauso gut mit anderen geteilt oder getauscht werden können.

Seite 78
Lösungshilfen zum Wahlteil B
Mögliche Schülerlösung:
1. Konsumverhalten der Gesellschaft:
   Nahrung: viel Fleisch, frisches Obst, Gemüse, Süßigkeiten, Fastfood; Wohnen mit Gas und Strom; gute Kleidung (Markenklamotten); Auto, Bus, Bahn, Flugzeug; Sport, Handy, PC, ...

Eigener Lebensstil: Handy, Sport, mit Freunden treffen, Shoppen, Computer, ...

2. Konsum kann übermäßig werden, das heißt man kauft immer mehr und ist noch nicht zufrieden. Es gibt auch Menschen, die sogar kaufsüchtig sind und Schulden machen, um dann lauter Dinge zu besitzen, die sie eigentlich gar nicht brauchen und sich auch nicht leisten können.

3. Petra Mönter beschreibt in ihrem Gedicht „Konsum", dass es zwar sehr reizvoll ist, in der heutigen Zeit zu leben, in der man sich alles kaufen kann. Jedoch macht Konsum nicht unbedingt glücklich, sondern kann dazu führen, dass die Menschen immer mehr kaufen wollen und am Ende dennoch unzufrieden sind. Das lyrische Ich träumt von früheren glücklichen Zeiten, in denen die Menschen ohne Geld gelebt und sich selbst versorgt haben.
Doch dahin gibt es kein Zurück!

4. Das lyrische Ich träumt von einer Welt, die nicht vom Konsum bestimmt wird. Eine Welt ohne Geld, in der man von dem lebt, was man selbst anbaut und erntet. Das führt dann zu einem Leben, in dem man weniger braucht, vieles selber macht und zufrieden und glücklich lebt.

5. Möglicher Schreibplan zum Wahlteil B:

Schreibplan

Einleitung:
a) Gedicht vorstellen/Kernaussage zusammenfassen

Hauptteil:
b) Den „Traum von einer besseren Welt" des lyrischen Ichs erklären und über den eigenen Lebensstil nachdenken
d) Aussage „Jetzt ist es zu spät!" erläutern

Schluss:
c) Persönliche Stellungnahme

6. Möglicher Schülertext zum Wahlteil B:
Im Deutschunterricht haben wir uns mit dem Gedicht „Konsum" von Petra Mönter befasst, das mich sehr beeindruckt und zum Nachdenken gebracht hat. Die Autorin beschreibt in ihrem Gedicht, dass es auf der einen Seite sehr reizvoll ist, in der heutigen Zeit zu leben, denn man kann sich so ziemlich alles kaufen, was das Herz begehrt. Auf der anderen Seite wird deutlich, dass Konsum nicht nur glücklich macht, sondern auch dazu führen kann, dass man immer mehr kaufen möchte und am Ende doch unzufrieden ist. Das Gedicht endet mit der Beschreibung eines Traumes von glücklichen Zeiten, wie es sie früher gab. Zeiten, in denen die Menschen sich selbst versorgt haben und auch ohne Geld zufrieden waren. Doch diese Zeiten sind leider vorbei.
Eigentlich habe ich bis heute nicht wirklich über mein Konsumverhalten nachgedacht. Bestimmte Dinge sind für mich immer selbstverständlich gewesen. Bei uns zu Hause gibt es fast jeden Tag frisches Obst und auch Fleisch. Zum Geburtstag habe ich ein neues iPhone bekommen und ich spare gerade für einen Elektroroller. Am Wochenende, wenn wir mal wieder Lust auf Fastfood haben, gehe ich mit meinen Freunden zu McDonald's.
Auch habe ich mir bisher keine Gedanken darüber gemacht, wo meine Klamotten hergestellt werden, z. B., dass sie in China produziert wurden, und schon um die halbe Erde gereist sind. Jedoch hat mich das Gedicht von Petra Mönter sehr zum Nachdenken gebracht. Brauche ich wirklich all die Sachen, die in meinem Kleiderschrank hängen? Müssen es immer Markenklamotten sein? Produziere ich als Fastfood-Junkie zu viel Müll? Wollen wir diesen Konsumwahn? Das Gedicht endet mit der Aussage: „Jetzt ist es zu spät!". Vielleicht meint Petra Mönter damit, dass wir unseren Konsum nicht zurückschrauben können. Doch ich habe mir fest vorgenommen, mein Konsumverhalten zu überdenken und in Zukunft bewusster einzukaufen. Falls ihr in nächster Zeit euer Kosumverhalten auch einmal kritisch unter die Lupe nehmen und vielleicht sogar nachhaltig ändern wollt, hätte ich da ein paar Vorschläge, wie man an die Sache herangehen könnte:
Fragt euch bei jedem Kauf ganz ehrlich, warum ihr etwas kaufen wollt und ob ihr das auch wirklich braucht. Vielleicht gibt es ja stattdessen auch die Möglichkeit, etwas mit jemandem zu teilen oder zu tauschen. Ein weiterer Vorschlag wäre, genau zu recherchieren, ob es sich um ökologische und fair gehandelte Produkte handelt. Viele Lebensmittel können auch bei Erzeugern vor Ort gekauft werden und müssen nicht um die halbe Erdkugel geflogen werden. Ich werde demnächst auf jeden Fall die Äpfel essen, die mein Opa aus seinem Garten erntet, auch wenn sie nicht so schön aussehen und etwas sauer schmecken. Des Weiteren könnte man abwägen, wann man mit dem Auto fahren oder gebracht werden muss und wann es stattdessen auch möglich ist, das Fahrrad zu nutzen. Es gibt sicherlich noch viele weitere sinnvolle Tipps und jeder von uns muss für sich entscheiden, inwieweit Konsum notwendig ist, glücklich macht oder aber nur auf Kosten anderer Menschen auf unserem Planeten möglich ist.

C 2 Prüfungsbeispiel: Krisen in der Jugendzeit

Seite 80

Aufgabe 1
Die Hauptperson der Kurzgeschichte sitzt tagelang in ihrem verschlossenen Zimmer im Bett und träumt sich in eine Fantasiewelt hinein. Sie will nichts mit dem Alltag draußen zu tun haben und lehnt jede noch so kleine Tätigkeit ab, um die die Mutter vor der Tür sie bittet.

Aufgabe 2
Das Bett ist für die Hauptperson ein Floß oder ein Schiff, auf dem sie im Meer dahintreibt, umgeben von Haien unter ihr und dem Himmel und den Sternen über ihr. Das Bett ist ein sicherer Ort in ihrer wilden Fantasiewelt. Dort fühlt sie sich sicher und geborgen.

Aufgabe 3
Früher war die Hauptperson der Kurzgeschichte ausgesprochen lebhaft und hat alles Mögliche unternommen.

Keine Aufgabe war vor ihr sicher, außerdem ging sie zahlreichen Hobbys nach, z. B. dem Zeichnen, Voltigieren, Fechten oder Tanzen. Bei keiner Tätigkeit sah man ihr Mühe an. Jetzt hat sie zu all dem keine Lust mehr. Sie fühlt sich unmotiviert und schlapp.

Aufgabe 4
Ich könnte mir vorstellen, dass sich die Interessen der Person einfach verändert haben. Das, was ihr als Kind Spaß machte, macht nun keinen Spaß mehr. Es könnte auch ein Problem vorliegen, das sie bedrückt, wie zum Beispiel Liebeskummer oder Stress mit den Eltern. Vielleicht mag sie ihre Mutter auch gar nicht – weil diese sie früher schlecht behandelt hat und das der Hauptperson nun bewusst wird.

Seite 81
Aufgabe 5
Das Bild zeigt ein Mädchen, das durch seine Körperhaltung deutlich macht, dass es im Moment verzweifelt ist und nicht weiter weiß. Sie scheint ein Problem zu haben, für das sie keine Lösung weiß. Vielleicht fühlt sie sich von ihrer Umwelt, insbesondere von ihren Eltern unverstanden.

Aufgabe 6
In der Jugendzeit denkt man oft, man wird nicht verstanden, viele Dinge wachsen einem über den Kopf.
Oft kommt es einem auch so vor, als würden einem die Eltern nicht zuhören. Ich glaube, das ist so, weil sie immer noch denken, dass man ein Kind sei, dabei ist man auf dem Weg, erwachsen zu werden und macht sich viele Gedanken, von denen die Eltern nichts ahnen.
Wenn das so ist, fühlt man sich sehr allein – auch wenn die Eltern sich Mühe geben, zuzuhören.

Seite 82
Aufgabe 7
Eine Krise ist eine Situation, die sich sehr schlimm anfühlt. Manchmal geschieht so etwas ganz plötzlich, manchmal merkt man, wie alles schlimmer wird. Egal, wie viel man nachdenkt: Eine Lösung des Problems ist nicht in Sicht. Viele Gefühle stürmen auf einen ein und man kann das kaum aushalten. Erst wenn man Hilfe bekommt oder sich traut, andere Wege zu gehen, findet man einen Ausweg.

Aufgabe 8
Das Wort „Krise“ ist ursprünglich griechisch und bedeutet Entscheidung. Meiner Meinung nach haben die Wörter miteinander zu tun, weil eine Krise beinhaltet, dass man nicht mehr weiß, was man tun soll. Man ist nicht fähig, eine Entscheidung zu sehen oder zu treffen.
Ist eine wichtige Entscheidung erst einmal getroffen, offenbart sich oft schon das Licht am Ende des Tunnels.

Seite 84
Lösungshilfen zum Wahlteil A

1.
   - müde und genervt
   - zu nichts Lust
   - andere Interessen
   - neue Probleme
   - man fühlt sich unverstanden, ist oft traurig

Seite 85

2. Mögliche Unterstreichungen:
   Die „normalen“, d. h. notwendigen Prozesse der Selbstwerdung und Selbstfindung im Jugendalter sind an sich schon als eine Lebenskrise zu verstehen. Es ist eine Krise, die die zentralen Bereiche des Menschen, die Persönlichkeit oder das Selbst, zu ihrem Thema hat. Eine Krise ist als ein Prozess zu verstehen, der sich langsam oder schnell zuspitzt. Alle Methoden und Strategien, ein Problem zu bewältigen, haben versagt oder versagen. Es kommt zu einer Ansammlung, einer Ballung verschiedener Gefühle, die als spannungsreich und unerträglich empfunden werden. Jeder Mensch erlebt solche Prozesse im Laufe der Entwicklung. Er wird dadurch gezwungen, Altes aufzugeben, da es nicht mehr weiterhilft, und neue Möglichkeiten in sich selbst und in seiner Umwelt zu entwickeln und einzusetzen.
   Ursprünglich bedeutet der aus dem griechischen kommende Begriff „Krise“ „Entscheidung“.
   Eine Krisenzeit ist eine Zeit großer Labilität, aber auch großer Offenheit für Neues, eine Zeit großer Wandlungsfähigkeit, aber auch erhöhter Anfälligkeit, Verletzlichkeit und Kränkbarkeit. Sie beinhaltet sowohl entwicklungsfördernde Momente – ist insofern ein kreativer Prozess – als auch zerstörerische oder selbstzerstörerische Tendenzen.

   Mögliche Formulierung:
   Eine Krise ist eine Situation, die sich sehr schlimm anfühlt. Manchmal geschieht so etwas ganz plötzlich, manchmal merkt man, wie alles schlimmer wird. Egal, wie viel man nachdenkt: Eine Lösung des Problems ist nicht in Sicht. Viele Gefühle stürmen auf einen ein und man kann das kaum aushalten. Erst wenn man Hilfe bekommt oder sich traut, andere Wege zu gehen, findet man einen Ausweg.

3.
   - Netzwerkpartner der Eltern können zwischen Eltern und Kindern vermitteln.
   - Eltern können ihrem Kind als Vorbild dienen, Kontakte aufzubauen und zu pflegen.
   - Haben die Eltern viele soziale Kontakte, haben die Kinder viele Vorbilder.

4. Möglicher Schreibplan zum Wahlteil A:

Schreibplan zum Wahlteil A

Einleitung:
a) Begrüßung des Publikums (Eltern), warum halte ich den Vortrag, was möchte ich?
Liebe Eltern, ich freue mich, dass Sie heute Abend alle in unsere Aula gekommen sind. Ich als Schulsprecher stehe heute hier, weil ich Ihnen verdeutlichen möchte, wie wichtig Sie für Ihr Kind, für uns Kinder, sind.

Hauptteil:
b) Gefühle von Jugendlichen in Krisensituationen:
- fühlen sich unverstanden
- sind genervt
- haben es nicht leicht mit sich
- wollen nicht aufstehen
- auf nichts Lust
- Liebeskummer

c) Definition „Krise“:
Von einer Krise spricht man, wenn:
- kommt plötzlich
- man ist überfordert
- man weiß nicht, was man tun soll
- ...

d) Eltern haben für Kinder eine Vorbildfunktion, weil:
1. Netzwerkpartner der Eltern können zwischen Eltern und Kindern vermitteln.
2. Eltern können ihrem Kind als Vorbild dienen, Kontakte aufzubauen und zu pflegen.
3. Durch zahlreiche soziale Kontakte der Eltern haben die Kinder viele Vorbilder.

Schluss:
e) Appell an die Eltern

Seite 86

5. Möglicher Schülertext zum Wahlteil A:

Liebe Eltern,
ich freue mich, dass Sie heute Abend alle in unsere Aula gekommen sind. Ich als Schulsprecher stehe heute hier, weil ich Ihnen verdeutlichen möchte, wie wichtig Sie für Ihr Kind, für uns Kinder, sind.
Die Zeit der Pubertät stellt uns Jugendliche vor ganz besondere Herausforderungen. Wir haben es nicht leicht – und Sie haben es nicht leicht mit uns. Körperlich verändern wir uns. Und auch seelisch ist es in dieser Zeit für uns schwer. Jeder in unserem Alter kennt es: Man ist so müde, dass man morgens kaum aufstehen möchte. Und danach wird es auch nicht viel besser. Oft schleppen wir uns lustlos zur Schule, haben keine Lust und sind froh, wenn wir wieder zuhause in unserem Zimmer sind. Freunde sind in der Zeit wichtig. Mit ihnen verbringen wir unsere Zeit am allerliebsten – und Sie, liebe Eltern, nerven uns oft.
Wir haben Liebeskummer, Bauchschmerzen wegen der Schule. All das vergeht und gehört zum Leben dazu.
Von einer ausgewachsenen Krise aber spricht man, wenn man plötzlich vor einer Situation steht, die einen vollkommen überfordert. Sie kann ganz plötzlich kommen oder sich schleichend anbahnen – auf jeden Fall wissen Jugendliche in dieser Zeit kaum, wie es weitergehen soll. Man braucht neue Ideen, neue Wege, neue Lösungen – aber wie? Immerhin fühlt man sich so, als würde einen niemand verstehen und keiner einem richtig zuhören.
Wie gut, dass wir unsere Freunde haben – und wie wichtig sie für uns sind. Aber auch Ihnen, liebe Eltern, kommt eine nicht unerhebliche Vorbildfunktion zu. Gerne möchte ich Ihnen aufzeigen, wie Sie ihr Kind, sollte es eine schwere Zeit erleben, unterstützen können.
Ich sprach von Freunden, die ihr Kind in so einer Zeit dringend benötigt. Ja, dabei lernt Ihr Kind von Ihnen. Haben Sie einen Freundeskreis, lernt auch Ihr Kind, Freundschaften zu schließen und zu führen.
Ihre Freunde können wichtig sein – oft gibt es Situationen, in denen Eltern und Kinder nicht wirklich miteinander reden können. Wie gut, wenn stattdessen einer Ihrer Bekannten als Vermittler zur Verfügung stehen kann.
Wir brauchen Vorbilder, nach denen wir uns richten können. Seien Sie unser Vorbild – oder holen Sie Menschen in Ihr und damit auch unser Leben, die wir gerne als Vorbilder akzeptieren und deren Lösungen wir gerne übernehmen.
Ich würde mir wünschen, dass es Ihnen wichtig ist, für Ihr Kind einen sozialen Hintergrund zu schaffen, in dem es sich aufgehoben fühlt und in dem Ihr Kind immer einen Ansprechpartner hat.
Danke!

Lösungshilfen zum Wahlteil B

1. Die Person fühlt sich von der Welt nicht verstanden. Niemand versteht das, was sie sagt und sie selber hat das Gefühl, sie verstehe die Welt nicht. Sie will nur alleine sein, mit niemandem reden und am liebsten die Welt aussperren. Sie hat gerade so viele Probleme mit sich und der Welt, sie braucht nicht auch noch die Eltern und die Schule, die neue Probleme machen.

2. In dem Gedicht „pass auf“ von Wolfgang Reus geht es darum, während der Jugendzeit bestimmte Dinge zu beherzigen. In den ersten Strophen wird z.B. darauf verwiesen, dass man darauf aufpassen solle, was für Freunde man habe, wie sie sich verhalten und welche Einstellungen sie verkörpern. Es geht auch darum, die Welt zu schützen und sie zu erhalten. Ebenso geht es darum, die Ziele der Menschen um sich herum zu erkennen und mit den eigenen Zielen abzugleichen. Grundsätzlich ist es wichtig, sich selber treu zu bleiben.

3.

Helfende Aussage	**Begründung, warum das für mich wichtig ist**
Pass auf, wer deine Freunde sind.	Ich habe Freunden Dinge erzählt und sie haben es weitererzählt.
Pass auf, zu wem sie stehen.	Manchmal sind den Freunden andere Menschen wichtiger als man selber. Wie bei Nina neulich.
Pass auf, wo deine Sehnsucht schlummert.	Man soll sich nicht von anderen reinreden lassen, sonst lebt man am Ende ein Leben, das man nicht mag.

Seite 87

4. Möglicher Schreibplan zum Wahlteil B:

Schreibplan zum Wahlteil B

Einleitung:
a) Gefühlslage (Informationen aus Text 1 und 2 entnommen), Ich-Form:
Früher war meine Welt so einfach, so rund. Jetzt verstehe ich die ganze Welt auf einmal nicht mehr – und sie mich nicht. Es scheint mir, als ob mir niemand richtig zuhört. Oft ist mir, als möchte ich weinen, weil ich mich so alleine fühle. In solchen Momenten bleibe ich am liebsten in meinem Zimmer, so wie jetzt. Ich hoffe, dass mich einfach niemand stört, während ich auf meinem Bett sitze und grübele oder träume. Dann sitze ich da und denke darüber nach, was ich den Tag lang gehört oder erlebt habe.

b) Inhalt des Gedichtes (kurz zusammengefasst):
In dem Gedicht „pass auf" von Wolfgang Reus geht es darum, während der Jugendzeit bestimmte Dinge zu beherzigen. In den ersten Strophen wird z. B. darauf verwiesen, dass man darauf aufpassen solle, was für Freunde man habe, wie sie sich verhalten und welche Einstellungen sie verkörpern. Es geht auch darum, die Welt zu schützen und sie zu erhalten. Ebenso geht es darum, die Ziele der Menschen um sich herum zu erkennen und mit den eigenen Zielen abzugleichen. Grundsätzlich ist es wichtig, sich selber treu zu bleiben.

c) Drei wichtige Kernaussagen des Gedichtes:
1. Pass auf, wer deine Freunde sind.
2. Pass auf, zu wem sie stehen.
3. Pass auf, wo deine Sehnsucht schlummert.

(Begründung nicht vergessen!)

<u>Schluss:</u>

d) Appell an mich:
Aber ich werde es schaffen!
Glaub an deine Träume und lebe sie!

5. Möglicher Schülertext zum Wahlteil B:
Alles scheint sich verändert zu haben. Früher war meine Welt so einfach, so rund. Jetzt verstehe ich die ganze Welt auf einmal nicht mehr – und sie mich nicht. Es scheint mir, als ob mir niemand richtig zuhört. Oft ist mir, als möchte ich weinen, weil ich mich so alleine fühle. In solchen Momenten bleibe ich am liebsten in meinem Zimmer, so wie jetzt. Ich hoffe, dass mich einfach niemand stört, während ich auf meinem Bett sitze und grübele oder träume. Dann sitze ich da und denke darüber nach, was ich den Tag lang gehört oder erlebt habe. Auch heute sitze ich hier und denke.
Immer wieder fällt mir das Gedicht „Pass auf" von Wolfgang Reus ein. Darin geht es um Freundschaft, um echte Freunde. Das Gedicht weist außerdem auf verschiedene andere Dinge im Leben hin, auf die man aufpassen sollte. In den ersten Strophen wird z. B. darauf verwiesen, dass man darauf aufpassen solle, was für Freunde man habe, wie sie sich verhalten und welche Einstellungen sie verkörpern. Es geht auch darum, die Welt zu schützen und sie zu erhalten. Ebenso geht es darum, die Ziele der Menschen um sich herum zu erkennen und mit den eigenen Zielen abzugleichen. Grundsätzlich ist es wichtig, sich selber treu zu bleiben.
Ich habe viel über das Gedicht nachgedacht. Drei Aspekte sind mir dabei vor allem ins Auge gesprungen. Da ist zum Beispiel der Punkt, dass man darauf aufpassen soll, wer die eigenen Freunde genau sind. Das finde ich wichtig, weil es mir in letzter Zeit oft passiert ist, dass ich einem Menschen vertraut habe und dann hat er gelogen oder einfach weitergesagt, was ich ihm im Vertrauen erzählt habe. Ich verstehe das nicht, warum man so etwas tut – aber es passiert immer wieder. Deshalb ist es wohl wichtig, dass ich selber aufpasse.
Das unterstützt auch der Satz „pass auf, zu wem sie stehen". Manchmal sind den Freunden nämlich andere Menschen wichtiger als man selbst. In der Situation mit Nina neulich hätte mir diese Erkenntnis geholfen. Ich hätte mir denken können, dass sie im Zweifelsfall eher zu Lucia hält und sich auf ihre Seite schlägt. Es war auch klar, dass sie Lucia alles erzählt, wenn sie es wissen will. Warum ich nicht schon vorher daran gedacht habe, weiß ich nicht. Aber ich werde versuchen, den Gedanken in Zukunft im Kopf zu behalten.
Schön und wichtig finde ich auch den Satz „pass auf, wo deine Sehnsucht schlummert". Ich verstehe das so, dass man sich immer gut überlegen soll, welche Ziele und Wünsche man selber hat und was für einen selber wichtig ist. Es ist wichtig, das eigene Leben so zu gestalten, wie man es selber möchte und wie es sich gut anfühlt. Meine Mutter z. B. hat immer so viele Ratschläge. Gerade jetzt, wenn es um die Berufsorientierung geht, macht sie mich wahnsinnig. Sie will ganz andere Dinge als ich. Ich möchte nicht studieren und ich will auch bei keiner Bank arbeiten. Niemals würde mich so etwas glücklich machen. Insofern ist es schon eine sehr gute Idee, nie zu vergessen, was man selber will.
Jetzt gerade fühle ich mich nicht gut, die Welt ist schwierig. Aber ich werde es schaffen. Ich bin mir sicher, denn in Zukunft werde ich immer im Blick behalten, was mich selber glücklich macht. Gleich morgen kaufe ich mir ein Notizbuch und schreibe meine Wünsche und Träume hinein. Dann ist für mich nur noch eins wichtig: Glaub an deine Träume und lebe sie!

C 3 Prüfungsbeispiel: Gentechnik – Fluch oder Segen?

Seite 89

Aufgabe 1
In diesem Artikel geht es um die Gentechnik, die einerseits als Wunderwaffe und andererseits als „Büchse der Pandora" bezeichnet werden kann. Erläutert werden die positiven Aspekte sowie die Risiken und möglichen schädlichen Auswirkungen der Gentechnik.

Aufgabe 2
Positive Aspekte der Gentechnik:
- Diagnostizierung und Behandlung von Erbkrankheiten: Defekte, für Krankheiten verantwortliche Gene werden aus dem Genom entfernt und durch intakte Gene ersetzt.
- Herstellung neuartiger Medikamente, zum Beispiel Insulin
- Anwendung bei Vaterschaftstests
- Überführung von Straftätern mithilfe des genetischen Fingerabdrucks
- Steigerung der Ernteerträge durch gentechnisch veränderte Nutzpflanzen

Aufgabe 3
Ethische Fragen im Zusammenhang mit der Gentechnik:
- Kann der Einsatz von Gentechnik bei Nutztieren und Kulturpflanzen nicht auch schädliche Auswirkungen auf Mensch und Umwelt haben?
- Dürfen wir Menschen Tiere derart manipulieren?
- Welche Folgen kann es haben, wenn gentechnisch veränderte Mikroorganismen aus dem Labor entweichen?
- Greifen wir Menschen mit der Gentechnik nicht zu sehr in die Evolution ein, um den Profit zu steigern?
- Spaltet die Gentechnik die Weltbevölkerung nicht noch mehr in Arm und Reich?

- Wer entscheidet, was im Zusammenhang mit der Gentechnik ethisch erlaubt ist und was nicht?
- Was passiert, wenn das technische Know-how in die falschen Hände gerät, wenn Menschen mithilfe der Gentechnik gezielt Krankheiten ins Erbgut einschleusen wollen?

Seite 93
Lösungshilfen zum Wahlteil A

1. Gentechnikern ist es gelungen, ein Gen in Maispflanzen einzuschleusen, das dafür sorgt, dass die Maispflanzen ein für Schädlinge tödliches Gift herstellen.

2. Mit BT-Mais verbundene Risiken:
   - Die vom Mais produzierten Giftstoffe können auch andere Tiere, zum Beispiel Bienen, Spinnen und Käfer töten.
   - Das Gift könnte auch in den menschlichen Körper gelangen und dort zu Allergien führen.
   - Gentechnisch veränderte Pflanzen lassen sich nicht kontrollieren, deren Pollen könnten vom Wind oder von den Bienen kilometerweit verbreitet werden. Dies würde zu Verunreinigungen mit herkömmlichen Maissorten führen und deren Erbgut würde sich dadurch verändern.

3. Möglicher Schreibplan zum Wahlteil A:

Schreibplan zum Wahlteil A

<u>Einleitung:</u>
a) Anlass für den Artikel: Kauf einer Milchpackung mit dem Aufdruck „Ohne Gentechnik"

<u>Hauptteil:</u>
b) Thema des Artikels: Vorteile und Risiken gentechnisch veränderter Pflanzen
c) Gentechnische Veränderung beim BT-Mais:
Vorteile von BT-Mais:
- Maispflanzen können selbst das für Schädlinge tödliche Gift herstellen
- Geringere Ernteausfälle
- Reduzierter Einsatz von Spritzmitteln
- Kosteneinsparung

Risiken von BT-Mais:
- Tiere können getötet werden.
- Gift könnte in den menschlichen Körper gelangen und dort Allergien erzeugen.
- Keine Kontrolle über gentechnisch veränderte Pflanzen

<u>Schluss:</u>
d) Positive Aspekte der Gentechnik allgemein
e) Ethische Fragen zur Gentechnik
f) Begründung für die Karikatur zum Thema

Seite 94
4. Mögliche Schülerlösung zum Wahlteil A:
Beim Einkaufen im Supermarkt habe ich auf einer Milchpackung den Aufdruck „Ohne Gentechnik" entdeckt. Das hat mich neugierig gemacht und bei weiteren Recherchen im Internet habe ich erfahren, was der Hinweis bedeutet. Gentechnisch veränderte Milch gibt es nicht, der Aufdruck besagt also, dass die Tiere, von denen die Milch stammt, nicht mit gentechnisch veränderten Pflanzen gefüttert werden. Ich frage mich, ob gentechnisch veränderte Pflanzen nur Vorteile bringen oder auch mit Risiken für uns Menschen verbunden sind, und möchte mich weiter mit diesem Thema beschäftigen, um dann einen Artikel für die nächste Ausgabe der Schülerzeitung zu schreiben.
Ein Beispiel dafür, wie man Pflanzen gentechnisch verändern kann, ist der BT-Mais. Bei dieser Maissorte ist es Gentechnikern gelungen, ein Gen einzuschleusen, das dafür sorgt, dass die Maispflanzen jetzt selbst ein für Schädlinge tödliches Gift herstellen können. Dadurch werden Ernteausfälle verringert – eine wichtige Errungenschaft, denn Mais gehört mit Weizen und Reis zu den bedeutendsten Nahrungs- und Futterpflanzen der Welt. Außerdem müssen beim BT-Mais weniger Spritzmittel eingesetzt werden. So können auf der einen Seite Kosten eingespart werden und auf der anderen Seite ist es gut für unsere Natur und Umwelt.
Allerdings ist BT-Mais auch umstritten und in Deutschland gibt es seit 2009 ein Anbauverbot. Als Begründung werden Gesundheits- und Umweltrisiken genannt. Es wird zum Beispiel diskutiert, dass die Giftstoffe nicht nur den für den Mais schädlichen Maiszünzler, sondern auch andere Tiere wie Bienen, Spinnen oder Käfer töten könnten. Außerdem besteht die Angst, dass das Gift auch vom menschlichen Körper aufgenommen wird und dort Allergien auslösen könnte. Wir können nicht genau abschätzen, wie gentechnisch veränderte Pflanzen kontrolliert angebaut werden können. Durch den Wind oder durch Bienen werden die Pollen kilometerweit weggetragen und vermischen sich dann mit dem Erbgut herkömmlicher Maissorten.
Der BT-Mais ist nur ein Beispiel für die Gentechnik, die als eine noch junge Wissenschaft bezeichnet werden kann und von deren Resultaten wir auch in vielen anderen Bereichen profitieren. So bietet uns die Gentechnik viele Chancen im Bereich der Medizin. Erbkrankheiten können diagnostiziert und mithilfe der Gentherapie behandelt werden. Dabei werden defekte, für Krankheiten verantwortliche Gene aus dem Genom entfernt und durch intakte Gene ersetzt. Auch können neuartige Medikamente, zum Beispiel Insulin, gentechnisch hergestellt werden. Ein weiterer Bereich, in dem die Gentechnik seit Jahren genutzt wird, ist die Kriminalistik. Denn mithilfe des genetischen Fingerabdrucks können Straftäter überführt werden.
Allerdings sollte man sich beim Thema Gentechnik auch ethischen Fragen stellen. Greifen wir Menschen mit der Gentechnik nicht zu sehr in die Evolution ein? Ist ein kranker Mensch weniger lebenswert? Was passiert, wenn das technische Know-how in die falschen Hände gerät und Menschen mithilfe der Gentechnik gezielt Krankheiten ins Erbgut einschleusen wollen? Kann der Einsatz von Gentechnik bei Nutztieren und Kulturpflanzen nicht auch schädliche Auswirkungen auf den Menschen und die Umwelt haben? Und wie sind die Folgen, wenn gentechnisch veränderte Mikroorganismen aus dem Labor entweichen? Fragen über Fragen, denen wir uns immer wieder stellen sollten. Bei meinen Recherchen zum Thema bin ich auf folgende Karikatur gestoßen, die noch einmal deutlich zeigt, dass wir Menschen mit dem Thema Gentechnik nicht leichtfertig umgehen sollten. Die Karikatur zeigt zwei Männer, ihrer Kleidung nach zu urteilen einen Wissenschaftler und einen Politiker. Vermutlich hat dieser Zweifel

an der Gentechnik geäußert, die der Wissenschaftler kurzerhand vom Tisch wischt mit der Frage, was an gentechnisch veränderten Pflanzen, zum Beispiel dem BT-Mais, denn schon Gefährliches dran sein solle. Dabei lauert die Gefahr schon um die Ecke, dargestellt als ein angsteinflößendes, mutiertes Genmais-Monster, das außer Kontrolle geraten ist. Meiner Meinung nach ist es wichtig, Chancen und Risiken immer wieder genau abzuwägen. Man sollte die Gentechnik nicht grundsätzlich ablehnen und verbieten, sondern ihre Vorteile nutzen und durch gesetzliche Regelungen Missbräuche zu verhindern suchen.

Lösungshilfen zum Wahlteil B

1. Durch die Gentherapie sollen Krankheiten bekämpft werden, indem das krankheitsverursachende defekte Gen durch ein intaktes Gen ersetzt wird.

2. David Philipp Vetter: David kam mit einem angeborenen Gendefekt zur Welt und litt an einer schweren Immunschwäche (SCID). Er besaß keine Abwehrkräfte gegen jede Art von Erregern und lebte deswegen, abgeschirmt von der Außenwelt, in einem Plastikzelt. Er starb im Alter von 12 Jahren an den Folgen einer Infektion, nachdem er zum ersten Mal sein Schutzzelt verlassen hatte.
   Rhys Eans: Er litt an der gleichen Immunschwäche wie David und wurde mithilfe einer Gentherapie geheilt. Heute führt er ein normales Leben.
   Hassan: Er litt an einer seltenen Krankheit, der Schmetterlingskrankheit, die seine Haut so empfindlich wie die Flügel von Insekten machte. Auch hier ist ein Gendefekt die Ursache. Hassan führt heute ein normales Leben, da ihm durch die Gentherapie geholfen werden konnte. Dabei wurden Stammzellen aus seiner Haut isoliert, ein intaktes Gen eingeschleust und neue, gesunde Haut gezüchtet, die dem Jungen transplantiert wurde.

3. Eine gescheiterte Gentherapie: Jesse Gelsinger litt an einer leichten Form einer erblich bedingten Stoffwechselstörung der Leber. Leider hat Jesse die Gentherapie nicht überlebt, da die als Gen-Taxen genutzten Viren bei ihm zu einer Überreaktion der Immunabwehr geführt haben.

Seite 95

4. Möglicher Schreibplan zum Wahlteil B:

Schreibplan zum Wahlteil B

<u>Einleitung:</u>
Thema des Referats: Gentherapie beim Menschen

<u>Hauptteil:</u>
Erfolge der Gentherapie: Erläuterung am Beispiel von Einzelschicksalen
Misserfolge und Rückschläge der Gentherapie: Erläuterung an einem Beispiel

<u>Schluss:</u>
Persönliche Stellungnahme

5. Möglicher Schülertext zum Wahlteil B:

Viele Erbkrankheiten beruhen auf dem Defekt eines einzelnen Gens. Mithilfe der Gentherapie ist es möglich, Krankheiten zu heilen. Dabei wird das krankheitsverursachende defekte Gen durch ein intaktes Gen ersetzt. Somit wird die Fehlfunktion ausgeglichen. Während bei der klassischen medizinischen Behandlung von Erbkrankheiten lediglich die Symptome therapiert werden können, setzt die Gentherapie direkt am Ursprungsort der Krankheit an.

An den folgenden Einzelbeispielen soll erläutert werden, wie Krankheiten mithilfe einer Gentherapie bekämpft werden konnten:

Seit dem Jahr 2002 kann SCID, eine auf einem Gendefekt beruhende schwere Immunschwäche, mithilfe der Gentherapie behandelt werden. Bevor es diese Möglichkeit gab, mussten erkrankte Kinder von der Umwelt völlig abgeschirmt in einem sogenannten sterilen Kunststoffzelt leben. Dort hatten sie zwar alles, was sie zum Leben brauchten, nur nicht den Kontakt zur Außenwelt. Der Junge Rhys Eans lebte bis zu seinem ersten Lebensjahr in solch einem Plastikzelt. Jedoch wurde er mithilfe der Gentherapie geheilt und lebt heute ein völlig normales Leben.

Eine weitere, auf einen Gendefekt beruhende Krankheit, ist die Schmetterlingskrankheit. Von dieser Krankheit Betroffene haben eine sehr empfindliche Haut, die so dünn ist wie die Flügel von Insekten. Zur Heilung dieser Krankheit werden Stammzellen aus der Haut isoliert, in die ein intaktes Gen eingeschleust wird. Neue, gesunde Haut wird gezüchtet, die anschließend transplantiert werden kann, sodass Betroffene wieder ein sorgenfreies Leben führen können.

Spektakuläre Fortschritte in der Gentherapie hat es in den vergangenen Jahren auch bei der Behandlung bestimmter Krebsarten gegeben.

In der Gentherapie gibt es jedoch nicht nur positive Entwicklungen, denn es handelt sich um teilweise sehr komplexe medizinische Eingriffe, die häufig ein großes Risiko aufweisen. Neben den überraschenden Erfolgen in der Gentherapie sind auch immer wieder herbe Rückschläge und Todesfälle zu verzeichnen. Eine wirklich harte Nuss, die es noch zu knacken gibt, ist bis heute der Transport des intakten Gens in die entsprechenden Zellen. Dafür werden Viren als sogenannte Gen-Taxen genutzt. Jedoch besteht die Gefahr, dass zu hohe Virenmengen benötigt werden, die zu Überreaktionen des Immunsystems führen können. So war es auch bei dem 18-jährigen Jesse Gelsinger, der an einer genetisch bedingten Stoffwechselstörung der Leber litt und im Jahr 1999 starb, da sein Immunsystem die Menge an Viren nicht bewältigen konnte.

Zusammenfassend möchte ich feststellen, dass die Gentherapie eine zunehmend wichtige Rolle im Kampf gegen tödliche Krankheiten spielt. Dabei ist es ein großer Vorteil, dass es sich um einen einmaligen Eingriff handelt und die Patienten anschließend häufig ein ganz normales Leben führen können. Jedoch sind Gentherapien in der Regel sehr teuer und die Kosten können von den Krankenkassen nicht übernommen werden. Gentherapie wird vermehrt noch in Forschungsprojekten oder Studien durchgeführt und ist in der praktischen Anwendung eher noch die Ausnahme.

Ein weiterer wichtiger Punkt ist die Frage, ob, wie oben

dargestellt, Körperstammzellen bearbeitet werden oder ob in das Erbgut von Embryonen eingegriffen wird, um einen genetisch veränderten Embryo zu schaffen, der dann auch zur Welt kommt. Bisher ist dies in Deutschland verboten, während es in anderen Ländern erlaubt ist. Das halte ich für ethisch sehr bedenklich.

C 4 Prüfungsbeispiel: Tattoos

Seite 96

Aufgabe 1

Der Text beschreibt, dass sich die Außenwirkung von Tätowierungen geändert hat: Während Tattoos früher einen eher anrüchigen Ruf hatten, sind sie heutzutage eine Modeerscheinung. Viele Stars tragen Tätowierungen und extrovertierte Menschen neigen dazu, ihre Einstellungen per Körperschmuck nach außen zu tragen. Doch der Text stellt auch die Frage, ob sich diese Tätowierungen auch in unseren Alltag integrieren lassen.

Seite 97

Aufgabe 2

Früher waren nur Menschen tätowiert, die im Gefängnis waren oder zur See gefahren sind. Man hatte mit einer Tätowierung automatisch einen „schlechten Ruf". Heutzutage ist das anders: Jeder kann sich tätowieren lassen und viele tun das auch. Gut finden es aber immer noch nicht alle.

Aufgabe 3

- Man möchte seine Meinung nach außen deutlich machen.
- Man findet es schön.
- Vorbilder sind auch tätowiert.

Aufgabe 4

Ein Mann sitzt am Schreibtisch und fragt seinen Sohn, warum seine Kugelschreiber leer sind. Sein Sohn sagt, dass er sich damit tätowiert habe, da er Fußballspieler werden will. Beide Unterarme des Jungen sind angemalt.

Seite 98

Aufgabe 5

Der Junge könnte sich gedacht haben, dass er auch so aussehen möchte wie die meisten Fußballspieler heutzutage, nämlich tätowiert. In seinen Augen reicht es nicht aus, gut Fußball zu spielen, wenn man ein erfolgreicher Fußballspieler sein möchte, sondern auch ein „cooles" äußeres Erscheinungsbild gehört dazu.

Aufgabe 5

Das größte Risiko bei einer Tätowierung ist für mich, dass es sein kann, dass mir mein Tattoo in ein paar Jahren vielleicht nicht mehr gefällt. Das passiert oft, denke ich. Ich glaube nicht, dass die Gefahr so groß ist, dass die Nadeln z. B. verunreinigt sind, weil die Studios ja auch Hygienevorschriften beachten müssen, trotzdem setze ich dieses Risiko auf Platz 2. Denn wenn ich mich beim Tätowieren mit einer Krankheit wie Aids infizieren würde, würde das mein Leben beeinträchtigen. Schließlich tut es auch weh, sich tätowieren zu lassen. Das würde nicht darüber entscheiden, ob ich mich tätowieren lasse, ist aber unangenehm und vielleicht würde ich deshalb nicht so ein großes Tattoo nehmen.

Seite 101

Lösungshilfen zum Wahlteil A

1. - Stars tragen Tätowierungen.
   - Man will so sein wie sein Vorbild.
   - Tätowierungen sind cool.
   - Tätowierungen sind „in".
   - Körperschmuck
   - Jeder sieht gleich, was man gut findet.

2. - Das Tattoo bleibt ein Leben lang.
   - Es kann sein, dass ich das Motiv irgendwann nicht mehr mag.
   - Tattoos sind vielleicht irgendwann out.
   - Manche Körperstellen sind für den Beruf ungünstig, weil man das Tattoo sehen kann.
   - Manche Menschen finden immer noch, dass nur Verbrecher tätowiert sind.
   - Wenn Tätowierer unsauber arbeiten, besteht die Gefahr von Krankheiten und Entzündungen.
   - Der Wachstumsprozess ist bei Jugendlichen noch nicht abgeschlossen, sodass das Tattoo sich verändern kann .

3. - „One Direction" ist vielleicht irgendwann out/sie mag den Sänger nicht mehr.
   - Das Tattoo ist an einer ungünstigen Stelle, jeder sieht es (Arm).
   - Sie hat noch keinen Beruf und weiß nicht, ob in einem späteren Beruf der Chef dagegen ist.

4. Möglicher Schreibplan zum Wahlteil A:

Schreibplan zum Wahlteil A

<u>Einleitung:</u>

a) Anrede (an meine Freundin) . Was möchte ich von ihr?
- Liebe Lena,
- Band-Tattoo auf dem Unterarm – ich finde das nicht gut

<u>Hauptteil:</u>

b) Ich verstehe den Wunsch sich zu tätowieren, weil:
1. viele Stars Tätowierungen haben
2. Tätowierungen schön sind
3. viele aus unserer Klasse eine haben wollen

c) Probleme, die entstehen könnten:
1. Sie findet „One Direction" nicht mehr gut.
2. Jeder sieht das Tattoo sofort.
3. Im Beruf darf man vielleicht kein Tattoo haben.

d) Ich entscheide mich dagegen, weil:
... ich es nicht gut finde, einen Namen auf eine sichtbare Stelle zu tätowieren.

<u>Schluss:</u>

e) Appell an meine Freundin – was soll sie tun?
- ein dezenteres Motiv auswählen
- einen besseren Ort für das Tattoo wählen, z. B. die Schulter

Seite 102

5. Möglicher Schülertext zum Wahlteil A:

Liebe Lena,

Ich habe gehört, dass du dir den Namen deines Lieblingssängers auf den Unterarm tätowieren lassen willst. Aus diesem Grund möchte ich dir schreiben.

Ich kann verstehen, dass dich ein Tattoo reizt. Vielleicht hat dein Lieblingssänger eins und sowieso tragen viele Personen, die „in“ sind, Tätowierungen. Auch ich finde Tattoos wirklich schön und möchte später auch vielleicht eins haben. Das geht dir und mir so – und vielen aus unserer Klasse ebenfalls. Viele wünschen sich eine Tätowierung, weil man so auf eine coole Weise ausdrückt, was man gut findet. Aber denk bitte auch daran, dass es nicht nur darum geht, „in“ zu sein.

Erinnerst du dich noch daran, als wir Justin Bieber gut fanden? Heute mögen wir ihn nicht mehr. Vielleicht geht es dir mit dem Sänger von „One Direction“ irgenwann auch so. Stell dir mal vor, du hättest dann für immer seinen Namen auf dem Arm. Und dann auch noch an einer Stelle, an der jeder es sieht. Du kannst kein T-Shirt mehr tragen, ohne dass dich jemand auf das Tattoo ansprechen wird.

In einigen Jahren können durch das Tattoo noch weitere Probleme auf dich zukommen, weil du vielleicht einen bestimmten Beruf ergreifen willst. Nicht alle Chefs finden es okay, wenn ihre Angestellten tätowiert sind bzw. Tattoos an sichtbaren Stellen tragen.

Ich selber finde, du solltest dir überlegen, ob du dir wirklich einen Namen tätowieren lassen willst. Vor allem solltest du aber eine Stelle nehmen, die man nicht sofort sieht – sondern nur, wenn du es willst. Gerade das finde ich total wichtig.

Ich wäre aber eigentlich wirklich froh, wenn du es dir anders überlegst und es ganz bleiben lässt. Und wenn du unbedingt eine Tätowierung haben willst, dann überlege dir doch ein Motiv, das mit dir selber etwas zu tun hat, also mit dir als Person. So könnte ich mir zum Beispiel vorstellen, dass du dir ein Tattoo auf die Schulter machen lässt. Es wäre dann so etwas wie ein Geheimnis – wo es ist und vor allem auch, was es bedeutet. Das ist spannender, findest du nicht?

Ich selber würde mich jedenfalls nicht für so eine jederzeit offen sichtbare Tätowierung entscheiden.

Vielleicht denkst du noch einmal darüber nach und entscheidest dich neu.

Liebe Grüße, deine Anna

Lösungshilfen zum Wahlteil B

1. – Das Motiv ist sinnvoll gewählt
   – Man hat lange nachgedacht, ob man es wirklich möchte
   – Keine Stelle wählen, die sofort jeder sieht
   – Risiken vermeiden, indem ich einen guten Tätowierer suche

2. Strophe 1:
   Das Leben ist mit einem Tattoo zu vergleichen. Ein Tattoo besteht aus vielen Nadelstichen, aus einzelnen Punkten, die zusammen ein Bild ergeben.

   Strophe 2:
   Jede Erfahrung im Leben ist für sich genommen sinnlos. Manche tun sogar weh. Aber alle zusammen ergeben sie „mein“ Leben.

3. Das Leben besteht aus einzelnen Erfahrungen. Jede für sich macht keinen Sinn, erst alle zusammen ergeben ein Leben. Erst ihre Verbindung zeigt, was einen Menschen ausmacht und was er gelernt hat. Jeder Mensch ist für seine eigenen Entscheidungen verantwortlich und dafür, wie er mit seinem Leben umgeht.

Seite 103

4. Möglicher Schreibplan zum Wahlteil B:

Schreibplan zum Wahlteil B

Einleitung:

a) Welche Einstellung haben meine Eltern zu Tätowierungen? Was ist mein Wunsch?
   - Meine Eltern sind gegen eine Tätowierung.
   - Ich möchte mir ein Tattoo stechen lassen

Hauptteil:

b) Drei Aspekte, warum ich mir die Entscheidung für das Tattoo gut überlegt habe:
   1. Ich habe lange darüber nachgedacht, was für ein Motiv ich mir stechen lasse.
   2. Ich habe die Körperstelle gut überlegt, damit es nicht gleich jeder sieht.
   3. Ich will mich nach einem guten Tätowierer umsehen.

c) Überleitung zum Gedicht/Kurze inhaltliche Zusammenfassung
   - Gedicht im Internet gelesen
   - Joachim Laß: „Tattoo“
   - Bei einer Tätowierung ergeben viele Nadelstiche ein Bild.
   - Eine Tätowierung ist mit dem Leben vergleichbar.
   - Viele Erlebnisse prägen ein Leben.

d) Was hat mein Leben mit dem Zitat zu tun?
   - Jeder Mensch ist für seine eigenen Entscheidun gen verantwortlich und dafür, wie er mit seinem Leben umgeht.
   - Gilt auch für Tätowierungen etc.

Schluss:

e) Appell an meine Eltern.
   - Ich muss eigene Entscheidungen treffen.
   - Vertraut mir!

7. Möglicher Schülertext zum Wahlteil B:

Liebe Eltern, ich möchte gerne mit euch über ein Thema sprechen, über das wir vor einiger Zeit schon einmal gesprochen haben: das Tätowieren. Ich habe damals gesagt, dass ich mich gerne tätowieren lassen würde, aber ihr seid dagegen gewesen. Ich weiß, dass ihr es nicht gut findet, sich tätowieren zu lassen. Trotzdem möchte ich das jetzt gerne tun!

Ich kenne eure Einstellung zu Tattoos, aber ich habe es mir durchaus gut überlegt. Ich habe lange über meine Entscheidung nachgedacht und ich weiß, dass ich mit dem Motiv mein Leben lang herumlaufen muss. Eine Tä-

towierung ist aber auch ein Bekenntnis zu dem, was man gut findet. Deshalb habe ich natürlich gut nachgedacht, welches Motiv wirklich zu mir passt.
Ebenso weiß ich, dass ich mir die Stelle, an der ich mich tätowieren lasse, gut überlegen muss – schließlich möchte ich später keine Nachteile dadurch im Beruf haben.
Und natürlich verspreche ich euch auch, mich gut zu informieren, bei wem ich mich tätowieren lasse. Vielleicht könnt ihr mir dabei sogar helfen.
Heute bin ich im Internet auf ein Gedicht gestoßen. Der Verfasser heißt Joachim Laß und das Gedicht heißt „Tattoo", es ist also passend zum Thema.
Joachim Laß beschreibt in seinem Gedicht, dass eine Tätowierung mit dem Leben zu vergleichen ist. Bei einer Tätowierung ergibt sich aus vielen feinen Nadelstichen ein Bild – und ebenso setzt sich auch unser Leben aus einzelnen Gedanken und Erfahrungen zusammen.
Eine Stelle in dem Gedicht hat mich besonders nachdenklich gemacht, denn ich kann sie auf mein Leben und gewissermaßen auch auf meinen Wunsch nach einem Tattoo beziehen. Die Stelle lautet „wie bei einem Tattoo ergibt sich aus jedem Stich ein Stück des Ganzen".
Meiner Meinung nach bedeutet dies, dass manche Erfahrungen im Leben schmerzhaft sind und manche für sich allein betrachtet keinen Sinn ergeben, aber zusammengenommen ergeben sie ein Ganzes.
Übertragen auf meine Situation bedeutet dies, dass ich, auch wenn ich jung bin, schon viel erlebt habe, was mich geprägt hat. Ich habe eigene Erfahrungen gemacht und eigene Vorlieben, die mich ausmachen. Ebenso muss ich manchmal meine eigenen Entscheidungen treffen. All das macht mich zu dem Menschen, der ich schließlich sein möchte. Und die Entscheidung für ein Tattoo, für das ich gewissermaßen einstehen muss, auch wenn Leute mich vielleicht dafür verurteilen, ist eine weitere wichtige Erfahrung, die mich und mein Leben prägen wird.
Ich würde mir also wünschen, dass ihr mir in dieser Sache vertraut und mir zugesteht, meine eigenen Erfahrungen zu machen und meine Vorlieben auszuleben. Und wenn man wirklich hinter dem steht, was man sich tätowieren lassen möchte, gehört es auch zu einem und man wird es nicht bereuen. Findet ihr nicht?

D Angebotstexte zum selbstständigen Üben

D 1 Hörverstehen: Verdaddeln wir die Zukunft?

Seite 105
Aufgabe 1
In dem Text geht es um das Ansehen von Computerspielen in Deutschland und darum, wie ihre Neuentwicklung gefördert werden könnte. Computerspiele sind in Deutschland mittlerweile beliebt wie nie und werden von 30 Millionen Deutschen regelmäßig gespielt. Dennoch haben sie bei vielen Menschen immer noch einen schlechten Ruf. Aber mit 3 Milliarden Umsatz pro Jahr legt die Spielebranche hierzulande rasant zu. Leider wurde keins der 60 erfolgreichsten Spiele im Jahr 2015 in Deutschland entwickelt, auch wird die Entwicklung von Spielen nicht staatlich gefördert. Es besteht daher die Gefahr, dass Deutschland den Anschluss an einen wichtigen Zukunftsmarkt verpasst.

Aufgabe 2
Coumputerspiele werden in Deutschland vor allem in Zusammenhang mit Sucht und Gewalt diskutiert.

Seite 108
Aufgabe 3
Richtige Antworten: a) und d)

Aufgabe 4
a) Bei der Entwicklung von Computerspielen werden so viele Millionen ausgegeben wie bei der Produktion von Hollywoodfilmen.
b) Computerspiele sind für Jugendliche das, was für ältere Menschen das Vorabendprogramm ist.

Aufgabe 5
Der Autor fordert, dass die Entwicklung von Computerspielen staatlich gefördert wird. So könnten Millionenbudgets angelockt werden und neue Arbeitsplätze entstehen. Der Staat hätte dadurch mehr Steuereinnahmen und würde nicht nur das investierte Geld zurückbekommen, sondern auch noch Gewinn machen.

D 2 Prüfungsbeispiel: Heimat verlieren, Heimat finden

Seite 107
Aufgabe 1
In dem Text von Sylvie Nantcha geht es um Heimat und darum, was sich unterschiedliche Menschen darunter vorstellen. Außerdem schildert die Autorin ihre persönlichen Erfahrungen, die sie und ihre Familie gemacht haben, nachdem sie die alte Heimat aufgegeben und eine neue Heimat gesucht und gefunden haben.

Aufgabe 2
Johann Gottfried von Herder:
„Heimat ist da, wo man sich nicht erklären muss."
Robert Lee Frost:
„Heimat ist der Ort, wo sie einen hereinlassen müssen, wenn man wiederkommt."

Andrej Sinjawski:
„Heimat ist kein geographischer Begriff. Man trägt sie in sich selbst."
Karl Jaspers:
„Heimat ist da, wo ich verstehe und wo ich verstanden werde."
Sophie Scholl:
Sie verbindet Heimat mit Umwelt und Natur.
Sylvie Nantcha (Autorin des Textes):
„Heimat ist ein Ort, an dem Nachbarschaft, Ehrenamt und Gemeinschaft praktiziert werden und den man selbst mitgestalten kann."

Seite 108

Aufgabe 3

Die Künstlerin Chiharu Shiota spinnt mit Wollfäden Dinge ein, die nicht vergessen werden sollen. Im Kunstobjekt „Over the continents" wurden gebrauchte Schuhe eingesponnen, in die Menschen kleine Zettel hineingelegt hatten. Besucher der Ausstellung konnten dann lesen, was Menschen mit diesen Schuhen erlebt und dabei gefühlt haben.

Aufgabe 4

Für sie ist Heimat nicht ein Land oder eine Stadt, sondern der Ort, wo das Herz ist.

Seite 109

Möglicher Schülertext zum Wahlteil A:

Zurzeit besuchen viele Kinder aus geflüchteten Familien unsere Schule. Viele haben ihre Heimat verloren und können auch nicht wieder zurückkehren. Die Redaktion unserer Schülerzeitung hat sich daher mit der Frage beschäftigt, was es überhaupt bedeutet, auf der Flucht zu sein. In diesem Zusammenhang stellten wir uns auch die Frage, was Heimat eigentlich ist und ich habe mich bereit erklärt, darüber in unserer nächsten Ausgabe einen Artikel zu schreiben.

Bei meinen Recherchen zu diesem Thema bin ich im Internet auf das Lied „Heimat" von Johannes Oerding gestoßen, das sehr gut zum Thema passt. In dem Refrain des Liedes wird Heimat als etwas sehr Schönes dargestellt, etwas, das man immer mitnimmt und in sich trägt. Johannes Oerding selbst erklärt dazu, dass er sein Lied zuerst nach seiner Heimatstadt „Hamburg" benennen wollte, dann jedoch gemerkt hat, dass er sich in seiner alten Heimat am Niederrhein auch noch heimisch fühlt. Für ihn bedeutet nicht nur eine Stadt oder ein Land „Heimat", sondern vielmehr die Menschen, vor allem diejenigen, die an Geburtstage von Freunden denken, ohne dies bei Facebook gelesen zu haben.

Aber was ist Heimat für andere? Bei weiteren Recherchen habe ich festgestellt, dass eine einheitliche Definition des Begriffes nicht existiert. Für den deutschen Philosophen Karl Jaspers ist Heimat da, wo man versteht und verstanden wird. Für andere ist Heimat ein Ort, den man selbst mitgestalten kann, z. B. indem man sich dort politisch engagiert. Besonders gefallen hat mir die Erklärung eines deutschen Dichters, der sagt, dass Heimat da ist, wo man sich nicht erklären muss.

Die japanische Künstlerin Chiharu Shiota bringt ihre Gefühle zum Thema Heimat mithilfe von Kunstobjekten zum Ausdruck. Diese sind entstanden, weil sie sich in bestimmten Zeiten zwischen zwei Heimatländern hin- und hergerissen fühlte. Für sie ist Heimat da, wo das Herz ist. Für ihre Performance „Over the Continents" hat sie zum Beispiel Menschen gebeten, alte Schuhe zu bringen und kleine Zettel hineinzulegen, auf denen sie beschreiben, was sie mit den Schuhen erlebt haben. Alle Schuhe wurden dann mit Wollfäden verknüpft und befestigt. Auf diese Art und Weise sollte symbolisch das Festhalten von Erinnerungen dargestellt werden.

Schon seit längerer Zeit überlege ich, was Heimat eigentlich für mich bedeutet. Ganz spontan würde ich sagen, Heimat ist da, wo meine Familie und meine Freunde sind, also da, wo ich nicht alleine bin. Ich empfinde also ähnlich wie Johannes Oerding oder auch Karl Jaspers. Für mich ist Heimat nicht an einen Ort gebunden, sondern kann überall sein. Hauptsache, es gibt Menschen dort, die ich mag und die mich mögen und die mich verstehen, ohne dass ich mich verstellen muss.

Seite 110

Möglicher Schülertext zum Wahlteil B:

Ort, Datum

Lieber Ilias,

du wunderst dich sicher über diesen Brief von mir, aber das, was heute in der Schule vorgefallen ist, beschäftigt mich schon den ganzen Tag, sodass ich mich dazu entschlossen habe, dir zu schreiben.

Ich habe in der Schule beobachtet, dass du von älteren und vor allem auch von viel größeren Schülern zunächst umzingelt und dann gegen die Wand gedrückt wurdest. Vier gegen einen! Aber das reichte noch nicht. Du wurdest auch noch beschimpft mit „Drecksausländer!" und „Geh dorthin, wo du herkommst." Und zu guter Letzt drohten sie dir Schläge an. Ich wünschte, ich könnte sagen, dass ich dir zu Hilfe gekommen wäre. Aber leider kann ich das nicht. Ich war genauso feige wie alle anderen, die in der Eingangshalle standen und sich heimlich verdrückt haben, anstatt dir zu helfen. Ich habe dich im Stich gelassen und deswegen fühle ich mich schuldig und schlecht. Wie geht es dir jetzt damit? Hast du jemanden, mit dem du über den Vorfall sprechen kannst? Ich weiß eigentlich nicht viel über dich, nur dass du aus Syrien kommst und dass dein Zuhause einige Tage nach eurer Flucht zerstört worden ist. Ich sitze gerade am Schreibtisch und grübele über die Politikhausaufgabe nach. Was ist Heimat für mich? Was genau soll ich dazu schreiben? Lea hat heute in der Schule gesagt, dass für sie Heimat da sei, wo ihre Familie herkommt. Für Tim ist die Heimat dort, wo man die meiste Zeit seines Lebens verbringt. Und Hazal verknüpft Heimat mit dem Ort, an dem das Herz ist und sie sich zu Hause fühlen kann. Mir geht es gerade genauso wie dir heute in der Schule, als du sagtest, du wüsstest nicht, was Heimat für dich sei. Spontan würde ich zwar sagen, meine Heimat existiert und ist nicht wie deine zerbombt worden. Aber ganz genau weiß ich auch nicht, was für mich Heimat bedeutet.

Vielleicht Sicherheit? Damit meine ich, dass ich mich in meiner Familie sicher fühle. Wenn mir etwas passieren würde, wären meine Eltern da und würden mich unterstützen. Aber auch meine Freunde geben mir Sicherheit. Ich bin mir sicher, dass sie mich verstehen, mit mir lachen und mir helfen würden, wenn mich andere in der Schule bedrohen. Ja, jetzt weiß ich, wie ich meinen Aufsatz schreiben werde, so langsam wird mir vieles klar. Ein wichti-

ger Punkt fällt mir gerade noch ein. Ich werde auch schreiben, was Heimat auf jeden Fall nicht bedeutet: Nämlich, dass jemand in einer neuen Schule in einer neuen Stadt und oder in einem neuen Land beschimpft, beleidigt und bedroht wird. So, wie du es heute in der Schule erleben musstest. Es ist mir wichtig, dass du hier bei uns eine neue Heimat findest. Dabei möchte ich dich gerne unterstützten, falls du es überhaupt zulässt, nachdem ich dich im Stich gelassen habe. Vielleicht können wir gemeinsam etwas unternehmen? Ich habe gerade bei YouTube einen Film über eine japanische Künstlerin gesehen, die es schafft, mit ihren Kunstobjekten ihre Gefühle zu ihrer alten und neuen Heimat auszudrücken. Sie hat von vielen unterschiedlichen Menschen alte Schuhe gesammelt, in denen sich kleine handgeschriebene Zettel mit einzelnen Erlebnissen und Erinnerungen an diese Schuhe befinden. Super spannend!
Vielleicht interessiert dich das Thema auch und vielleicht hast du Lust, mehr darüber zu erfahren. Wir könnten auch zusammen im Internet recherchieren? Möchtest du zu mir kommen? Ich könnte dir dann sogar bei deinem Aufsatz helfen.
Liebe Grüße, Marla

D 3 Prüfungsbeispiel: Work-Life-Balance

Seite 112
Aufgabe 1
Stress ist eine körperliche Reaktion auf zu viel Belastung. Work-Life-Balance ist der Versuch, Anspannung und Entspannung im Gleichgewicht zu halten, um gesund zu bleiben.

Seite 113
Aufgabe 2
a) Ob wir Stress als positiv oder negativ – und damit eher belastend – erleben, hängt entscheidend von der emotionalen und gedanklichen Bewertung von Stressreaktionen ab. (Z. 13–15)
b) Positiv: Fußballtraining
Negativ: Lernen für eine Klassenarbeit

Seite 114
Aufgabe 3
Zutreffende Aussagen:
- Jeder zehnte Jugendliche fühlt sich einsam.
- Ob der Jugendliche schwierige Phasen als Stress oder als Herausforderung wahrnimmt, hängt von ihm persönlich ab.
- Wenn sich jemand gestresst fühlt, zeigt er meistens mehrere Symptome.
- Schlaflosigkeit und Appetitlosigkeit können ein Zeichen von Stress sein.
- Der berühmte „Blackout" ist auch eine Stressreaktion.

Aufgabe 4

☺	☹
Herausforderung	Kopfschmerzen
Spaß	Blackout
Erfolg	Misserfolg
Entspanntheit	Wut

Seite 115
Aufgabe 5
Mit der Textstelle Z. 15 ist gemeint, dass Menschen selten mit dem zufrieden sind, was sie schon erreicht haben. Jeder meint, er müsse noch erfolgreicher, besser, schöner usw. sein. Darüber vergisst man das bereits Erreichte.

Seite 116
Möglicher Schülertext zum Wahlteil A
Liebe Mitschülerinnen und Mitschüler!
Wir alle sind gerade voll im Stress. Das ist ja auch völlig normal, schließlich stehen unsere Abschlussarbeiten an. Wir müssen in relativ kurzer Zeit viel leisten und manch einer von uns würde lieber andere Dinge tun, die mehr Spaß machen.
Ich weiß, dass viele von euch aufgeregt sind und nachts schlechter schlafen als sonst. Viele von uns haben auch Kopfschmerzen, viele sind blass und man merkt, dass es ihnen nicht gut geht. Gerade jetzt ist es wichtig, dass ihr darauf achtet, gesund zu bleiben.
Stellt euch mal vor, euer Kopf macht irgendwann total dicht und ihr könnt gar nicht mehr richtig denken. Das wäre nicht gut – vor allem nicht in der Abschlussarbeit.
Außerdem lernen wir gerade erst, wie man richtig mit Stress umgeht. Wie wir es jetzt tun, so werden wir es vermutlich unser ganzes Leben lang machen. Also sollte man besser gleich eine Lösung finden. Schließlich ist es schöner, ohne Kopfschmerzen durch eine belastende Phase zu kommen.
Ich habe im Internet eine Grafik gefunden, die verschiedene Möglichkeiten aufzeigt, Stress abzubauen. Die für mich drei wichtigsten möchte ich euch an dieser Stelle vorstellen:
Zuerst einmal möchte ich die Ernährung nennen. Ich weiß, dass die Versuchung groß ist, Schokolade oder Döner zu essen, gerade wenn man gestresst ist. Wenn ihr euch gesund ernährt, hat euer Körper aber mehr Kraft zur Verfügung und macht nicht so schnell schlapp.
Dann solltet ihr unbedingt auch weiterhin Sport treiben. Manchmal bin ich zu müde und habe gar keine Lust mehr zum Fußballtraining. Ich merke aber, dass es mir guttut. Zum einen habe ich Spaß und komme auf andere Gedanken, zum anderen entspannt es meinen Körper und ich kann viel ruhiger schlafen.
Auch solltet ihr nicht vergessen, euch mit euren Freunden zu treffen. Wir sitzen alle gerade in einem Boot – und ihr wisst: Geteiltes Leid ist halbes Leid. Eure Freunde hören euch zu und sind für euch da. Sprecht mit ihnen, dann werden eure Sorgen weniger.
Ich wünsche allen von uns viel Erfolg bei den Abschlussarbeiten. Immerhin wollen wir ja im Anschluss richtig feiern. Also gebt euer Bestes – und das ist auch wirklich genug.

Seite 118
Möglicher Schülertext zum Wahlteil B
„Guten Tag, lieber kleiner Prinz. Ich habe gesehen, wie du die Züge und die Menschen in den Zügen beobachtet hast. Ich kann die Gedanken verstehen, die du dir machst. Gerne würde ich dir auch etwas erzählen.
Auf der Erde gibt es etwas, das heißt Stress. Es bedeutet, dass man so viele Dinge tun muss, die einem keinen Spaß machen, bis es einem schlecht geht. Das hört sich

verrückt an, aber die meisten Menschen verhalten sich so. Das ist auch das, was du siehst, wenn du diese vielen Züge beobachtest.
Du erkennst Gestresste daran, dass sie ganz schnell ganz viele Dinge tun. Und manche davon machen nicht einmal Sinn. Oft sind diese Menschen blasser als andere. Das kommt davon, dass sie zu wenig schlafen und es ihnen nicht gut geht. Zudem greifen sie sich oft an den Kopf, denn eines der ersten Dinge, die passieren, ist, dass der Kopf bei Stress wehtut. Ich glaube, das ist so, weil man so viel nachdenken muss.
Du hast ja schon gesehen, dass sich die Kinder ein wenig anders verhalten. Sie sind noch nicht so gestresst, aber sie können es werden, wenn man nicht aufpasst. Die Eltern sollten ihren Kindern ein gutes Vorbild sein und ihnen zeigen, wie man mit Stress umgeht. Eltern sind sowieso ganz wichtig. Sie sollten auf ihre Kinder achten und ihnen zuhören. Und sie sollten natürlich auch Konsequenzen ziehen, wenn sie merken, dass ihr Kind gestresst ist. Vielleicht machen sie dann als Familie mehr schöne Dinge oder das Kind darf den Musikunterricht oder das Tennistraining auch einmal ausfallen lassen.
Am besten wäre es, wenn die Eltern den Wochenplan gemeinsam mit den Kindern erstellen würden. Dann könnten die Kinder mitsprechen und zugleich lernen, wie man das vernünftig macht. Dann wären sie auch später als Erwachsene in der Lage, überlagt zu planen, und würden nicht so schnell in Stresssituationen geraten.
Du siehst, nicht alle Menschen müssen so schnell durch die Gegend rasen, wenn man nur achtsam ist."
„Dann kann man ja nur hoffen", antwortet mir der kleine Prinz, „dass viele Eltern aus den Zügen aussteigen, wenn sie Kinder bekommen."

E Original-Prüfungsaufgaben: Realschulabschluss Niedersachsen 2018

(Alle folgenden Lösungen sind nicht amtliche Lösungen.)

Hörverstehen: „Invention of Trust"

Seite 118
Aufgabe 1
Es geht in dem Radiobeitrag um ein Interview mit dem jungen Regisseur Alex Schaad anlässlich der Verleihung des Studenten-Oscars für seinen Film „Invention of Trust".
In dem Film wird ein junger Lehrer von einem Internetunternehmen mit der öffentlichen Preisgabe seiner privaten Daten erpresst. Alex Schaad möchte mit seinem Film darstellen, welche gefährlichen Folgen die Veröffentlichung von persönlichen Daten im Internet haben kann.

Aufgabe 2
Richtige Aussagen:
Der Film „Invention of Trust" des deutschen Regisseurs Alex Schaad handelt von einem Lehrer,
- ... dessen sämtliche Internet-Daten von einem Unternehmen gekauft wurden.
- ... der von dem Unternehmen mit der Veröffentlichung seiner Daten erpresst wird.

Seite 119
Aufgabe 3
Der Autor ist der Ansicht, dass man den Informationen, die man im Internet über Freunde und Bekannte erfährt, mehr Glauben schenkt als den Erfahrungen aus persönlichen Begegnungen.

Aufgabe 4
Die meisten Menschen denken, dass sie nichts zu verheimlichen hätten und Informationen über sie nicht von Interesse seien. Sie machen sich keine Gedanken über mögliche Folgen der Veröffentlichung ihrer Daten.

Aufgabe 5
Der Regisseur nutzt selbst keine sozialen Plattformen. Seine Haltung war zuvor schon kritisch und ist durch seine Recherchen noch bewusster und sensibilisierter geworden.

Basisteil und Wahlteile: Der gläserne Mensch

Seite 122
Aufgabe 1
In dem Internet-Artikel „Der gläserne Mensch", am 28.05.2015 veröffentlicht, geht es um den Umgang mit dem Internet in unserem sogenannten smarten Zeitalter. Dabei geht es sowohl um den Nutzen als auch um die Gefahren für die Privatsphäre durch die Bekanntgabe persönlicher Daten im Internet. Auch die Überwachung der Menschen mit modernen Techniken wird thematisiert.

Seite 123

Aufgabe 2

Im Internet werden persönliche Daten offengelegt und gesammelt, sodass Persönlichkeitsprofile erstellt werden können. Die Menschen werden „gläsern", sie werden durch das Internet durchschaubar und ihre Privatsphäre ist für die Öffentlichkeit transparent.

Aufgabe 3

Zum gläsernen Menschen wird man zum Beispiel durch Online-Shopping. Dabei werden Informationen gespeichert, durch die sich Rückschlüsse auf individuelle Vorlieben und das Kaufverhalten ziehen lassen. Somit können Werbeanzeigen geschaltet werden, die genau auf die Person abgestimmt sind.
Auch soziale Netzwerke wie z. B. Facebook machen uns zu gläsernen Menschen, da sich durch Likes ein Persönlichkeitsprofil erstellen lässt. Und wer sich bei Facebook anmeldet, stimmt automatisch einer Weitergabe seiner Daten zu.
Des Weiteren kann durch die GPS-Signale der Smartphones der Standort des Benutzers ermittelt werden.

Seite 124

Aufgabe 4

	Nutzen	Begründung
Bürger	Benutzerfreundlichkeit	Daten können digital gesichert und somit vor Verlust geschützt werden (z. B. in Clouds). Das Speichern von Passwörtern erleichtert das Einloggen. „Cookies" speichern Informationen, sodass Internet-Shops weitere ähnliche Artikel vorschlagen. Bessere Orientierung durch GPS-Signale. Menschen haben die Möglichkeit, vielseitig zu kommunizieren und kreative Ideen auszutauschen.
Staat	Sicherheit	Das Speichern personenbezogener Daten dient der Verbrechensbekämpfung und -aufklärung (z. B. Anti-Terror-Datei).
Unternehmen	Umsatzsteigerung	Werbeanzeigen werden gezielt geschaltet und passende Artikel werden den Internetnutzern individuell zum Kauf angeboten. Angebot und Nachfrage können somit bewusst gesteuert werden.

Seite 125

Aufgabe 5

In der bei Statista am 15.08.2017 veröffentlichten Grafik werden Ergebnisse einer Umfrage zum Datenschutz im Internet in einem Säulendiagramm veranschaulicht. Dabei geht es um die Frage, ob die Internet-Nutzer selbst, die Anbieter von Online-Diensten oder der Staat für den Datenschutz verantwortlich sind. Die Umfrage wurde in den Jahren 2009, 2012 und 2014 durchgeführt.
Auffällig, ist, dass sich im Jahr 2014 die deutlichsten Veränderungen bei allen drei Gruppen zeigen. Der Anteil derjenigen, die den Nutzer selbst für den Datenschutz verantwortlich halten, steigt zwischen 2009 und 2014 kontinuierlich an: von etwas mehr als der Hälfte auf über 60 %. Dass die Online-Dienste für den Datenschutz zu sorgen haben, dafür sprechen sich deutlich weniger Befragte aus, ihr Anteil steigt aber ebenso an. Ein umgekehrtes Bild zeigt sich bei der möglichen Verantwortlichkeit des Staates. Waren es im Jahr 2009 noch mehr als 40 % der Befragten, ging deren Anteil bis 2014 auf ca. 15 % zurück.

Seite 126

Aufgabe 6

Jeder kann für sich selbst mehr Verantwortung für den Schutz der eigenen Daten übernehmen, indem man zum Beispiel die Persönlichkeit im Internet nicht offenlegt und Pseudonyme statt Klarnamen verwendet. Außerdem können Cookies gesperrt und GPS-Signale auf dem Handy deaktiviert werden. Des Weiteren sollten keine sensiblen Daten über die sozialen Netzwerke verbreitet werden. Beim Surfen und Online-Shoppen kann man seine persönlichen Daten schützen, indem die Datenschutzrichtlinien der jeweiligen Seiten beachtet werden. Mit einem Antrag bei Google kann verhindert werden, dass persönliche Bilder und Informationen verlinkt werden.

Wahlteil A

Seite 129

Möglicher Schülertext

Ein Internetunternehmen hat der Cafeteria unserer Schule ein Angebot für einen kostenlosen WLAN-Internetzugang gemacht. Für die Nutzung dieses Zugangs müssen allerdings alle Schülerinnen und Schüler den Allgemeinen Geschäftsbedingungen zustimmen, die diesem Unternehmen eine uneingeschränkte Nutzung unserer Internetdaten erlauben würde. Als Mitglied der Schülervertretung fühle ich mich verantwortlich und mache mir Sorgen um die Folgen dieser uneingeschränkten Datennutzung. Um mir eine genauere Meinung bilden zu können, habe ich im Internet recherchiert und bin dabei auf einen Textauszug aus dem Roman „1984" von George Orwell gestoßen.
In diesem Zukunftsroman aus dem Jahr 1949 geht es um den diktatorisch geführten Staat Ozeanien. Der Diktator, genannt der Große Bruder, führt die Parteielite an, die die restlichen Parteimitglieder und das gesamte Land unterdrückt und überwacht. Die Wohnungen werden von nicht abschaltbaren Geräten, sogenannten Televisoren, überwacht. Diese können alles sehen und hören und dienen auch zur Verbreitung von Propaganda.
Der Textausschnitt spielt in London nach einem großen Krieg. Die Hauptfigur Winston Smith arbeitet im Ministerium für Wahrheit und beschäftigt sich damit, die geschichtliche Vergangenheit der Partei zu beschönigen. Smith befindet sich in seiner Londoner Wohnung und be-

trachtet durch das Fenster die farblose Umgebung, von der sich zahlreiche Plakate mit der Aufschrift „Der Große Bruder sieht dich an!“ (Z. 3–4) abheben.
Er nimmt in der Ferne eine Polizeistreife im Helikopter wahr, die den Bewohnern in die Fenster schaut. Er dreht sich mit dem Rücken zum Televisor, weiß aber, dass er sich der Kontrolle nicht entziehen kann. Voller Abscheu blickt er auf die trostlosen Häuser und Ruinen der Stadt und fragt sich, ob London schon immer so ausgesehen hat. Er kann sich jedoch nicht mehr an seine Kindheit erinnern.
Normalerweise ist ein großer Bruder ein Vorbild für seine jüngeren Geschwister, der auf sie aufpasst, sie beschützt und dem sie vertrauen. Im Text dagegen führt der nie sichtbare große Bruder die Parteielite an, überwacht und kontrolliert die gesamte Bevölkerung.
Wie oft und nach welchem System überwacht wird, ist für den Leser nicht einschätzbar. Wie oben beschrieben, erfolgt sie mithilfe des Televisors, und es gibt keine Möglichkeit, sich ihr zu entziehen.
George Orwells Roman „1984“ war bei seiner Veröffentlichung eine Zukunftsvision. Jetzt frage ich mich, welche seiner damaligen Beschreibungen aus heutiger Sicht Wirklichkeit geworden sind.
Was genau bedeutet es, wenn Internetunternehmen uneingeschränkt unsere Daten nutzen können? Es ist auf jeden Fall heutzutage schwer nachvollziehbar, welche unserer Daten wann und zu welchem Zweck genutzt werden. Können Orwells Beschreibungen auf die Gegenwart übertragen werden und bedeutet das, dass wir auch beobachtet und ausspioniert werden? Zum Beispiel von Google und Facebook, die unsere Daten unkontrolliert verbreiten oder von anderen Internetunternehmen, die sie für firmeneigene Zwecke missbrauchen und uns bei unserer persönlichen Entscheidungsfindung manipulieren?
Auch wenn wir von George Orwells Überwachungsstaat weit entfernt sind, sollten wir unsere Privatsphäre schützen und aufpassen, dass wir nicht noch mehr zu gläsernen Menschen werden. Deswegen bitte ich euch, das Angebot des Internetunternehmens abzulehnen. Denn es ist wichtig, dass wir selbst mehr Verantwortung für den Schutz unserer Daten übernehmen und nicht Dritten überlassen. Mit einfachen Verhaltensregeln, z. B. dem Sperren von Cookies, der Verwendung von Pseudonymen und dem vorsichtigen Umgang mit sensiblen Daten, können wir uns sicher im World Wide Web bewegen und uns zumindest teilweise der Einflussnahme im Internet entziehen.

Wahlteil B

Seite 132
Möglicher Schülertext
Die nächste Ausgabe unserer Schülerzeitung behandelt das Thema „Der gläserne Bewerber“ und als Redakteurin ist es meine Aufgabe, zur Thematik zu recherchieren und außerdem nach einem geeigneten Titelbild für die Schülerzeitung zu suchen. Bei meinen Recherchen bin ich fündig geworden und habe im Nachrichtenmagazin „Focus“ den Artikel „Vorsicht vor allzu sorglosen Ausflügen in soziale Netzwerke!“ und in der „Frankfurter Rundschau“ eine zum Thema passende Karikatur entdeckt.
Heutzutage spielt das Internet bei Bewerbungen eine große Rolle und jeder Personalvermittler kann sich dort Informationen über einen Bewerber verschaffen und entsprechend auswerten. Im Artikel der Zeitschrift wird thematisiert, wie sich die Selbstdarstellung eines Bewerbers in sozialen Netzwerken auf die Chancen seiner Bewerbung auswirken kann. So könnte sich z. B. die Veröffentlichung unangemessener Urlaubs- und Partyfotos für den Bewerber nachteilig auswirken. Einträge über erotische Vorlieben sowie Äußerungen von extremen politischen Ansichten könnten ein Ausschlusskriterium für den Arbeitgeber sein. Und abfällige Äußerungen über den Job oder die Firma sind ein absolutes No-Go.
Jedoch bietet die Präsentation im Internet auch Vorteile für die Bewerbung, denn gute Internetprofile können einen Bewerber auch interessanter für den Arbeitgeber machen. So können Angaben im Lebenslauf belegt werden, z. B. Auslandsaufenthalte oder privates Engagement. Laut einer Umfrage des Bundesministeriums für Verbraucherschutz finden 56 % der Unternehmen ihre Kandidaten aufgrund der virtuellen Informationen. 12 % der Unternehmen bezeichnen es sogar als negativ, keine Angaben über den Bewerber im Netz zu finden.
Auch wenn es aus datenschutzrechtlicher Sicht Grenzen für Personalchefs gibt, sollte jeder wissen, dass man im Zeitalter der Digitalisierung zum gläsernen Bewerber wird und in der Realität die oben genannten Überprüfungen stattfinden. Jeder sollte daher entsprechend vorsichtig agieren, wenn er persönliche Daten ins Internet stellt. Denn eine verantwortungslose und unbekümmerte Preisgabe persönlicher Daten im Netz kann zum Stolperstein für eine berufliche Karriere werden.
Die ausgewählte Karikatur aus der Frankfurter Rundschau eignet sich besonders gut als Titelbild unserer nächsten Schülerzeitung. Dort wird dargestellt, wie ein Jugendlicher die schriftliche Absage seiner Bewerbung in Händen hält. Hinter ihm steht ein Mädchen und vor ihm im Türrahmen ein Mann, vermutlich sein Vater, dem er die Begründung für die Absage vorliest. Das Unternehmen habe sich sehr über die im Internet von ihm veröffentlichen Informationen und Bilder amüsiert und man wünsche ihm für die Zukunft alles Gute. Dabei wirkt der Gesichtsausdruck der beiden Jugendlichen überrascht bis schockiert.
Diese Karikatur stellt eindrücklich dar, dass Informationen, die über die eigene Person im Internet öffentlich gemacht worden sind, zu einer Absage bei Bewerbungen führen können. Sie mahnt zur Vorsicht im Umgang mit persönlichen Daten im Internet und stellt in überspitzter, schülerangemessener Form die Problematik des „gläsernen Bewerbers“ dar.

4. Lege dir in Stichworten einen Schreibplan an.

Schreibplan zum Wahlteil B

Einleitung:

a) Gefühlslage (Informationen aus Text 1 und 2 entnommen), Ich-Form:

___

___

Hauptteil:

b) Inhalt des Gedichtes (kurz zusammengefasst!):

___

___

___

b) Drei Kernaussagen des Gedichtes, die hier wichtig sind:

1. ___

2. ___

3. ___

Schluss:

d) Appell an mich (Mut machende Formulierung):

___

___

___

5. Schreibe nun deinen Text. Die folgenden Formulierungsvorschläge können dir dabei helfen.

Einleitung:

- Alles scheint sich verändert zu haben. Früher …

Hauptteil:

- Immer wieder fällt mir das Gedicht „pass auf“ von Wolfgang Reus ein. Darin geht es …
- Das Gedicht weist auf verschiedene Dinge im Leben hin, auf die man aufpassen sollte …
- Drei Aspekte sind mir dabei vor allem ins Auge gesprungen …
- Da ist zum Beispiel der Punkt, dass …/Ihn finde ich wichtig, weil …

Schluss:

- Aber ich werde es schaffen. Ich bin mir sicher, denn …

6. Überarbeite deinen Text mithilfe der Checklisten auf den Seiten 48, 59 und 68.

C 3 Prüfungsbeispiel: Gentechnik – Fluch oder Segen?

Bearbeite auch diese Prüfungsvorlage so, wie du es in den Grundkursen B6 – B8 (Seite 41 – 68) gelernt hast. Gehe dabei schrittweise vor.

Auf den Seiten 93 bis 95 findest du Lösungshilfen zu den Wahlteilen A und B.

Die folgenden Texte befassen sich mit dem Thema „Gentechnik". Bearbeite zunächst die Aufgaben im Basisteil. Im Anschluss daran bearbeitest du die von dir gewählte Wahlaufgabe im Wahlteil A oder B.

Basisteil

Text 1: Chancen & Risiken der „Wunderwaffe Gentechnik"

Die Gentechnik wurde als *„Büchse der Pandora"*[1] bezeichnet. Es ist unbestritten, dass durch gentechnische Forschungsergebnisse viele positive Aspekte in unser Leben Einzug gefunden haben. So können Erbkrankheiten verlässlich diagnostiziert und behandelt werden. In Zukunft sollen defekte Gene ganz gezielt aus dem Genom[2] von Patienten mit unheilbarer Erbkrankheit entfernt und durch intakte Gene ersetzt werden. Bei Kinderwunsch ist es möglich, die Wahrscheinlichkeit einer Erbkrankheit beim Ungeborenen zu bestimmen. Auch Vaterschaften können nun verlässlich getestet werden. Durch die Gentechnik lassen sich ganz gezielt neuartige Medikamente herstellen. Zum Beispiel kann mithilfe von gentechnisch veränderten Bakterien menschliches Insulin erzeugt werden. Durch die Polymerase-Kettenreaktion (PCR)[3] lassen sich Straftäter zweifelsfrei überführen, was möglicherweise eine deutlich abschreckende Wirkung hat, Straftaten überhaupt zu begehen.
Die Weltbevölkerung wächst kontinuierlich. Alle Menschen brauchen zum Überleben Nahrung, sauberes Wasser und eine saubere Umwelt. Durch gentechnisch veränderte Nutzpflanzen konnten die Ernteerträge gesteigert werden. Im Bereich des Umweltschutzes und der Umweltsanierung besteht noch Handlungsbedarf, aber auch auf diesem Gebiet fand im Laufe der letzten Jahre bereits ein deutliches Umdenken statt.
Neben all diesen positiven Entwicklungen muss man der Gentechnik aber auch kritisch gegenübertreten. Es müssen ethische[4] Fragen diskutiert werden, etwa ob der Einsatz von Gentechnik bei Nutztieren und Kulturpflanzen nicht auch schädliche Auswirkungen auf Mensch und Umwelt haben kann. Dürfen wir Tiere derart manipulieren? Was würde passieren, wenn ein genetisch veränderter Mikroorganismus aus dem Labor entweicht? Es gibt große Firmen, die weltweit mit Saatgut handeln, dem zuvor die Keimfähigkeit gentechnisch entzogen worden ist. Die Saat lässt sich also im Folgejahr nicht mehr ausbringen. Die Landwirte müssen also jährlich neues Saatgut kaufen. Wurde da nicht in die Evolution eingegriffen mit dem Ziel einer Profitsteigerung? Spaltet die Gentechnik die Weltbevölkerung nicht noch mehr in Arm und Reich? Wer entscheidet darüber, welche Bereiche der Gentechnik ethisch bedenklich sind? Wer legt die moralischen Maßstäbe dafür fest? Darwin[5] hat in seinen Werken davon gesprochen, dass nur der Stärkste überlebt. Legen wir Menschen nun fest, wer der Stärkste ist, und

nicht mehr die Natur? Wer kann die Folgen voraussehen? Wenn bei einem Embryo eine Fehlentwicklung diagnostiziert wird, die eine lebenslange Behinderung zur Folge hat, ist es dann besser abzutreiben?
Und was machen wir, wenn das technische Know-how in falsche Hände gerät? Wenn es Menschen gibt, die gezielt Krankheiten ins Erbgut einschleusen wollen, die einen biotechnologischen Krieg führen wollen? Wie könnte man sich dagegen wehren? Würden wir es überhaupt merken?

Stefan Lamm: Lernwerkstatt Gentechnik. Dem genetischen Fingerabdruck auf der Spur. Kohl Verlag, Kerpen 2016 (bearbeitet)

1 „Büchse der Pandora“: eine Redensart, bedeutet: etwas Unheilbringendes
2 Genom: das Erbgut eines Lebewesens, die Gesamtheit aller Gene
3 PCR: eine Methode, um die Erbsubstanz (DNA) zu vervielfältigen
4 ethisch: moralisch, sittlich (Die Ethik sagt, wie der Mensch handeln soll und wie nicht.)
5 Darwin: ein Naturwissenschaftler des 19. Jh., der mit seiner Forschung den Grundstein für unser heutiges Wissen über die Entstehung von Tier- und Pflanzenarten legte

Aufgabe 1

Stelle den Text und sein zentrales Thema in nicht mehr als drei Sätzen vor.

____

____

____

Aufgabe 2

Notiere in Stichpunkten mindestens sechs positive Aspekte der Gentechnik.

____

____

____

____

____

____

Aufgabe 3

Schreibe stichpunktartig auf, welche ethischen Fragen im Zusammenhang mit der Gentechnik diskutiert werden könnten.

____

____

____

____

____

____

Wahlteil A

Du entdeckst im Supermarkt auf einer Milchpackung den Aufdruck „ohne Gentechnik" und wirst neugierig. Bei weiteren Recherchen im Internet erfährst du, dass es gentechnisch veränderte Milch nicht gibt, aber dass die Tiere, die die Milch liefern, nicht mit gentechnisch veränderten Pflanzen gefüttert wurden. Du fragst dich, was die Vorteile, aber auch die Risiken von gentechnisch veränderten Pflanzen sind, und möchtest dazu in der nächsten Ausgabe der Schülerzeitung einen Artikel schreiben und zusätzlich deine Informationen mit einer passenden Karikatur untermauern. Verfasse dafür einen informierend-appellierenden Text.

Text 2A: Gentechnisch veränderter Mais – BT-Mais

Mais gehört mit Weizen und Reis zu den wichtigsten Nahrungs- und Futterpflanzen der Welt. Ernteausfälle beim Mais haben einen großen wirtschaftlichen Schaden zur Folge. Ein Grund für Ernteausfälle beim Mais ist weltweit ein Schädling: der Maiszünzler. Die Larven des Maiszünzlers entwickeln sich in den Stängeln der Maispflanze, sodass die Pflanze abstirbt.
Um die Ernteausfälle zu verringern, wurden gentechnisch veränderte Maispflanzen erzeugt. Das dazu nötige Gen fand man in einem Bodenbakterium. Dieses Bakterium stellt giftiges Eiweiß her, das für Larven einiger Insekten tödlich ist. Gentechnikern ist es gelungen, dieses Gen in die Maispflanze einzuschleusen. Jetzt können diese das Gift selbst herstellen. Wenn die Larven das Bakterium fressen, bohrt das Gift Löcher in den Darm der Larven, und sie verhungern. Somit müssen weniger Spritzmittel eingesetzt werden.
Während in Amerika die Produktion von gentechnisch verändertem Mais inzwischen üblich ist, gibt es in Deutschland seit 2009 ein Anbauverbot. Viele sind skeptisch gegenüber gentechnisch verändertem Mais. Zum einen meinen Kritiker, die Giftstoffe im Mais könnten auch andere Tiere wie Bienen, Spinnen oder Käfer töten. Ebenso besteht die Angst, dass das Gift auch in den menschlichen Körper gelangen und dort Allergien erzeugen könnte. Außerdem lassen sich gentechnisch veränderte Pflanzen nicht kontrollieren. Deren Pollen fliegen über Grenzen hinweg oder werden von Bienen kilometerweit getragen. So kommt es zu Verunreinigungen mit herkömmlichen Maissorten, deren Erbgut dadurch verändert wird.

Erlebnis Biologie 3. Bildungshaus Schulbuchverlage, Braunschweig 2017, S. 73

Karikatur

Quelle: Jan Bintakies

Bearbeite nun die folgenden Aufgaben in einem zusammenhängenden Text.
Gehe folgendermaßen vor:

a) Erkläre einleitend den Anlass für deinen Beitrag.
b) Stelle das Thema des Artikels „Gentechnisch veränderter Mais – BT-Mais" in ein bis zwei Sätzen kurz vor.
c) Informiere mithilfe von Text 2A am Beispiel von BT-Mais über die Vorteile und Risiken seiner Nutzung.
d) Appelliere in einem abrundenden Schluss, insgesamt neugierig und offen für die Chancen der Gentechnik zu sein, indem du mithilfe von Text 1 positive Aspekte aufzeigst.
Appelliere aber auch, der Gentechnik kritisch gegenüberzutreten, indem du mindestens drei in Text 1 angeführte ethische Fragen ansprichst.
e) Begründe die Auswahl der Karikatur zur Untermauerung deiner Informationen über die Risiken der Gentechnik.

Wahlteil B

Im Fach Biologie behandelt ihr das Thema „Gentherapie beim Menschen". Dafür sollst du ein Referat mit abschließender persönlicher Stellungnahme erarbeiten.

Text 2B: Gentherapie beim Menschen Immunschwäche des „Bubble Boy"

Viele Erbkrankheiten beruhen auf dem Defekt eines einzelnen Gens. Auch für angeborene Erkrankungen des Immunsystems sind defekte Gene verantwortlich.
David Philipp Vetter, ein Junge aus dem amerikanischen Bundesstaat Texas, kam mit einem angeborenen Gendefekt zur Welt: einer schweren Immunschwäche (SCID). David besaß keine Abwehrkräfte gegen jede Art von Erregern, bereits eine gewöhnliche Erkältung wäre für ihn tödlich gewesen. Bekannt wurde David Vetter als „Bubble Boy", weil er in einem sterilen Kunststoffisolator leben musste. In dem kleinen Plastikzelt hatte David alles, was er brauchte: Nahrung, Kleidung, Spielzeug. Nur eines hatte er nicht: Kontakt zur Außenwelt. Davids Atemluft wurde über einen Filter gereinigt, Berührungen waren nur durch die im Zelt eingebauten Handschuhe möglich. David und seine Eltern entschieden sich für eine Knochenmarksübertragung, die aber keine Heilung brachte. 1984 verließ der schwer kranke David im Alter von 12 Jahren zum ersten Mal die schützende keimfreie Hülle. Er starb zwei Wochen später an den Folgen einer Infektion.
Seit dem Jahr 2002 gibt es für Kinder wie David eine neue Hoffnung. In diesem Jahr wurde der einjährige *Rhys Eans* aus seinem Plastikzelt befreit. Er litt an der gleichen Immunschwäche wie David. Rhys wurde mithilfe einer Gentherapie geheilt. Dabei wurde das fehlerhafte Gen durch ein intaktes[1] Gen ersetzt. Heute führt er ein völlig normales Leben.
2015 ist *Hassan* sieben Jahre alt und dem Tod nahe. Er leidet an einer seltenen Krankheit, der Schmetterlingskrankheit: Sie macht seine Haut so empfindlich wie die Flügel der Insekten. Auch hier ist ein Gendefekt die Ursache. Als er in die Bochumer Klinik eingeliefert wird, sind 60 Prozent seiner Hautoberfläche zerstört und seine Eltern treffen eine Entscheidung,

die ihm das Leben rettet: eine Gentherapie als Heilversuch. Dabei werden Stammzellen aus Hassans Haut isoliert, ein intaktes Gen wird eingeschleust und neue, gesunde Haut gezüchtet, die dem Jungen in drei Operationen transplantiert wird. Heute lebt Hassan völlig normal und geht zur Schule.
Seit dem ersten Gentherapieversuch vor fast 30 Jahren hat es erstaunliche Erfolge, aber auch Rückschläge mit einigen Todesfällen gegeben. Denn die Methode hat ihre Tücken. Eine wirklich harte Nuss, die es noch zu knacken gilt, ist bis heute der Transport des intakten Gens in die entsprechenden Zellen. Viren werden dazu als sogenanntes Gentaxi genutzt. Allerdings werden teilweise sehr hohe Virenmengen benötigt, was zu Überreaktionen der Immunabwehr führen kann. Eine Virenlast, die der Körper im schlimmsten Fall nicht verkraftet. So war es auch bei dem 18-jährigen *Jesse Gelsinger*, der an einer leichten Form einer erblich bedingten Stoffwechselstörung der Leber litt und sich 1999 freiwillig für eine Gentherapie-Studie gemeldet hat. Vier Tage später starb der junge Mann, weil sein Immunsystem auf Grund der Virenschwemme zusammenbrach.
Spektakuläre Fortschritte in der Gentherapie hat es in den vergangenen Jahren auch bei der Behandlung bestimmter Krebsarten gegeben. Leider haben manche Therapien extreme Nebenwirkungen, die schlimmstenfalls zum Tod führen können.
Ein weiteres Problem bilden die Kosten, denn Gentherapien sind extrem teuer. Letztlich braucht es hier eine gesellschaftliche Diskussion: Was sind uns Gentherapien wert, die Blinde sehend machen, Krebskranke heilen und anderen lebenslange Behandlungen und Leid ersparen?

Prisma Biologie 9/10, Ernst Klett Verlag, Stuttgart 2015, S. 152 – 153
Juliette Irmer. Gentherapie – Zwischen Wunsch und Wirklichkeit. https://www.spektrum.de/wissen/zwischen-wunsch-undwirklichkeit/ 1544517 (Zugriff: 28.01.2019, gekürzt und vereinfacht)

1 intakt: heil, funktionstüchtig

Bearbeite nun die folgenden Aufgaben in einem zusammenhängenden Text.
Gehe folgendermaßen vor:

a) Stelle einleitend das Thema dar, indem du die vereinfachte Grundidee der Gentherapie vorstellst.
b) Erläutere anhand von zwei Beispielen aus Text 2B, wie mithilfe der Gentherapie Krankheiten geheilt werden konnten.
c) Zeige anhand von zwei Beispielen aus Text 2B auf, dass es bei den Gentherapien auch Misserfolge und Rückschläge gab.
d) Schließe den Text mit einer persönlichen Stellungnahme zum Thema.

Lösungshilfen zum Wahlteil A

1. Beschreibe mit eigenen Worten, was beim BT-Mais verändert wurde.

____

____

____

2. BT-Mais ist umstritten und darf in Deutschland seit 2009 nicht angebaut werden. Lies Text 2A genau und schreibe drei mit BT-Mais verbundene Risiken heraus.

____

____

____

____

TIPP zu 2.

Markiere im Text 2A die Vorteile und Risiken von BT-Mais mit einem farbigen Stift.

3. Lege dir in Stichworten einen Schreibplan an.

Schreibplan zum Wahlteil A

Einleitung:

a) Anlass für deinen Artikel: _______________

____

Hauptteil:

b) Thema des Artikels: _______________

____

c) Gentechnische Veränderung beim BT-Mais: _______________

Vorteile von BT-Mais: _______________

Risiken von BT-Mais: _______________

Schluss:

d) Positive Aspekte der Gentechnik allgemein: _______________

____

e) Ethische Fragen zur Gentechnik: _______________

____

____

f) Begründung für die Karikatur zum Thema: _______________

____

4. Schreibe nun deinen Text. Die folgenden Formulierungsvorschläge können dir dabei helfen. Überarbeite deinen Text anschließend mithilfe der Checklisten auf den Seiten 46, 52 und 60.

Einleitung:
- Beim Einkaufen im Supermarkt habe ich auf einer Milchpackung den Aufdruck „Ohne Gentechnik" entdeckt. Das hat mich neugierig gemacht und bei weiteren Recherchen im Internet habe ich erfahren, dass ...
- Zu diesem Thema möchte ich gerne einen Artikel für die nächste Ausgabe der Schülerzeitung schreiben und dabei ...

Hauptteil:
- Ein Beispiel dafür, wie man Pflanzen gentechnisch verändern kann, ist der BT-Mais. Er wird so verändert, dass er selbst ein Gift gegen ... herstellt. Damit kann der Landwirt auf ... verzichten. Allerdings ist BT-Mais auch umstritten und kann Schaden anrichten, zum Beispiel ...

Schluss:
- Ich finde, dass in der Gentechnik viele Chancen liegen, zum Beispiel ...
- Allerdings sollte man sich in diesem Zusammenhang auch ethischen Fragen stellen ...
- Passend zum Thema habe ich eine Karikatur gefunden, die deutlich zeigt, dass ...

Lösungshilfen zum Wahlteil B

1. Beschreibe mit einem Satz die Grundidee jeder Gentherapie.

___

___

2. Lies Text 2B genau und erkläre mit eigenen Worten, an welchen Krankheiten die Jungen *David Philipp Vetter, Rhys Eans* und *Hassan* jeweils litten und ob ihnen mithilfe der Gentherapie geholfen werden konnte.

David Philipp Vetter: ___

___

___

Rhys Eans: ___

___

___

Hassan: ___

___

___

3. Führe ein Beispiel für eine nicht erfolgreiche Gentherapie an.

___

___

___

___

4. Lege dir in Stichworten einen Schreibplan an.

Schreibplan zum Wahlteil B

Einleitung:

a) Thema des Referats:

Hauptteil:

b) Erfolge der Gentherapie:

c) Misserfolge und Rückschläge der Gentherapie:

Schluss:

d) Persönliche Stellungnahme:

5. Schreibe nun deinen Text. Die folgenden Formulierungsvorschläge können dir dabei helfen. Überarbeite deinen Text anschließend mithilfe der Checklisten auf den Seiten 46, 52 und 60.

Einleitung:

- Viele Erbkrankheiten beruhen auf dem Defekt eines einzelnen Gens. Mithilfe der Gentherapie ist es möglich, Krankheiten zu heilen. Dabei wird …

Hauptteil:

- Lange gab es für die Erbkrankheit SCID, eine schwere Immunschwäche, keine Heilung. Der Junge David Vetter litt an dieser Krankheit und wurde als „Bubble Boy" weltweit bekannt. Doch für ihn …
- Inzwischen gibt es für Kinder mit dieser Krankheit Hoffnung. Mithilfe der Gentherapie …
- Auch andere Krankheiten können heutzutage mithilfe der Gentherapie geheilt werden, zum Beispiel …
- Doch die Gentherapie hat auch ihre Schattenseiten …

Schluss:

- Die Gentherapie bietet zahlreiche Möglichkeiten, schwerkranken Menschen zu helfen … Jedoch gibt es auch immer wieder Misserfolge und Rückschläge.
- Ich finde …

C 4 Prüfungsbeispiel: Tattoos

Bearbeite auch diese Prüfungsvorlage so, wie du es in den Grundkursen B 6 – B 8 (Seite 41 – 68) gelernt hast. Gehe dabei schrittweise vor.

Auf den Seiten 101 – 103 findest du Lösungshilfen zu den Schreibaufgaben des Wahlteils A und B.

Die folgenden Materialien befassen sich mit dem Thema „Tattoos“. Bearbeite zunächst die Aufgaben im Basisteil. Im Anschluss daran bearbeitest du die von dir gewählte Wahlaufgabe im Wahlteil A oder B.

Basisteil

Text 1: Tattoos als Modeerscheinung

Egal ob David Beckham oder Rihanna – viele Stars sind tätowiert. Kein Wunder, dass der Körperschmuck vor allem bei jungen Leuten immer beliebter wird. Tattoo-Studios sprießen aus dem Boden und es gibt sie längst nicht nur in Großstädten.

Für unsere Großeltern war noch klar: Tätowiert sind nur Menschen, die zur See gefahren sind oder einen Gefängnisaufenthalt hinter sich haben. Das ist längst anders. Im Internet gibt es viele Galerien, voll mit den verschiedensten Tätowierungen. Wer sucht, der findet.

Ein halbes Dutzend Zeitschriften gibt es zudem mittlerweile zu der Thematik und sogar Bildbände mit Fotografien werden gedruckt und verkaufen sich zahlreich. Für die jungen Menschen heutzutage ist Tätowieren Kunst. Gut zwei Millionen Deutsche haben inzwischen ihren Körper zur Kunstzone erklärt, indem sie sich ein mehr oder weniger großes Bild haben stechen lassen.

Ja, wie so eine Verzierung auszusehen hat, da gibt es kaum Grenzen. Ob einzelne Buchstaben, eine kleines Symbol oder ein Kunstwerk, das sich über ganze Körperteile erstreckt – alles ist möglich.

Oft sind es extrovertierte Menschen, die sich tätowieren lassen. Menschen, die keine Scheu haben, etwas von sich nach außen zu tragen. Auch, um die Zugehörigkeit zu einer Gruppe deutlich zu machen, erfüllen Tätowierungen ihren Zweck. Egal ob Fußballvereine, Texte von Lieblingsliedern oder politische Statements – alles kann auf der Haut verewigt werden.

Soweit, so gut. Doch letzten Endes stehen wir nicht wie Rihanna auf der Bühne oder erhalten Millionen an Werbeeinnahmen für unser individuelles Aussehen wie David Beckham. Die jungen Leute heutzutage stehen vor anderen Herausforderungen und die Frage ist, inwieweit sich Körperschmuck und Realität miteinander vereinbaren lassen.

Autorentext

Aufgabe 1

Fasse in nicht mehr als vier Sätzen zusammen, worum es in dem Text geht.

___

___

___

Aufgabe 2

Wie hat sich der Ruf von Tätowierungen in den letzten Jahren verändert? Stelle dabei heraus, wie es früher war und wie es heute ist.

Aufgabe 3

Nenne stichpunktartig drei Gründe, warum Menschen sich heutzutage tätowieren lassen.

Karikatur

Quelle: Harm Bengen/ toonpool.com

Aufgabe 4

Beschreibe die Karikatur.

Aufgabe 5

Was könnte der Junge gedacht haben, als er sich die Arme angemalt hat? Formuliere in der Ich-Form.

Text 2: Aufklärung ist wichtig

Jugendliche unter 16 Jahren dürfen nicht tätowiert werden und bis zum 18. Lebensjahr haben die Eltern Mitspracherecht. Das aus gutem Grund, denn ganz risikofrei ist die Angelegenheit nicht. Möchte sich ein minderjähriger Mensch tätowieren lassen, haben Eltern selbstverständlich hierbei das Recht, „nein“ zu sagen. Auf jeden Fall aber sollten Eltern und Kind gemeinsam über die anfallenden Risiken sprechen:

Bei Jugendlichen ist der Wachstumsprozess noch nicht abgeschlossen. Somit kann sich der Körper noch verändern und sich das Tattoo verschieben oder verzerren.

Durch verunreinigte Nadeln können Krankheiten, im schlimmsten Fall HIV, also Aids, übertragen werden.

Es gibt noch keine einheitliche Regelung oder auch nur Auflagen bezüglich der Färbesubstanzen. So ist es möglich, dass mit der Farbe gesundheitsschädigende Stoffe in den Körper gelangen, die zu Allergien oder Folgeschäden führen können.

Eine Tätowierung besteht aus vielen kleinen Stichen in die Haut. Das schmerzt und auch im Nachhinein kann es zu Schwierigkeiten im Heilungsprozess kommen.

Tattoos unterliegen der Mode. Wer weiß, ob das heute coole Tattoo in fünf Jahren noch in ist? Der eigene Geschmack verändert sich. Ist das Tattoo so gewählt, dass es auch in Zukunft noch gefallen wird?

Autorentext

Aufgabe 6

Schreibe aus dem Material die drei für dich wichtigsten Risiken einer Tätowierung heraus. Begründe deine Reihenfolge.

Wahlteil A

Deine beste Freundin ist ein großer Fan der Band „One Direction“. Weil sie den Sänger unglaublich toll findet, ist sie fest entschlossen, sich seinen Namen auf den Unterarm tätowieren zu lassen. Du bist von dieser Idee nicht begeistert und versuchst, sie in einem Brief davon zu überzeugen, das nicht zu tun.

Text 3A: Fürs Leben gezeichnet

Tätowierungen und Piercings sind Privatsache, sollte man meinen. Doch oft zählt der erste Eindruck, wenn es um die Vergabe eines Arbeitsplatzes geht. Vielen, die sich eine Tätowierung machen lassen, sind die Folgen durchaus bewusst. Man ahnt, dass man mit Einschränkungen wird leben müssen und dass der Körperschmuck auffällt. Oft ist das sogar gewollt – die Tätowierung soll persönliche Einstellungen oder Vorlieben nach außen tragen.

Privat, im eigenen Freundeskreis oder im Sportverein, sind Tätowierungen auch in der Tat kaum noch ein Problem. Oftmals werden sie sogar zum Statussymbol. Durch viele „Vorbilder“ in den Medien hat sich die Gesellschaft an den Anblick tätowierter Menschen gewöhnt. Und wenn Eltern und Großeltern heutzutage die Nase rümpfen über den frisch tätowierten Nachwuchs, liegt dies vor allem daran, dass diese ahnen, dass Tätowierungen trotz aller Modetrends noch immer ein zweifelhaftes Image anhaftet.

Dies ist auch der Grund, weshalb in vielen Berufen verlangt wird, den Körperschmuck durch Kleidung zu verbergen. In den meisten Verträgen steht, dass keine offensichtlichen Tattoos erlaubt sind. So bedeutet z. B. ein tätowierter Unterarm, dass auch im Sommer langärmlig gearbeitet werden muss. In klassischen Sparten wie Handel, Versicherung und Gastronomie sind Tätowierungen, Piercings oder besonders auffällige Kleidung meist ein „no go“.

Ausdrücklich verbieten darf der Chef Körperschmuck nicht, dennoch berichten viele Personalchefs davon, dass bei gleicher Kompetenz oft der unauffälligere Bewerber bevorzugt würde. Begründet würde dies dann zwar mit anderen Dingen, dennoch sei eine offensichtliche Tätowierung oft der Grund. Denn alleine die Angst davor, Kunden zu verlieren, weil diese das vermeintlich Unseriöse der Tätowierung dann auch mit dem Betrieb verbinden, lässt sie das Risiko lieber nicht eingehen.

Autorentext

Bearbeite die folgenden Aufgaben. Beachte auch die Überleitungen zwischen den einzelnen Punkten, um einen zusammenhängenden Brief zu gestalten.

a) Beginne mit der Anrede und der Beschreibung deines Anliegens.
b) Erkläre deiner Freundin, dass du durchaus verstehst, dass sie gerne ein Tattoo hätte (Text 1, Karikatur).
c) Formuliere begründet drei mögliche Probleme, die sich ergeben könnten, wenn deine Freundin sich so, wie sie es vorhat, tätowieren lässt (Text 2 und 3A). Beziehe dich dabei vor allem auf die Art der Tätowierung sowie die geplante Körperstelle.
d) Mache deutlich, wie du zu der Tätowierung stehst und welcher Aspekt dir besonders wichtig ist.
e) Appelliere an deine Freundin, von ihrem Vorhaben abzulassen. Ergänze deinen Appell durch einen Gegenvorschlag.

Wahlteil B

Schon seit längerer Zeit spielst du mit dem Gedanken, dich tätowieren zu lassen. Deine Eltern sind dagegen. Sie unterstellen dir, du hättest dir dein Vorhaben nicht gut genug überlegt.
Als du auf das Gedicht von Joachim Laß stößt, ist dir plötzlich klar, wie du deinen Eltern deine Sichtweise verdeutlichen kannst. Verfasse einen informierend-appellierenden Text für deine Eltern.

Text 3B: Gedicht „Tattoo“ von Joachim Laß

Das Leben
gleicht einem Tattoo
ein einzelner Nadelstich
scheint ohne Sinn
jeder Stich
eine Narbe
einige Stiche bluten
einige sind schmerzhaft
doch gemeinsam
ergeben sie ein Ganzes.

Das Leben
besteht aus
unzähligen Erfahrungen
jede Erfahrung
gleicht einem Nadelstich.
wie bei einem Tattoo
ergibt sich
aus jedem Stich
ein Stück des Ganzen.

https://www.schreiber-netzwerk.eu/de/1/Gedichte/30/Gefuehle/6887/Tattoo/ (Zugriff: 30.12.2017)

Text 4B: Sichtbares Bekenntnis – Warum Menschen sich tätowieren lassen

In Deutschland war das Image von Tätowierungen nach dem Zweiten Weltkrieg schlecht. Tattoos galten noch vor fünfzig Jahren als Hinweis auf ein rebellisches Lebensgefühl. Und das, obwohl sich Menschen seit Generationen von Tätowierungen Kraft und Schutz erhoffen oder durch sie ihre Zugehörigkeit zu einer bestimmten sozialen Schicht oder Familie ausdrücken. Rocker und Kriminelle setzten Tattoos bewusst ein, um sich von den braven Bürgern abzugrenzen. Bis Jugendkulturen die rebellischen Symbole kopierten – nicht nur zur Abgrenzung, sondern auch als sichtbares Bekenntnis: „Zu dieser Gruppe gehöre ich!“. Oder: „Dieses Erlebnis hat mich geprägt“. Inzwischen sind Tattoos allgegenwärtig – als Körperschmuck, öffentliches Tagebuch oder heilsamer Trost auf der Haut. Aus dem vermeintlichen Außenseiter-Symbol ist vielfach ein schickes Muss-ich-haben geworden.

Filmbeschreibung zum Film: „Sichtbares Bekenntnis“ (Quarks&Co). https://www1.wdr.de/fernsehen/quarks/tattoo-warum-100.html vom 29.01.2018)

Bearbeite die folgenden Aufgaben. Beachte auch die Überleitungen zwischen den einzelnen Punkten.

a) Beginne mit einer Einleitung, in der du kurz die Einstellung deiner Eltern sowie deinen eigenen Wunsch, dich tätowieren zu lassen, darstellst.
b) Erkläre deinen Eltern anhand von drei Aspekten, dass deine Tätowierung keine Kurzschlusshandlung wäre. Nutze dazu dein Wissen aus den Texten 1, 2 und 4B.
c) Leite zu dem Gedicht von Joachim Laß über und fasse kurz dessen Inhalt zusammen. (Text 3B)
d) Erkläre abschließend, was dein Leben und dein geplantes Tattoo mit dem Gedicht zu tun haben. Beziehe dich dabei vor allem auf die Stelle „wie bei einem Tattoo ergibt sich aus jedem Stich ein Stück des Ganzen“.
e) Schließe mit einem überzeugenden Appell an deine Eltern.

Lösungshilfen zum Wahlteil A

1. Mache dir stichpunktartig Notizen dazu, was Jugendliche an Tätowierungen fasziniert und warum sie eventuell selbst ein Tattoo haben wollen.

   ____

   ____

2. Lies Text 2 und 3A genau. Unterstreiche die Informationen, die du im Hinblick auf eine Tätowierung besonders wichtig findest, und schreibe sie stichpunktartig auf. Wenn du möchtest, kannst du durch eigenes Wissen ergänzen.

   ____

   ____

   ____

3. Notiere stichpunktartig, warum du gegen das Tattoo bist, das deine Freundin geplant hat.

   ____

   ____

   ____

4. Lege dir in Stichworten einen Schreibplan an.

Schreibplan zum Wahlteil A

Einleitung:

a) Anrede (an meine Freundin), Was möchte ich von ihr?

Hauptteil:

b) Ich verstehe den Wunsch, sich tätowieren zu lassen, weil:

1.

2.

3.

c) Probleme, die entstehen könnten:

1.

2.

3.

d) Ich entscheide mich dagegen, weil …

Schluss:

e) Appell an meine Freundin: Sie soll von dem geplanten Tattoo absehen …

5. Schreibe deinen Text. Die folgenden Formulierungsvorschläge können dir dabei helfen.

Einleitung:
Hallo Lena,
Ich habe gehört, dass …

Hauptteil:
Ich kann verstehen, dass dich ein Tattoo reizt.
Viele wünschen sich eine Tätowierung, weil …
Aber denk daran, dass es nicht nur darum geht, „in" zu sein.
In einigen Jahren können dadurch Probleme auf dich zukommen.
So könnte ich mir zum Beispiel vorstellen, dass …
Ich selber würde …

Schluss:
Vielleicht denkst du noch einmal darüber nach und entscheidest dich dafür …

6. Überarbeite deinen Text mithilfe der Checklisten auf den Seiten 48, 59 und 68.

Lösungshilfen zum Wahlteil B

1. Mache dir stichpunktartig Notizen dazu, unter welchen Umständen eine Tätowierung keine Kurzschlusshandlung ist.

2. Lies das Gedicht genau. Gib den Inhalt des Gedichtes im Anschluss strophenweise wieder.

3. Schreibe stichpunktartig auf, was dir zu dem genannten Zitat einfällt („wie bei einem Tattoo ergibt sich aus jedem Stich ein Stück des Ganzen").

4. Lege dir in Stichworten einen Schreibplan an.

Schreibplan zum Wahlteil B

Einleitung:

a) Welche Einstellung haben meine Eltern zu Tätowierungen? Was ist mein Wunsch?

Hauptteil:

b) Drei Aspekte, warum ich mir die Entscheidung für das Tattoo gut überlegt habe:

1.

2.

3.

c) Überleitung zum Gedicht / Kurze inhaltliche Zusammenfassung:

d) Was hat mein Leben mit dem Zitat zu tun?

Schluss:

e) Appell an meine Eltern:

5. Schreibe nun deinen Text. Die folgenden Formulierungsvorschläge können dir dabei helfen.

Einleitung:
Ich weiß, dass ihr es nicht gut findet, sich tätowieren zu lassen ...
Ich kenne eure Einstellung, aber ...

Hauptteil:
Ich habe lange über meine Entscheidung nachgedacht.
Eine Tätowierung ist auch ein Bekenntnis zu dem, was man gut findet.
Heute bin ich im Internet auf ein Gedicht gestoßen.
Inhaltlich geht es in dem Gedicht darum, dass ...
Eine Stelle in dem Gedicht hat mich besonders nachdenklich gemacht ...
Wenn man wirklich zu dem steht, was man sich tätowieren lassen möchte, ...

Schluss:
Ihr wisst, dass ich ...

6. Überarbeite deinen Text mithilfe der Checklisten auf den Seiten 48, 59 und 68.

D Angebotstexte zum selbstständigen Üben

D 1 Hörverstehenstest: Verdaddeln wir die Zukunft?

Auf dieser Seite liegt ein Hörtext in gedruckter Form vor. Um damit zu üben, solltest du ihn dir zweimal in normalem Sprechtempo vorlesen lassen. Decke den Text zu, sobald du die dazugehörigen Aufgaben bearbeitest.

Verdaddeln wir die Zukunft?

Durch Deutschlands Familien geht ein Riss. Was für den Nachwuchs längst ständiger Bestandteil der Freizeitgestaltung ist, halten Eltern oft für Zeitverschwendung: das Spiel am Computer. Gamen, daddeln oder zocken, wie es je nach Herkunft oder Freundeskreis heißt. Längst haben sich die Spiele vom Hobby für Außenseiter zum Massenphänomen entwickelt. Rund 30 Millionen Deutsche greifen regelmäßig zu Smartphone, Konsole oder PC, um sich die Zeit mit digitalen Abenteuern zu vertreiben. (...)
Trotz ihres Siegeszuges haben Computerspiele hierzulande noch immer einen schlechten Ruf. Vor allem bei jenen, die sie nicht nutzen. Das liegt nicht nur an den Eltern, die um die schulischen Leistungen ihrer Kinder fürchten. Auch Politiker und Medien diskutieren Videospiele vor allem im Kontext von Sucht und Gewalt – wie zuletzt nach dem Amoklauf von München.
Das sollte sich ändern. Computerspiele sind für die jüngere Generation, was das Vorabendprogramm für die ältere ist: manchmal gut und manchmal schlecht gemachte Unterhaltung. Vor allem aber sind sie ein Riesengeschäft. Rund 142 Milliarden Euro setzt die Branche weltweit um, etwa drei Milliarden Euro davon in Deutschland. Zum Vergleich: Der deutsche Buchhandel hat im vergangenen Jahr rund neun Milliarden Euro umgesetzt. Während die Buchumsätze bestenfalls stagnieren[1], legt die Spielebranche rasant zu. Zweistellige Zuwachsraten sind keine Seltenheit. Große Studios geben Millionen für die Entwicklung neuer Spiele aus, vom Aufwand her können es manche Spieleproduktionen inzwischen locker mit großen Hollywood-Filmen aufnehmen.
An Deutschland allerdings geht dieser Trend vorbei. Von den 60 erfolgreichsten Spielen 2015 wurde kein einziges hierzulande entwickelt. Das Land verpasst den Anschluss an einen wichtigen Zukunftsmarkt – auch deshalb, weil es sich oft und beharrlich weigert, Computerspiele als Kulturgut zu begreifen. Im europäischen Ausland ist man da weiter. Spieleproduktionen werden staatlich gefördert. Kein Wunder, dass die Branche auch in Deutschland nach öffentlichen Zuwendungen ruft.
Für den Fiskus[2] muss das kein Minusgeschäft sein. Durch kluge Förderpolitik könnten Millionenbudgets[3] angelockt werden. Über Steuern und Sozialabgaben würde der Staat das investierte Geld im Erfolgsfall mit Rendite[4] zurückbekommen. Rund 30.000 Arbeitsplätze gibt es bereits in der Szene, laut Branchenverband BIU[5] könnten es rund 100.000 sein. Und mal ehrlich: Wie will man einem Gaming-Fan erklären, dass jährlich weit über 100 Millionen Euro in die Filmförderung fließen, Spielestudios jedoch keinen Cent bekommen? Die Welt ändert sich – das muss man nicht mögen, aber übersehen darf man es auch nicht.

Andreas Niesmann: Verdaddeln wir die Zukunft? Hildesheimer Allgemeine Zeitung, 19.08.2016

[1] in der Entwicklung stehen bleiben
[2] der Staat als Steuerbehörde
[3] Millionensummen
[4] Gewinn
[5] BIU – Bundesverband Interaktive Unterhaltungssoftware: der Verband der deutschen Games-branche

Aufgabe 1

Fasse den Inhalt des Textes kurz zusammen.

____

____

____

Aufgabe 2

In welchem Zusammenhängen werden Computerspiele in Deutschland von der Politik und den Medien noch sehr oft diskutiert?

____

Aufgabe 3

Kreuze an, welche der folgenden Aussagen richtig sind.

a) Zurzeit gibt es in Deutschland ungefähr 30.000 Arbeitsplätze in der Spieleszene. ☐

b) Rund 20 Millionen Deutsche spielen Computerspiele. ☐

c) In Deutschland gelten Computerspiele als Kulturgut. ☐

d) Drei Milliarden Euro werden in Deutschland pro Jahr mit Computerspielen umgesetzt. ☐

e) In Deutschland wird die Entwicklung von Computerspielen staatlich gefördert. ☐

Aufgabe 4

Der Autor benutzt in seinem Text einige Vergleiche, um zu verdeutlichen, dass Deutschland bei der Entwicklung von Computerspielen noch aufholen muss. Ergänze die folgenden Sätze singemäß:

a) Bei der Entwicklung von Computerspielen werden so viele Millionen ausgegeben wie

____

b) Computerspiele sind für Jugendliche das, was für ältere Menschen

____

Aufgabe 5

Erkläre kurz, was der Autor des Textes von der Politik für die Entwicklung von Computerspielen fordert und welche Auswirkungen dies haben könnte.

____

____

D 2 Prüfungsbeispiel: Heimat verlieren – Heimat finden

Die folgenden Texte befassen sich mit dem Thema „Heimat". Bearbeite zunächst die Aufgaben im Basisteil. Im Anschluss daran bearbeitest du die von dir gewählte Wahlaufgabe im Wahlteil A oder B.

Basisteil

Text 1: Heimat suchen, finden und nachhaltig gestalten

Der deutsche Dichter Johann Gottfried von Herder sagte: „Heimat ist da, wo man sich nicht erklären muss". Für mich stellt sich die Frage, wo dieser Ort ist, wo wir uns nicht erklären müssen. Der amerikanische Lyriker Robert Lee Frost erklärt die Heimat als „der Ort, wo sie einen hereinlassen müssen, wenn man wiederkommt". Wenn ich an Flüchtlinge denke, frage ich mich, wo ihre Heimat ist. Der russische Schriftsteller Andrej Sinjawski, der in Frankreich im Exil lebte, gab sich mit folgender Antwort zufrieden: „Heimat ist kein geographischer Begriff. Man trägt sie in sich selbst." Bedeutet das, dass wir unsere Heimat in uns tragen? Der deutsche Philosoph Karl Jaspers scheint eine Antwort auf diese Frage gefunden zu haben: „Heimat ist da, wo ich verstehe und wo ich verstanden werde." Aber was ist, wenn es einen solchen Ort gar nicht gibt? Die deutsche Widerstandskämpferin Sophie Scholl verbindet Heimat mit Umwelt und Natur und äußert: „Ich drücke mein Gesicht an seine dunkle, warme Rinde und spüre Heimat – und ich bin so dankbar in diesem Augenblick."

Diese unterschiedlichen Definitionen des Begriffs „Heimat" zeigen mir, dass Heimat nicht etwas Unbewegliches, sondern Dynamisches ist. Heimat verlieren, suchen, finden, sich nach einer Heimat sehnen, heimisch werden, sich zu Hause fühlen und sich als Gemeinschaft fühlen, unabhängig vom Geburtsort. Dies gehört zu unseren Lebenswirklichkeiten als Mensch und als Gesellschaft und zu den Herausforderungen unserer globalisierten Welt.

Mein Beispiel kann vielleicht zeigen, wie international unsere Lebenswirklichkeiten sind. Ich komme aus einer Familie mit 7 Geschwistern. Nach unserem Abitur in Kamerun haben wir uns alle entschieden, in die Welt aufzubrechen, um zu studieren. Die letzten 20 Jahre habe ich in Deutschland die deutsche Sprache gelernt, studiert, einen Doktortitel erworben, eine Familie mit drei Kindern gegründet und an der Universität Freiburg gearbeitet. Seit Jahren bin ich in der Kirchen-, Eltern- und Vereinsarbeit sowie in der Politik tätig. Meine Geschwister leben in Afrika, Europa und Amerika und wir sind international vernetzt und engagiert. Dies gibt mir die Chance, Politik anders zu gestalten und internationale Erfahrungen in meine Arbeit einfließen zu lassen. Im Jahr 2009 wurde ich in den Stadtrat von Freiburg gewählt und beteilige mich aktiv an Entscheidungen, die sich unmittelbar auf unser Lebensumfeld auswirken. Ich kann somit mitgestalten, was für uns in unserer Stadt wichtig ist und erlebe die Kommune als einen Ort, in dem Nachbarschaft, Ehrenamt und Gemeinschaft praktiziert werden. Als Heimat eben.

Sylvie Nantcha: Heimat suchen. Heimat finden. Heimat nachhaltig mitgestalten.
http://www.kas.de/wf/de/33.30938/ (Zugriff: 13.11.2017, gekürzt und vereinfacht)

Aufgabe 1

Stelle den Text in einem einleitenden Satz vor und fasse die grundlegenden Informationen in nicht mehr als drei Sätzen zusammen.

____

____

____

____

____

____

Aufgabe 2

Die Autorin zitiert unterschiedliche Vorstellungen des Begriffs „Heimat“. Trage die entsprechenden Aussagen in die Tabelle ein.

Personen	Erklärung des Begriffs „Heimat“
Johann Gottfried von Herder	
Robert Lee Frost	
Andrej Sinjawski	
Karl Jaspers	
Sophie Scholl	
Autorin Sylvie Nantcha	

Text 2: Heimat und Kunst

Das Kunstobjekt „Over the Continents“ wurde im Jahr 2008 von der japanischen Künstlerin Chiharu Shiota geschaffen.
Der Künstlerin geht es vor allem um das Festhalten von Erinnerung. Sie spinnt mit ihren Wollfäden Dinge ein, die nicht vergessen werden sollen: Stühle, Kleider, Schuhe und mit ihnen auch die Empfindungen und Gefühle der Menschen, die diese Dinge einst besaßen. Für ihre Performance „Over the Continents“ hat sie Menschen gebeten, ihr alte Schuhe zu bringen und kleine Zettel hineinzulegen, auf denen sie beschreiben, was sie mit dem Schuh erlebt haben. Die Besucher konnten dann die Zettel lesen.
Für jemanden, der wie Chiharu Shiota zwischen zwei kulturell weit voneinander entfernten Welten pendelt, ist Heimat nicht ein Land oder eine Stadt, sondern der Ort, wo das Herz ist. Für sie selbst ist Berlin mittlerweile ein Ort, an dem sie sich zu Hause fühlt, aber es war ein langer Weg bis dahin. Viele Jahre hatte sie Heimweh nach Japan, wollte zurück, aber dann auch doch wieder nicht. „Ich fühlte, es zieht mich nach Japan, aber ich spürte auch, dass ich dort weg wollte. Dieses Gefühl habe ich mit dieser Performance ausgedrückt.“

Künstlerführer Berlin: Chiharu Shiota. http://www.artberlin.de/kuenstler-berlin/chiharu-shiota/ (Zugriff: 04.01.2018, gekürzt und vereinfacht)

Aufgabe 3

Das Kunstobjekt „Over the continents“ wurde von der Künstlerin Chiharu Shiota zu den Themen „Heimat“ und „Erinnerung“ geschaffen. Beschreibe, wie sie mit ihrer Kunst Erinnerungen festhält.

Aufgabe 4

Was bedeutet „Heimat“ für Chiharu Shiota?

Wahlteil A

Du arbeitest in der Redaktion eurer Schülerzeitung. Zurzeit besuchen einige Kinder aus geflüchteten Familien eure Schule. Für die nächste Ausgabe bereitest du einen Artikel vor, der sich mit dem Thema „Was ist Heimat?“ beschäftigen soll. Bei deiner Vorbereitung bist du auf das Lied „Heimat“ von Johannes Oerding und auf Erklärungen des Sängers zu diesem Thema gestoßen.

Text 3A:
Refrain des Liedes „Heimat“ von Johannes Oerding

Oh Heimat, schön wie du mich anlachst
Du bist immer da
Wenn ich keinen zum Reden hab
Oh Heimat, und wie du wieder aussiehst
Ich trag dich immer, immer bei mir
Wie'n Souvenir[1]

Heimat. Text: Johannes Oerding / Ina Mueller
Johannes Oerding Edition/EMI Music Publishing Germany GmbH, Berlin

[1] Souvenir: Erinnerungsstück, Mitbringsel

Text 4A: Erklärungen von Johannes Oerding

Der Song hat eine ganz spannende Entwicklung durchgemacht: Eigentlich wollte ich ihn „Hamburg“ nennen, aber dann war ich in meiner alten Heimat, bei meinen vier Geschwistern am Niederrhein, zu Besuch und habe gemerkt, dass ich auch dort noch zuhause bin. Und dass nicht nur eine Stadt oder ein Land Heimat bedeuten können, sondern auch Menschen. Neulich habe ich etwas Schönes gelesen: „Heimat ist da, wo die Leute an deinen Geburtstag denken, ohne es bei Facebook gelesen zu haben“.

Erklärungen von Johannes Oerding:
https://www.radio-vhr.de/pop-rock/johannes-oerding-heimat.html

Vor dem Hintergrund der aktuellen Geschehnisse in der Welt hat der Song eine ganz neue Dimension. „Ich freue mich für jeden Menschen, der irgendeinen Ort oder irgendeine Person „Heimat“ nennen kann – aber auch für alle Suchenden in diesen Zeiten wünsche ich mir, dass sie so schnell wie möglich wieder ein Gefühl von „Angekommen sein“ erleben können.

Erklärungen von Johannes Oerding:
http://www.n-tv.de/leute/musik/Johannes-Oerding-zuendelt-article14415341.html

Bearbeite die folgenden Aufgaben in einem zusammenhängenden Text. Gehe dabei so vor:

a) Beschreibe einleitend den Anlass für deinen Artikel.
b) Gehe kurz auf das Lied „Heimat“ von Johannes Oerding ein und fasse seine Erklärungen zu diesem Thema in wenigen Worten zusammen.
c) Für den Begriff „Heimat“ gibt es keine einheitliche Erklärung. Jeder Einzelne versteht etwas anderes darunter. Verdeutliche dies mithilfe von mindestens vier Beispielen. (Text 1)
d) Erkläre am Beispiel der Japanerin Chiharu Shiota, dass Gefühle zum Thema „Heimat“ auch mit Kunstobjekten zum Ausdruck gebracht werden können.
e) Erläutere abschließend, was „Heimat“ für dich bedeutet.

Wahlteil B

Im Rahmen einer Unterrichtseinheit zum Thema „Heimat" wird in deiner Klasse folgende Geschichte gelesen und besprochen.

Text 3B: Was ist Heimat für dich?

Ich sehe über meine Schulter, bis Ilias in mein Blickfeld rutscht. Er starrt unbewegt an die Tafel, auf der Frau Hofer diese Frage notiert hat: „Was ist Heimat für dich?" Vor mir schnipst eine Schülerin mit dem Finger. „Heimat ist für mich da, wo meine Familie herkommt!"

„Heimat ist, wo man die meiste Zeit seines Lebens verbringt", schlägt jemand anderes vor. Mein Blick liegt immer noch auf Ilias, und er bemerkt es nicht einmal. Er ist in Gedanken versunken – wie so oft, seit er bei uns ist.

Meine beste Freundin Hazal hebt den Arm. „Heimat ist da, wo man sich zu Hause fühlt, egal wie viel Zeit man dort verbringt." Sie lächelt und berührt mit einem Finger den goldenen Halbmond an ihrer Kette. Hazal war vor zwei Jahren das letzte Mal bei ihren Verwandten in der Türkei.

„Würdet ihr sagen, dass euer Zuhause hier auch automatisch eure Heimat ist?", fragt Frau Hofer. Da schüttelt Ilias kaum merklich den Kopf. Hazal dagegen protestiert laut. „Heimat ist da, wo das Herz ist!" Daraufhin fängt sie sich Gekicher von den Mädchen und ein paar abwertende Kommentare der Jungs ein und wird rot. Frau Hofer bittet um Ruhe. „Was Hazal sagt, ist ganz bestimmt nicht falsch."

Noch immer strecken viele Schüler die Arme, aber sie achtet nicht auf sie. sie weiß, wessen Meinung sie hören möchte. „Ilias", sagt sie gedehnt, „was ist Heimat für dich?"

Ilias ist seit fünf Monaten hier. Er kommt aus Syrien und konnte bei seiner Ankunft überhaupt kein Deutsch. Doch seitdem hat er viel gelernt. Er kommt im Unterricht gut mit und versteht uns, wenn wir mit ihm reden. Ich mag es nicht, dass die Lehrer immer noch mit ihm sprechen, als hätten sie es mit einem Schwerhörigen zu tun. Wer will das schon?

Weil jetzt alle zu Ilias sehen, sieht er verlegen auf den Tisch. „Ich weiß nicht, was Heimat ist für mich." Ich frage mich, ob er damit meint, dass er das Gefühl von Heimat nicht in Worte fassen kann oder ob er es einfach nicht kennt. Wäre Ilias nicht nach Deutschland gekommen, wäre er jetzt tot. Sein Zuhause ist zwei Tage nach seiner Flucht zerstört worden.

Kann man noch von Heimat sprechen, wenn sie nicht mehr existiert?

„Gut Ilias, das macht nichts." Frau Hofer nimmt die Kreide in die Hand und schreibt fein säuberlich an die Tafel: „Aufsatz: Das ist Heimat für mich."

„Bitte schreibt bis zur nächsten Politikstunde mindestens eine Seite dazu. Vielleicht fällt das manchen leichter, als es hier vor der ganzen Klasse zu besprechen." Ilias schreibt die Hausaufgabe ab, sieht aber unsicher aus. Für einen einseitigen Aufsatz über ein so komplexes Thema wie die Heimat reichen seine Deutschkenntnisse nicht aus, und das weiß er.

Neben mir schimpft Hazal leise vor sich hin, weil sie heute Mittag keine Zeit zum Aufsatzschreiben hat. Langsam lasse ich mein Mäppchen, den Ordner und mein Hausaufgabenheft in den Rucksack gleiten. Keine zwei Minuten später klingelt es. „Endlich aus", stöhnt Hazal. „Ciao Marla, wir sehen uns morgen." Und schon entwischt sie durch die Klassenzimmertüre. Ich lasse mir etwas mehr Zeit.

Mein Schulbus kommt so spät, dass es mir reicht, noch kurz auf die Toilette zu gehen und meine Pfandflasche zurückzubringen. Als ich die Schule verlassen will, entdecke ich im Gewimmel Ilias, der von einigen Schülern aus der Zwölften umringt wird. Sie sind nicht nur zwei Jahre älter als er, sondern auch gefühlt drei Köpfe größer. Zu viert drücken sie ihn gegen die Wand. Es ist laut in der Eingangshalle, aber ich höre trotzdem, was sie rufen. „Geh dorthin, wo du herkommst!", „Drecksausländer!" und „Dieses Pack gehört verdroschen!" Es ist nicht das erste Mal, dass so etwas vorfällt, aber das erste Mal, dass ich es sehe. Davor habe ich es immer nur von sensationslustigen Mitschülern gehört.

Ich sehe mich um. Nirgendwo ist jemand, den ich kenne und der mir helfen könnte. Ich wünschte, ich könnte sagen, ich wäre Ilias trotzdem zu Hilfe geeilt. Dass ich mich zwischen ihn und die Zwölfer gestellt hätte, oder zumindest jemanden geholt hätte. Aber ich bin genauso feige wie alle anderen, die in der Eingangshalle stehen und lieber schnell nach Hause verschwinden, anstatt Ilias in seiner Not zu helfen.

Ich verlasse die Schule und lasse ihn stehen und fühle mich schuldig und schwer.

Heute habe ich viel über Heimat gehört. Heimat, die dort ist, wo man lebt, wo das Herz ist, wo die Familie herkommt, wo man die meiste Zeit verbringt und wo man sich zu Hause fühlt.

Nichts davon hat mich überzeugt.

Ich glaube, ich habe heute gelernt, durch Ilias, nämlich das, was Heimat nicht bedeutet.

Michael Krause: Deine Heimat, meine Heimat. Was ist Heimat für dich?
http://sommertinte.de/deine-heimat-meine-heimat/ (Zugriff: 04.01.2018)

Stell dir vor, du bist Marla in dieser Geschichte. Schreibe Ilias einen Brief, in dem du die Vorfälle in der Schule und dein schlechtes Gewissen thematisierst und das Thema „Heimat" aufgreifst.

Gehe dabei folgendermaßen vor:

a) Beschreibe einleitend den Anlass deines Briefes.
b) Erkläre dein schlechtes Gewissen.
c) Thematisiere die Frage von Frau Hofer „Was ist Heimat für dich?", indem du die Standpunkte einzelner Schüler wiedergibst.
d) Stelle dar, was „Heimat" für dich bedeutet.
e) Biete Ilias abschließend deine Unterstützung an, damit er sich in Deutschland heimisch fühlen kann. Vielleicht findest du in Text 2 Ideen für gemeinsame Aktionen.

D 3 Prüfungsbeispiel: Work-Life-Balance

Die folgenden Texte befassen sich mit dem Thema „Work-Life-Balance“. Bearbeite zunächst die Aufgaben im Basisteil. Im Anschluss daran musst du dich entscheiden, ob du die Schreibaufgabe im Wahlteil A oder B bearbeitest.

Basisteil

Text 1: Stress

Aus medizinischer Sicht ist Stress eine körperliche Reaktion, die den Organismus kurzfristig besonders leistungsfähig machen soll – und keinerlei krankmachende Effekte hat. Andauernder Stress hingegen kann Körper und Seele ernsthaft schaden. Das Immunsystem leidet, das Risiko für Erkrankungen des Herz-Kreislauf-Systems steigt und die Wahrscheinlichkeit für psychische Erkrankungen wird größer.

Aus medizinischer und psychologischer Sicht ist ein ausgewogener Wechsel von Stress oder Anspannung und Entspannung gesundheits- und leistungsfördernd. Neudeutsch hieße das: Jeder Mensch tut gut daran, die für ihn passende Work-Life-Balance zu finden. Damit gemeint ist das individuelle Gleichgewicht von Anspannung und Entspannung. Dieses Gleichgewicht sorgt dafür, Stress als positiv und nicht als belastend zu erleben.

Ob wir Stress als positiv oder negativ – und damit eher belastend – erleben, hängt entscheidend von der emotionalen und gedanklichen Bewertung von Stressreaktionen ab. Dabei ist es völlig normal, dass ein identisches Geschehen sowohl positiven als auch negativen Stress bewirken kann.

Ein Beispiel: Sie gehen im Park spazieren und bemerken, dass ein großer Hund schwanzwedelnd auf Sie zukommt. Wenn Sie ein Hundefreund sind, werden Sie sich möglicherweise freuen und gerne mit dem Hund spielen. Wenn Sie – vielleicht sogar von einem ähnlich aussehenden Hund – schon einmal gebissen wurden, werden Sie wahrscheinlich Angst empfinden und eine Stressreaktion erleben, die vielleicht sogar mit einer Panikattacke endet. Im Volksmund gibt es für negativen Stress die Redewendung: Ein gebranntes Kind scheut das Feuer.

Schlussfolgerung: Ob Stress positiv oder negativ erlebt wird, ist im Wesentlichen eine Folge von Erfahrungen und erlerntem Verhalten. Diese Erkenntnis öffnet den Raum, das Stressverhalten bewusst zu verändern.

Charly Kahle: Stress. https://www.meine-gesundheit.de/krankheit/krankheiten/stress vom 20.01.2019, Zugriff: 24.01.2019 (gekürzt)

Aufgabe 1

Erkläre die Begriffe „Stress“ und „Work-Life-Balance“ mit eigenen Worten. (Erklärung durch ein Beispiel ist erlaubt.)

Stress: ______________________________

____

Work-Life-Balance: ______________________________

____

Aufgabe 2

Was ist der Unterschied zwischen positivem und negativem Stress?

a) Schreibe den Satz aus dem Text heraus, der den Unterschied erklärt.

____

____

b) Finde in deinem Alltag ein Beispiel für positiven und ein Beispiel für negativen Stress.

Positiv: ____

____

Negativ: ____

____

Text 2: Typische Stress-Symptome bei Kindern und Jugendlichen

Körperlich und seelisch wirkt Stress bei Kindern und Jugendlichen wie bei Erwachsenen auch: Der Körper mobilisiert alle Reserven, um mit Problemsituationen fertig zu werden. Dauert der Stress an, ohne dass er bewältigt wird, hat das schwerwiegende Folgen.

Viele Kinder fühlen sich unter Stress einfach unwohl, sind nervös oder ängstlich. Andere ziehen sich zurück, sitzen gelangweilt und teilnahmslos herum, leiden unter Appetit-, Schlaf- und allgemeiner Lustlosigkeit sowie Kopf-, Bauchschmerzen oder Übelkeit. Häufige Anzeichen sind auch Reizbarkeit, Unruhe und Aggressivität. Solche Stressreaktionen treten bei etwa 20 Prozent der Kinder auf.

Als kurzzeitige Reaktionen auf aktuelle Ereignisse, wie beispielsweise eine schwere Klassenarbeit, ist das völlig normal. Problematisch wird es erst, wenn die Symptome länger anhalten.

Viele Kinder und Jugendliche klagen über wiederholte psychosomatische Beschwerden. Der Entwicklungspsychologe Professor Dr. Arnold Lohaus befragte etwa 2000 Schüler. Jeder fünfte Jugendliche gab an, in der letzten Woche mehrmals Kopfschmerzen gehabt zu haben. Auch Unkonzentriertheit, Schlaflosigkeit und Unruhe sind unter Jugendlichen weit verbreitet. Mehr als 40 Prozent der Jugendlichen fühlten sich mehrmals in der Woche erschöpft, 10 Prozent klagten über Einsamkeit. Wut und Ärger sind für viele ein fast täglicher Begleiter.

Die verschiedenen Stressreaktionen treten selten allein auf. So können starke emotionale Reaktionen zu Denkblockaden führen, die das Stresserleben noch zusätzlich steigern. Manche Kinder werden aggressiv und reagieren destruktiv. Sie fallen in der Gruppe auf, weil sie ständig stören. Andere wiederum ziehen sich in sich selbst zurück. Sie erzählen wenig und wirken antriebslos. Beide Reaktionen können längerfristig die sozialen Beziehungen beeinträchtigen.

Können Kinder und Jugendliche dagegen gut mit Stress fertig werden, sind auch Phasen größerer Belastung eher eine Herausforderung und können sogar Energien freisetzen.

Anne Frobeen: Typische Stress-Symptome von Kindern und Jugendlichen. https://www.tk.de/techniker/magazin/life-balance/familie/typische-stress-symptome-von-kindern-und-jugendlichen-2010032, 28.10.2017, Zugriff: 20.01.2019 (gekürzt)

Aufgabe 3

Kreuze an, welche der folgenden Aussagen zutrifft und welche nicht.

Aussage	trifft zu	trifft nicht zu
Jeder fünfte Jugendliche hat während der Schulzeit keine Kopfschmerzen.		
Jeder zehnte Jugendliche fühlt sich einsam.		
Ob der Jugendliche schwierige Phasen als Stress oder als Herausforderung wahrnimmt, hängt von ihm persönlich ab.		
Wenn sich jemand gestresst fühlt, zeigt er meistens mehrere Symptome.		
Schlaf- und Appetitlosigkeit können ein Zeichen von Stress sein.		
Der berüchtigte „Blackout" gilt auch als Stressreaktion.		

Aufgabe 4

Erstelle ein einfaches Pfeildiagramm, das deutlich macht, was der richtige und der falsche Umgang mit Stress bewirken kann.

Text 3: Der Weichensteller

„Guten Tag", sagte der kleine Prinz.

„Guten Tag", sagte der Weichensteller.

„Was machst du hier?", sagte der kleine Prinz.

„Ich sortiere die Reisenden tausenderweise", sagte der Weichensteller. „Die Züge, in denen sie reisen, schicke ich mal nach rechts, mal nach links."

Und ein grell leuchtender Schnellzug, grollend wie ein Donnern, erschütterte das Stellwerk.

„Sie sind in Eile", sagte der kleine Prinz. „Was suchen sie?"

„Der Lokführer weiß es selbst nicht", sagte der Weichensteller.

Da donnerte ein zweiter grell leuchtender Schnellzug in der anderen Richtung vorbei.
„Sind sie schon zurück?“, sagte der kleine Prinz …
„Das sind nicht die gleichen“, sagte der Weichensteller. „Es sind andere.“
„Waren sie nicht zufrieden, wo sie sich befanden?“
„Wir sind nie zufrieden, wo wir sind“, sagte der Weichensteller.
Und es donnerte ein dritter strahlender Schnellzug vorbei.
„Verfolgen sie die ersten Reisenden?“, sagte der kleine Prinz.
„Sie verfolgen gar nichts“, sagte der Weichensteller. „Sie schlafen in ihm oder sie gähnen nur. Nur die Kinder drücken ihre Nasen an die Fenster.“
„Nur die Kinder wissen, was sie wollen“, sagte der kleine Prinz. „Sie verbringen ihre Zeit mit einer Puppe und sie wird ihnen sehr wichtig, und wenn man sie ihnen wegnimmt, weinen sie …“
„Sie haben Glück“, sagte der Weichensteller.

Antoine de Saint-Exúpery: Der kleine Prinz. Kapitel 22. https://www.derkleineprinz-online.de/text/

Aufgabe 5

Erkläre die Textstelle „‚Wir sind nie zufrieden, wo wir sind‘, sagte der Weichensteller“ (Z. 15).

____

____

____

____

____

Wahlteil A

Gerade zur Zeit der Abschussarbeiten sind viele Schülerinnen und Schüler gestresst und überfordert. Auch in deiner Klasse herrscht immer öfter schlechte Stimmung. Als Klassensprecher möchtest du deinen Klassenkameraden Mut machen. Verfasse einen Vortrag, in dem du deine Mitschüler über Work-Life-Balance aufklärst und ihnen Tipps gibst, wie sie die stressige Zeit der Abschlussarbeiten gut durchstehen können.

Das vorliegende Bild umfasst alle Bereiche, die für ein ausgewogenes Leben wichtig sind. Deshalb hast du beschlossen, es in deinen Vortrag einzubinden.

a) Beginne mit einer Erklärung, warum es normal ist, dass deine Mitschülerinnen und Mitschüler gerade jetzt gestresst sind (Text 1).
b) Beschreibe die Symptome, die deine Klassenkameraden in der Zeit der Prüfungen vermutlich zeigen (Text 2).
c) Benenne drei Gründe, weshalb es wichtig ist, dass sie gerade jetzt gut auf sich aufpassen.
d) Nimm Bezug auf die vorliegende Grafik und suche dir drei für dich besonders wichtige Punkte heraus. Erkläre deinen Mitschülern durch Beispiele, wie jeder dieser drei Aspekte ihnen persönlich weiterhelfen und zur Verbesserung ihrer Gesundheit beitragen kann.
e) Wünsche viel Erfolg für die Abschlussarbeiten und appelliere an deine Mitschüler, dass es zwar gut ist, die Abschlussarbeiten ernst zu nehmen, aber auch nicht *zu* ernst.

Work-Life-Balance

Adobe Stock.com

Wahlteil B

Lies Text 4B genau. Deine Aufgabe ist es nun, diesen Text weiterzuschreiben und dem kleinen Prinzen zu verdeutlichen, wie verhindert werden kann, dass glückliche Kinder zu gestressten Erwachsenen werden.

Text 4B: Stress bei Kindern behandeln

Eltern sind nicht in der Lage, ihren Kindern ein vollkommen stressfreies Leben zu gewährleisten. Sie können jedoch den Kindern zur Seite stehen und helfen, mit den Problemen fertig zu werden, um Stress weitgehend zu reduzieren. Die Art, wie die Eltern mit dem Stress umgehen, prägt auch das Verhalten der Sprösslinge. Versucht deswegen gelassen zu sein und zeigt euren Kindern, wie sie mit den Problemen umgehen sollten – mit den folgenden Tipps können Kinder dem Stress entgegenwirken:

- **„Stress“ entzaubern.** Stress muss nicht immer etwas Negatives bedeuten. Das sollten Eltern ihren Kindern beibringen, indem sie in Stresssituationen nicht gleich in Panik verfallen, sondern Stress „aushalten“ bzw. entgegenwirken können.
  Verantwortung und Pflichten im Schulalter zu übernehmen kann auch positive Aspekte haben, außerdem stehen Eltern den Kindern bei, wenn sie Hilfe brauchen. Kinder sollten dadurch lernen, dass sie auch mal Schwächen zeigen können und dass es nichts Schlimmes ist. Im Team können Probleme schneller und wirksamer gelöst werden – das solltet ihr euren Kids vermitteln.

- **Entschleunigung ist angesagt!** Werft einen Blick in den Terminkalender eures Kindes: Ist dieser nicht zu voll mit verschiedenen Terminen gefüllt? Tennis, Sprachunterricht, Ballett- und Musikstunden – den Kindern bleibt oft kaum Zeit, um sich mit Freunden zu treffen und einfach Spaß zu haben. Sorgt deswegen für genügend Freiräume in der Woche.
- **Verständnis für Kinder zeigen.** Eltern sollen nicht selbst in Panik verfallen, sondern Verständnis zeigen und Kinder in ihren Bemühungen, mit den Problemen fertig zu werden, kräftig unterstützen. Dadurch wird ein Vertrauensverhältnis aufgebaut und die Kinder werden ruhiger und ausgeglichener. Es ist durchaus positiv, wenn Kinder über das reden, womit sie Probleme haben.
- **Kommunikation mit Lehrern.** Ein ausführliches Gespräch mit Lehrern, Schulpsychologen oder Sozialarbeitern kann helfen, das Problem des Kindes schneller zu lösen, bevor es ihm über den Kopf wächst. Stresscoaching für Kinder wird an vielen Schulen angeboten.
- **Pflichten und Belastungen sind ein Teil des Lebens.** Allerdings sollen die Kinder lernen, damit richtig umzugehen. Eltern sollten den Kindern die Wege und Möglichkeiten zeigen, wie sie die Belastungen am besten meistern. Zeigt den Kleinen beispielsweise einen Plan, wie sie das Kinderzimmer effektiv aufräumen oder wie es sich mit der besten Freundin wieder vertragen kann.
- **Stressreduktion durch gemeinsame Rituale.** Das könnte zum Beispiel gemeinsames Kochen und Essen sein. Es baut den Druck ab und schafft Vertrauen. Das Eis wird gebrochen und Kinder trauen sich eher, ihre Probleme anzusprechen. Sie bekommen damit eine Orientierung und werden ruhiger.
- **Zuhören.** Hört euren Kindern zu. Was macht ihnen Spaß und was betrachten sie als reine Pflichterfüllung? Versucht es, eurem Kind probeweise die Wochenplanung für einige Wochen zu überlassen. Fast 90 Prozent der gestressten Kinder klagen über Kalendertermine, die ihnen überhaupt keinen Spaß bereiten. Über 80 Prozent der hochgestressten Kinder würden gern mehr Zeit für Dinge haben, die Spaß machen.

Stress bei Kindern: Symptome, Ursachen und Hilfe. https://www.kinderinfo.de/kind/stress/, Zugriff: 20.01.2019

Der kleine Prinz kommt von einem anderen Planeten. Er kennt das Leben auf der Erde nicht. Und da er selber von einem winzig kleinen Planten kommt, kennt er auch keinen Stress. Du musst ihm also wie einem kleinen Kind erklären, was es mit Stress und Work-Life-Balance auf sich hat. Gehe folgendermaßen vor:

a) Begrüße den kleinen Prinzen freundlich und beschreibe, was du in der Szene (Text 3) beobachtet hast Klinke dich anschließend in das Gespräch ein.
b) Erkläre dem kleinen Prinzen, was „Stress“ ist (Text 1).
c) Beschreibe mithilfe von Text 2 Verhaltensweisen, die gestresste Menschen an den Tag legen, um deine Erklärung zu verdeutlichen.
d) Mache mithilfe von Text 4B deutlich, dass Kinder nicht zu gestressten Erwachsenen werden müssen, indem du erklärst, was dagegen getan werden kann.
e) Schließe mit einer Antwort des kleinen Prinzen.

E Original-Prüfungsaufgaben: Realschulabschluss Niedersachsen 2018

E 1 Hörverstehen: „Invention of Trust“

Original-Prüfungsaufgaben 2019 mit ausführlichen Lösungen findest du unter www.finaleonline.de. Sobald die Prüfungsaufgaben zur Veröffentlichung freigegeben sind, kannst du die Materialien mit diesem Codewort herunterladen: DEt15sg.

Nachfolgend findest du die Original-Prüfungsaufgaben 2018. Der Hörtext steht unter www.finaleonline.de als MP3-Datei zum kostenlosen Download zur Verfügung (Studenten-Oscar für „Invention of Trust“. Produziert und am 30.08.2016 gesendet vom Deutschlandfunk Kultur. Autor: Alex Schaad, Moderatorin: Sigrid Brinkmann. Quelle: www.podcast.de/episode/292046821/Studenten-Oscar+für+„Invention+of+Trust“/).

In der Prüfung erhältst du ausreichend Schreibpapier. Schreibe die Antworten zu den Aufgaben auf Extrablätter, wenn nötig.

Aufgabe 1

Fasse die wesentlichen Inhalte des Radiobeitrags kurz zusammen. (__/1 P.)

____

____

____

____

____

____

____

____

____

____

____

Aufgabe 2

Kreuze die richtigen Aussagen an. (__/1 P.)

Der Film „Invention of Trust“ des deutschen Regisseurs Alex Schaad handelt von einem Lehrer, ...

- ☐ ... dessen Internet-Daten durch einen Unternehmensfehler verloren gegangen sind.
- ☐ ... der durch die Veröffentlichung seines Privatlebens im Internet von Kollegen gemobbt wird.
- ☐ ... der sämtliche Internet-Daten seiner Schüler an ein Unternehmen verkauft.
- ☐ ... dessen sämtliche Internet-Daten von einem Unternehmen gekauft wurden.
- ☐ ... der von dem Unternehmen mit der Veröffentlichung seiner Daten erpresst wird.
- ☐ ... dessen persönliche Daten von einem Schüler im Internet veröffentlicht wurden.

Quelle (Aufgaben): Niedersächsisches Kultusministerium, Hannover 2018

Aufgabe 3

Begründe, warum nach Ansicht des Regisseurs durch leichtfertiges Nutzen des Internets das Vertrauen in Freunde, Bekannte und Kollegen verloren gehen kann. (__/2 P.)

Aufgabe 4

Stelle dar, wie der Regisseur die Reaktion der meisten Menschen auf die Veröffentlichung ihrer Daten im Internet beschreibt. (__/1 P.)

Aufgabe 5

Beschreibe, wie sich die Haltung des Regisseurs zu den Internet-Medien durch seinen Film verändert hat. (__/1 P.)

E 2 Basisteil und Wahlteile: Der gläserne Mensch (2018)

Die folgenden Texte befassen sich mit dem Thema „Der gläserne Mensch“. Lies alle Texte aufmerksam.
Im Anschluss daran musst du dich für die Schreibaufgabe im Wahlteil A oder B entscheiden.
Streiche den Wahlteil durch, den du nicht bearbeiten möchtest.

Basisteil

Text 1: Der gläserne Mensch

Privatsphäre ade: Im Internet werden immer mehr Daten über uns gesammelt. Die daraus erstellten Persönlichkeitsprofile kennen uns teilweise besser als der eigene Partner. So wurde in einer aktuellen Studie festgestellt, dass mittels Computeranalyse aus 70 Likes ein Persönlichkeitsprofil erstellt werden kann, das mehr über einen Nutzer verrät, als dessen Freunde über ihn wissen. Ab 100 Likes soll das Profil genauer sein als das Wissen von Familienmitgliedern, 300 sind vonnöten, um den Partner in den Schatten zu stellen. Der durchschnittliche Facebook-Nutzer kommt übrigens auf 227 „Gefällt mir“-Angaben.

Durch die Entwicklung des Internets und vielseitiger Kommunikationswege genießen viele Menschen mehr Freiheiten als je zuvor. Mehr als fraglich ist, ob die Balance zwischen Nutzen und Schaden noch stimmt.

Selbst strenge Datenschutz-Regelungen können Privatpersonen nicht umfassend schützen. Dies gilt vor allem dann, wenn man mit seinen persönlichen Daten allzu sorglos umgeht. Wer sich zum Beispiel bei dem sozialen Netzwerk Facebook anmeldet, stimmt den Allgemeinen Geschäftsbedingungen (AGBs) zu, welche die Datenweitergabe an den Mutterkonzern in den USA vorsehen, der die Daten umfangreich auswertet und auf Anfrage an den Geheimdienst NSA weitergibt. Dating-Seiten nutzen die Profilangaben ihrer Kunden nicht nur, um einen passenden Partner für diesen zu finden, sondern auch, um auf den Nutzer abgestimmte, sogenannte interessenbasierte Werbeanzeigen einzublenden.

Generell sollte man beim Surfen und Online-Shoppen unbedingt auf die Datenschutzangaben der jeweiligen Seiten achten, um sich zusätzlich zu schützen. Oder haben Sie sich noch nie gewundert, warum ein Artikel, den Sie kürzlich Ihrem Amazon-Wunschzettel hinzugefügt haben, plötzlich auf zahlreichen Internetseiten beworben wird? Wie im Fall eines Mädchens aus Minnesota. Deren Vater beschwerte sich im örtlichen Supermarkt, dass seine minderjährige Tochter Werbung für Baby-Produkte erhalte. Hinterher stellte sich heraus, dass das Mädchen dem Vater ihre Schwangerschaft verheimlicht und bereits einige Baby-Artikel online gekauft hatte.

Wer möchte, dass möglichst wenige persönlichen Details und Vorlieben im Netz landen, muss sehr vorsichtig sein. Kein Online-Shopping, keine sozialen Netzwerke, keine Benutzerkonten. Damit ist man aber von vornherein vom Gebrauch eines Smartphones ausgeschlossen. Dafür ist nämlich ein Benutzerkonto bei Apple, Samsung, Google & Co. erforderlich.

Im öffentlichen Raum sieht es ähnlich aus. In nahezu jeder Straßen- und U-Bahn in Deutschland sowie an Bahnsteigen und Bahnhöfen sind Kameras zu finden. In Einkaufsgeschäften und um die Geschäfte herum befindet sich

ebenfalls viel Überwachungstechnik, die in den meisten Großstädten zum Alltag gehört.
90 Prozent der befragten Unternehmen nutzen Videoüberwachung, um Ladendiebstähle oder Sachbeschädigungen zu verhindern. Dabei müssen sie auf die Videoüberwachung hinweisen, denn versteckte Kameras verletzten die Persönlichkeitsrechte. Die Polizei erklärt dazu, dass die Videoüberwachung in Bussen und Bahnen zu einer deutlichen Aufklärungssteigerung geführt habe. Aber ob diese Steigerung der Aufklärungsquote zum Beispiel 160 Überwachungskameras auf dem Hauptbahnhof Hannover rechtfertigt, ist zumindest aus Sicht von Datenschützern fraglich. Der Bundesdatenschutzbeauftragte bemerkt generell zu dieser Thematik, dass das erhöhte Sicherheitsinteresse der Bevölkerung nicht zu einer grundrechtswidrigen Totalüberwachung führen darf. Zudem gibt es immer wieder Skandale über zu massive Überwachung von Privatpersonen oder politischen Aktivisten, die als nicht verhältnismäßig angesehen wird. Seit 2007 gibt es in Deutschland die Anti-Terror-Datei, auf die insgesamt 38 verschiedene Sicherheitsbehörden Zugriff haben. Der Nutzen dieser gemeinsamen Datenbank von Polizisten, Geheimdienstlern, Zollbeamten und Verfassungsschützern soll darin liegen, dass man potentielle terroristische Attentäter schon weit im Vorfeld ausmachen kann. Das Bundesverfassungsgericht stellt dazu fest, dass die Anti-Terror-Datei prinzipiell zur Erhöhung der Sicherheit und zur Gefahrenabwehr mit unserem Grundgesetz vereinbar sei. Jedoch kritisierte man, dass mitunter zu viele Behörden zu viel über unbescholtene Privatpersonen wüssten.
Durch die Verbreitung eigener Fotos, Tagebucheinträge als Blog oder eigene Homepages ist jeder heutzutage deutlich weniger anonym als vor zwanzig Jahren. Die Digitalisierung erlaubt es außerdem, diese Informationen für die „Ewigkeit“ zu speichern, zum Beispiel durch das Herunterladen oder das Sichern in einer Cloud[1]. Der positive Effekt ist, dass die Erinnerungen durch die digitale Sicherung vor Verlust geschützt werden. Nachteile sind der Missbrauch dieser Informationen und der Verlust der Anonymität.
Viele Nutzer versuchen ihre Persönlichkeitsrechte zu schützen, indem sie ein Pseudonym anstelle ihres Klarnamens verwenden. Dies ist jedoch nicht bei allen Online-Diensten möglich, da zum Beispiel Online-Banking oder Kreditkarten eine Verifizierung[2] verlangen. Zusätzlich kann durch die IP-Adresse (Internetprotokolladresse) des Computers dessen Standort festgestellt werden. Auch sogenannte „Cookies“[3] speichern während des Surfens Informationen wie Serverangaben, um den Rechner wiederzuerkennen. Das hilft beim Einloggen ohne erneute Anmeldung oder bei Vorschlägen von ähnlichen Artikeln eines Shops. Bei Smartphones helfen GPS-Signale[4] bei der Orientierung und speichern den Standort des Benutzers. Anonymität ist also nur möglich, wenn der Nutzer offline bleibt oder spezielle Verschlüsselungsprogramme einsetzt.
Viele Verbraucherschützer klagen darüber, dass Internetnutzer die Gefahren und den Schutz der persönlichen Daten im Internet nicht ernst genug nehmen. Besonders Jugendliche gehen sorglos mit ihrer Datenfreigabe um und sehen Netzwerke hauptsächlich als Unterhaltungs- und Kommunikationsmittel. Dabei sollten Nutzer über öffentliche Netzwerke niemals sensible

Daten übermitteln. Denn selbst hochspezialisierte Sicherungen können nur begrenzt schützen, da sogenannte Ausspähprogramme ständig weiterentwickelt werden.

Ein positives Beispiel für Datenschutz ist das „Recht auf Vergessen“, das Google auf Antrag dazu zwingt, Verlinkungen auf persönliche Informationen oder Bilder zu löschen, so dass diese nicht mehr in der Suche auftauchen. Wenn also mehr Personen konsequent ihre Rechte einfordern, kann der gläserne Mensch zumindest teilweise wieder undurchsichtiger werden. Gleichwohl sind viele Funktionen der digitalen Welt nützlich und erleichtern das Leben, wie Onlineshopping, Kommunikation oder den Austausch von kreativen Ideen.

Längst ist das smarte[5] Zeitalter ausgerufen, ist von der smarten Welt die Rede, von Smart Cities und Smart Homes, von Smart Software und eben auch von Smart Data, also von der intelligenten Analyse riesiger Datenmengen. In jeder Minute werden 120 Stunden Videomaterial auf Youtube hochgeladen, 200 Millionen E-Mails versandt, über 2,4 Millionen Suchanfragen an Google übermittelt, 6 Millionen Inhalte auf Facebook geteilt und rund 340.000 Tweets verbreitet. Nach Prognosen wird die verfügbare Datenmenge bis 2020 auf 40 Zettabyte wachsen, das ist eine Vier mit 22 Nullen und entspricht der Textmenge von drei Millionen Büchern pro Erdbewohner.

Quelle: http://www.wissen.de/der-glaeserne-mensch/, Konradin Medien GmbH, Leinfelden-Echterdingen (Artikel erstmals veröffentlicht im Internet am 28.05.2015)

1 Cloud, die (engl.): Ein internetbasierter Speicherplatz. Daten werden nicht auf dem eigenen PC, sondern auf dem Server eines Internetanbieters online gespeichert.
2 Verifizierung, die (lat.): hier der Nachweis der tatsächlichen Identität
3 Cookie, das (engl.): hier eine kleine Datei, die auf dem Rechner gespeichert wird, um Daten über besuchte Webseiten zu speichern.
4 GPS-Signal, das: GPS steht für ein „globales Positionsbestimmungssystem“. Der aktuelle Standort wird per Satellit bestimmt.
5 smart (engl.): intelligent, clever

Aufgabe 1

Stelle den Artikel und sein zentrales Thema in nicht mehr als drei Sätzen vor. (__/3 P.)

Quelle (Aufgaben): Niedersächsisches Kultusministerium, Hannover 2018

Aufgabe 2

Erkläre den Begriff „gläserner Mensch“. (__/2 P.)

Aufgabe 3

Belege anhand von drei Beispielen aus Text 1, wie wir durch unser Verhalten zum gläsernen Menschen werden können. (__/2 P.)

Aufgabe 4

Begründe anhand von Text 1, worin durch Weitergabe persönlicher Daten der jeweilige Nutzen für den Bürger, den Staat und verschiedene Unternehmen besteht. (__/3 P.)

	Nutzen	Begründung
Bürger	Benutzerfreundlichkeit	
Staat	Sicherheit	
Unternehmen	Umsatzsteigerung	

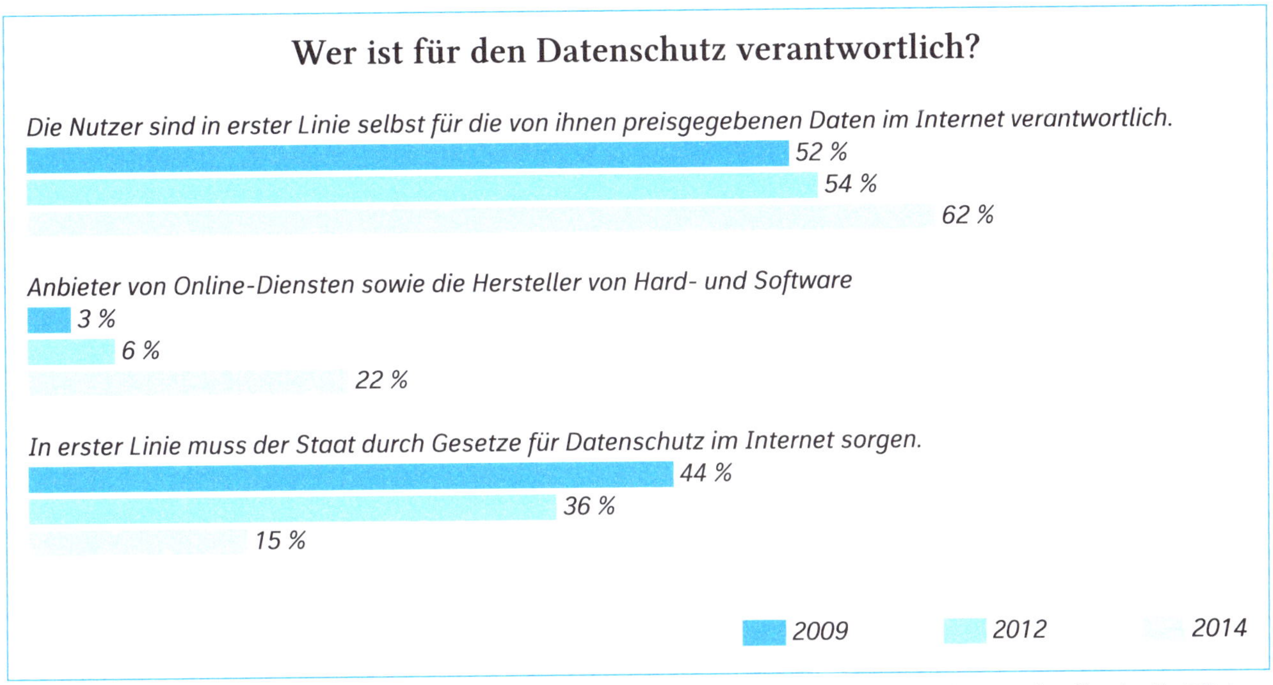

Quelle (bearbeitet): https://www.bitkom.org/Presse/Presseinformation/Datensicherheit-Nutzer-nehmen-sich-selbst-in-die-Pflicht.html vom 7.10.2014 (Zugriff: 14.11.2018)

Die Angaben basieren auf einer repräsentativen Umfrage, die Bitkom Research in Zusammenarbeit mit Aris Umfrageforschung durchgeführt hat. Dabei wurden im August 2014 1319 Personen ab 14 Jahren befragt, darunter 1002 Internetnutzer.
Die Abbildung weicht aus lizenzrechtlichen Gründen von der Darstellung in der Original-Prüfungsarbeit ab.

Aufgabe 5

Fasse die Ergebnisse der Grafik zur Frage der Verantwortlichkeit für den Datenschutz zusammen. (__/3 P.)

Aufgabe 6

Nenne stichwortartig drei Möglichkeiten, wie du selbst mehr Verantwortung für den Schutz deiner Daten übernehmen kannst. Nutze hierbei auch die Informationen aus Text 1. (__/3 P.)

Wahlteil A

Ein Internet-Unternehmen bietet der Cafeteria deiner Schule einen kostenlosen WLAN-Internetzugang für seine Gäste an. Für die Nutzung dieses Zugangs müssen alle Schülerinnen und Schüler den Allgemeinen Geschäftsbedingungen zustimmen, die dem Unternehmen die uneingeschränkte Nutzung ihrer Internetdaten erlauben. Als Mitglied der Schülervertretung machst du dir Sorgen um die Folgen der uneingeschränkten Datennutzung. Deshalb recherchierst du zu der Thematik „Der gläserne Mensch" und stößt hierbei auf einen Textauszug aus dem Zukunftsroman „1984" von George Orwell und Informationen zum Buch in einer Infobox.
Auf der Grundlage deiner Recherchen verfasst du einen informierend-appellierenden Text an die Schülervertretung (SV).

Infobox

George Orwells Zukunftsroman „1984" erschien im Juni 1949. Die Handlung des Romans spielt in Ozeanien. In dem diktatorisch geführten Staat unterdrückt eine vom – nie wirklich sichtbaren – „Großen Bruder" (Big Brother) geführte Parteielite („Innere Partei") die restlichen Parteimitglieder („Äußere Partei") und die breite Masse des Volkes, die „Proles". Die allgegenwärtige „Gedankenpolizei" überwacht permanent die gesamte Bevölkerung. Mit nicht abschaltbaren Geräten („Televisoren"), die zugleich alle Wohnungen visuell kontrollieren und abhören, schürt das Staatsfernsehen Hass auf einen unsichtbaren „Staatsfeind". Dieser Hass wird bei den Menschen als Teil der allgegenwärtigen Propaganda täglich neu geschürt und dient dazu, die Bevölkerung durch das gemeinsame, allgegenwärtige und anscheinend übermächtige Feindbild zusammenzuschweißen und von ihrem entbehrungsreichen, von harter Arbeit geprägten Leben abzulenken. Die Bürger werden durch die ständig wiederholte Parole „Der Große Bruder beobachtet dich" („Big Brother is watching you") fortlaufend an ihre Überwachung erinnert.
Die Hauptfigur Winston Smith arbeitet im „Ministerium für Wahrheit" in London und ist damit beschäftigt, alte Zeitungsberichte und somit das vergangene Geschichtsbild fortlaufend an die gerade herrschende Parteilinie anzupassen. Obwohl er zur „Äußeren Partei" gehört, lehnt Smith das totalitäre System ab und führt heimlich Tagebuch über seine verbotenen Gefühle. Julia, ebenfalls Parteimitglied, wird zu seiner Geliebten und Mitwisserin. Am Ende des Romans bricht Smith unter der Folter im „Ministerium für Liebe" psychisch zusammen und verrät Julia, verliert sein gerade erst neu gewonnenes Selbstbewusstsein und glaubt nach einer Gehirnwäsche schließlich, durch seine neu entdeckte Liebe zum Großen Bruder endlich frei zu sein.
Der Roman wird oft dann zitiert bzw. sein Titel oder der Name Orwell genannt, wenn es darum geht, staatliche Überwachungsmaßnahmen kritisch zu kommentieren oder auf Tendenzen zu einem Überwachungsstaat hinzuweisen.

Quelle (bearbeitet): https://de.wikipedia.org/wiki/1984_(Roman) CC-by-sa-3.0

Text 2A: 1984 (Textausschnitt)

George Orwell

[...] Auf jedem Treppenabsatz starrte ihn gegenüber dem Liftschacht das Plakat mit dem riesigen Gesicht an. Es gehörte zu den Bildnissen, die so gemalt sind, dass einen die Augen überallhin verfolgen. „Der Große Bruder sieht dich an!" lautete die Schlagzeile darunter.
Drinnen in der Wohnung verlas eine klangvolle Stimme eine Zahlenstatistik über die Roheisenproduktion. Die Stimme kam aus einer länglichen Metallplatte, die einem stumpfen Spiegel ähnelte und rechter Hand in die Wand eingelassen war. Winston drehte an einem Knopf, und die Stimme wurde daraufhin etwas leiser, wenn auch der Wortlaut noch zu verstehen blieb. Der Apparat, ein sogenannter Televisor oder Hörsehschirm, konnte gedämpft werden, doch gab es keine Möglichkeit, ihn völlig abzustellen.

Smith trat ans Fenster, eine abgezehrte, gebrechliche Gestalt, deren Magerkeit durch den blauen Trainingsanzug der Parteiuniform noch betont wurde. Sein Haar war sehr hell, sein Gesicht unnatürlich gerötet, seine Haut rau von der groben Seife, den stumpfen Rasierklingen und der Kälte des gerade überstandenen Winters.

Die Welt draußen sah selbst durch die geschlossenen Fenster kalt aus. Unten auf der Straße wirbelten schwache Windstöße Staub und Papierfetzen in Spiralen hoch, und obwohl die Sonne strahlte und der Himmel leuchtend blau war, schien doch alles farblos, außer den überall angebrachten Plakaten. Das Gesicht mit dem schwarzen Schnurrbart blickte von jeder beherrschenden Ecke herunter. Ein Plakat klebte an der unmittelbar gegenüberliegenden Hausfront. „Der Große Bruder sieht dich an!“ hieß auch hier die Unterschrift, und die dunklen Augen bohrten sich tief in Winstons Blick. Unten in Straßenhöhe flatterte ein anderes, an einer Ecke eingerissenes Plakat unruhig im Winde und ließ nur das Wort „Engsoz“ bald verdeckt, bald unverdeckt erscheinen. In der Ferne glitt ein Helikopter zwischen den Dächern herunter, brummte einen Augenblick wie eine Schmeißfliege und strich dann in einem Bogen wieder ab. Es war die Polizeistreife, die den Leuten in die Fenster schaute. Die Streifen waren jedoch nicht schlimm. Zu fürchten war nur die Gedankenpolizei.

Hinter Winstons Rücken schwatzte die leise Stimme aus dem Televisor noch immer von Roheisen und von der weit über das gesteckte Ziel hinausgehenden Erfüllung des neunten Dreijahresplans. Der Televisor war gleichzeitig Empfangs- und Sendegerät. Jedes von Winston verursachte Geräusch, das über ein ganz leises Flüstern hinausging, wurde von ihm registriert. Außerdem konnte Winston, solange er in dem von der Metallplatte beherrschten Sichtfeld blieb, nicht nur gehört, sondern auch gesehen werden. Es bestand natürlich keine Möglichkeit festzustellen, ob man in einem gegebenen Augenblick gerade überwacht wurde. Wie oft und nach welchem System die Gedankenpolizei sich in einen Privatapparat einschaltete, blieb der Mutmaßung überlassen. Es war sogar möglich, dass jeder Einzelne ständig überwacht wurde. Auf alle Fälle aber konnte sie sich, wenn sie es wollte, jederzeit in einen Apparat einschalten. Man musste in der Annahme leben – und man stellte sich tatsächlich instinktiv darauf ein, dass jedes Geräusch, das man machte, überhört und, außer in der Dunkelheit, jede Bewegung beobachtet wurde.

Winston richtete es so ein, dass er dem Televisor den Rücken zuwandte. Das war sicherer, wenn auch, wie er wohl wusste, sogar ein Rücken verräterisch sein kann. Einen Kilometer entfernt ragte das Wahrheitsministerium, seine Arbeitsstätte, wuchtig und weiß über der düsteren Landschaft empor.

Das also, dachte er mit einer Art undeutlichen Abscheus, war London, die Hauptstadt des Luftstützpunkts Nr. 1, der am drittstärksten bevölkerten Provinz Ozeaniens. Er versuchte in seinen Kindheitserinnerungen nachzuforschen, ob London schon immer so ausgesehen hatte. Hatten da immer diese langen Reihen heruntergekommen aussehender Häuser aus dem neunzehnten Jahrhundert gestanden, deren Mauern mit Balken gestützt, deren Fenster mit Pappendeckeln verschalt und deren Dächer mit Wellblech gedeckt waren, während ihre schiefen Gartenmauern kreuz und quer in den Boden sackten? Und diese zerbombten Ruinen, wo der Pflasterstaub in der Luft wirbelte und Unkrautgestrüpp auf den Trümmern wucherte, dazu die Stellen, wo Bombeneinschläge eine größere Lücke gerissen hatten und trostlose Siedlungen von Holzbaracken entstanden waren, die wie Hühnerställe aussahen? Aber es führte zu nichts, er konnte sich nicht erinnern; von seiner Kindheit hatte er nichts nachbehalten als eine Reihe greller Bilder ohne Hintergrund, die ihm zumeist unverständlich waren. […]

Quelle (bearbeitet): George Orwell: 1984. Übersetzt aus dem Englischen von Kurt Wagenseil. Ullstein, Berlin 1976, S. 5 – 7 (Erste Ausgabe erschienen unter dem Titel „Nineteen Eighty-Four" im Jahre 1949)

Bearbeite die folgenden Aufgaben in einem zusammenhängenden Text. Zähle abschließend die von dir geschriebenen Wörter.

a) Erkläre in deiner Einleitung kurz die beiden Anlässe für deinen Beitrag. (__/1 P.)

b) Stelle den Inhalt des Textauszuges (Text 2A) in wenigen Sätzen vor. Beziehe Informationen aus der Infobox mit ein. (__/3 P.)

c) Beschreibe zunächst, welche Rolle üblicherweise mit der Bezeichnung „großer Bruder" verbunden wird. Vergleiche diese dann mit der Wirkung des „Großen Bruders" in Text 2A. (__/2 P.)

d) George Orwells Roman „1984" war bei seiner Veröffentlichung eine Zukunftsvision. Aus heutiger Sicht sind viele seiner damaligen Beschreibungen Wirklichkeit geworden. Beschreibe anhand der Infobox und Text 2A zwei Methoden und Maßnahmen der „Gedankenpolizei".
Setze dann den Begriff der „Gedankenpolizei" in Beziehung zur Datennutzung durch einzelne Internetunternehmen in der Gegenwart.
Stelle schließlich zwei mögliche Folgen für dich als Internetnutzer dar. (__/4 P.)

e) Appelliere in einem abrundenden Schluss an die Schülervertretung, das Angebot des Internetunternehmens abzulehnen. Beziehe hierbei auch deine Lösungen aus dem Basisteil zum Thema „gläserner Mensch" mit ein. (__/2 P.)

Wahlteil B

Du bist Redakteurin bzw. Redakteur der Schülerzeitung und bereitest eine Ausgabe zum Thema „Der gläserne Bewerber" vor.
Deshalb erklärst du dich bereit, zur Thematik zu recherchieren und außerdem ein geeignetes Titelbild für die Schülerzeitung zu suchen. Bei deinen Recherchen stößt du auf den Artikel „Vorsicht vor allzu sorglosen Ausflügen in soziale Netzwerke!" und eine Karikatur.
Bereite die nächste Redaktionssitzung vor, indem du einen informierend-appellierenden Text für die Schülerzeitung verfasst und begründest, warum sich die vorliegende Karikatur als Titelbild der Ausgabe „Der gläserne Bewerber" eignet.

Quelle (Aufgaben): Niedersächsisches Kultusministerium, Hannover 2018

Text 2B: Vorsicht vor allzu sorglosen Ausflügen in soziale Netzwerke!

Früher war die Welt noch in Ordnung. Wer einen Job suchte, schickte eine möglichst adrette Bewerbungsmappe an den Personalchef des Wunschunternehmens und vertraute auf die Überzeugungskraft von Zeugnissen und Lebenslauf. Heute ist die Vorgehensweise eine andere. Kaum ein Personalchef begnügt sich noch mit den Informationen, die der Bewerber freiwillig preisgibt – die meisten recherchieren auf eigene Faust, am liebsten im Internet.

Eine Umfrage des Bundes Deutscher Unternehmensberater (BDU) unter deutschen Personalberatern ergab: Jeder vierte Personalvermittler hat schon einmal einen Kandidaten nach einer Internetrecherche von seiner Liste gestrichen. „Bei Bewerbungen wird regelmäßig überprüft, was im Internet über den Menschen steht", bestätigt Klaus Reiners vom BDU. Vor allem die Bildersuche ist hier überaus beliebt: Finden sich etwa per Suchmaschine dutzende Fotos, auf denen der Kandidat unter dem Einfluss berauschender Substanzen im Dekolleté einer spärlich bekleideten Schönen versinkt, erweist sich das naturgemäß als wenig hilfreich für die Karriereplanung. „Auch Einträge über extreme politische Ansichten und exotische erotische Vorlieben sind oft ein Ausschlusskriterium für Arbeitgeber", so Reiners.

Aber: Keine Web-Präsenz zu haben, ist für Bewerber ähnlich schädlich wie allzu privates Bloggen. Die Deutschen leben öffentlich: Bereits jeder Fünfte (18 Prozent) stellt private Informationen ins Internet, wie eine Umfrage des Branchenverbandes Bitkom belegt. Dabei handelt es sich meist um Steckbriefe, Fotos oder Blogs. In der Generation der 14- bis 29-Jährigen hat bereits jeder Zweite eine virtuelle Identität angelegt – bevorzugt in Profilen sozialer Netzwerke wie Instagram oder Facebook. Das mag ein argloser Spaß zur Studienzeit sein – Berufseinsteiger oder Angestellte jedoch sollten sich beim Ausfüllen eines Internet-Profils genau überlegen, ob der aktuelle oder potenzielle Arbeitgeber all diese Informationen lesen darf. Passen die leichtfertig ins Internet gestellten Angaben nicht zu den Anforderungen einer ausgeschriebenen Stelle, werden Facebook und andere Freundes-Netzwerke schnell zum Karrierekiller. Andererseits können gute Internetprofile einen Bewerber auch interessanter für den Arbeitgeber machen. So oder so: Jeder vierte Arbeitgeber bezieht Inhalte aus dem Internet in seine Personalentscheidungen ein, wie eine aktuelle Studie des Bundesministeriums für Verbraucherschutz belegt. Zwei Drittel der Personalverantwortlichen nutzen dabei allgemein zugängliche Informationen, die sie beispielsweise via Google finden. 36 Prozent von ihnen versuchen, in sozialen Netzwerken wie Facebook und Xing Persönliches über ihre Bewerber zu erfahren. Großunternehmen recherchieren übrigens häufiger online als kleinere Firmen: 46 Prozent der Arbeitgeber mit mehr als 1000 Mitarbeitern und lediglich 21 Prozent der Firmen mit weniger als 100 Mitarbeitern analysieren die Blogs und Tweets ihrer Bewerber.

Vier von fünf Personalchefs gehen bereits auf virtuelle Schnüffeltour, bevor sie die Kandidaten zum Vorstellungstermin einladen. Jedes vierte Unternehmen gab in der Umfrage an, dass sie sich die Einladung zum Vorstellungsgespräch sparen, wenn das entsprechende Online-Profil nicht zu ihren Vorstellungen passt. Sich aus diesen Gründen komplett aus dem Internet zurückzuziehen, ist der Umfrage zufolge dennoch keine gute Lösung: Für immerhin 56 Prozent aller

Firmen kann sich ein Bewerber gerade wegen seiner virtuellen Informationen als Traumkandidat für die zu vergebene Stelle herauskristallisieren. Zwölf Prozent der Unternehmen bezeichnen es sogar als negativ, wenn im Internet keine Angaben über den Bewerber zu finden sind.
Aus datenschutzrechtlicher Sicht ist das Vorgehen der Personaler allerdings ausgesprochen kritisch zu bewerten. Denn streng genommen fällt das Ausgoogeln von Bewerbern bereits unter den Begriff des „Erhebens und Verwertens von Daten". Und dies erlaubt das Bundesdatenschutzgesetz nur in recht begrenztem Umfang. In feinstem Juristendeutsch steht dort zu lesen: „Personenbezogene Daten eines Beschäftigten dürfen für Zwecke des Beschäftigungsverhältnisses erhoben, verarbeitet oder genutzt werden, wenn dies für die Entscheidung über die Begründung eines Beschäftigungsverhältnisses oder nach Begründung des Beschäftigungsverhältnisses für dessen Durchführung oder Beendigung erforderlich ist."
Mit anderen Worten: Die Eingabe des Namens in die Suchmaschine und das Abrufen und Lesen der gefundenen Seiten muss für die Entscheidung für oder gegen den Bewerber „erforderlich" sein. Ein dehnbarer Begriff. Denn auch wenn die Fotos eines sturztrunkenen Bewerbers sicherlich zur Erheiterung der Personaler beitragen – wenn sich der Delinquent nicht gerade um eine Stelle in der Suchtprävention bewirbt, hat seine Feierfreude den Arbeitgeber erst einmal nicht zu interessieren.
„Erforderlich im Rahmen einer Bewerbung sind vor allem Fakten, die die Angaben im Lebenslauf untermauern", erläutert Rechtsanwalt Pauly. „Hat ein Personaler zum Beispiel Zweifel, ob der 26 Jahre junge Informatiker trotz seiner Jugend tatsächlich drei volle Jahre Auslandserfahrung gesammelt hat, darf er im Netz nach Hinweisen auf diese Tätigkeit suchen. Private Informationen hingegen werden in den meisten Fällen nicht erforderlich sein, um sich ein Bild über die Person des Bewerbers zu machen."
So weit die Theorie. In der Praxis dürften die legalen Feinheiten die meisten Personalverantwortlichen jedoch nur wenig bekümmern. Dazu sagt Rainer Kienast, Fachanwalt für Arbeitsrecht: „Auch wenn es in der Regel unzulässig ist, Erkundigungen darüber einzuziehen, ob ein Kandidat in seiner Jugend in einer Kommune wohnte, sich hingebungsvoll im heimischen Schützenverein engagiert oder am Wochenende regelmäßig Alkohol konsumiert – jeder Bewerber sollte wissen, dass solche Überprüfungen stattfinden, und entsprechend vorsichtig agieren, wenn er persönliche Daten ins Internet stellt."
Personalchefs halten bevorzugt nach Hobbys und politischen Interessen Ausschau, und sie lesen Twitter-Nachrichten. Angaben zu Hobbys und sozialem Engagement wirken sich dabei nur in einem Prozent der Fälle negativ auf das Bild der Bewerber aus – in 62 Prozent der Fälle empfinden es Arbeitgeber als positiv, wenn ein Kandidat private Interessen verfolgt. Es sei denn, diese Interessen weichen deutlich von denen ab, die in der Bewerbung angegeben sind: Damit wäre die Bewerbung unglaubwürdig geworden.
Auch Urlaubs- und Partyfotos sollten ehrgeizige Angestellte besser offline stellen: 46 Prozent der Personalchefs können sich darüber nicht amüsieren. Verkneifen sollten sich Bewerber darüber hinaus, sich über ihre Arbeitssituation zu äußern: Für 76 Prozent der Personalchefs ist es inakzeptabel, wenn Bewerber abfällig über ihren Job reden. Unbedenklicher sind der Studie zufolge politische

Statements: Danach spiele es für 72 Prozent der Arbeitgeber keine Rolle, ob sich ihre Mitarbeiter politisch engagieren.
Die ehemalige Verbraucherschutz-Ministerin Ilse Aigner (CSU) kommentierte die Studienergebnisse, indem sie vor einem allzu freizügigen Umgang mit persönlichen Informationen im Internet warnte: „Die unbekümmerte Preisgabe persönlicher Daten im Netz kann zum Stolperstein für die berufliche Karriere werden“, sagte sie.

Quellen (bearbeitet): Nadine Nöhmaier, Focus Online 21.08.2009, http://www.focus.de/finanzen/karriere/bewerbung/studie-firmen-erschnueffeln-bewerberdaten-im-web_aid_428350.html – Catrin Gesellensetter, Focus Online 16.11.2009, http://www.focus.de/finanzen/karriere/arbeitsrecht/tid-16136/datenschutz-duerfen-personaler-nach-bewerbern-googlen_aid_452564.html

Karikatur

Quelle: Frankfurter Rundschau, 66. Jahrgang, 27./28.März 2010.

Bearbeite die folgenden Aufgaben in einem zusammenhängenden Text.
Zähle abschließend die von dir geschriebenen Wörter.

a) Erkläre einleitend den Anlass für deinen Beitrag. (__/1 P.)

b) Stelle das Thema des Artikels „Vorsicht vor allzu sorglosen Ausflügen in soziale Netzwerke!“ in ein bis zwei Sätzen kurz vor. (__/2 P.)

c) Informiere die Leserinnen und Leser mithilfe von Text 2B über die Risiken und Chancen der Selbstdarstellung in sozialen Netzwerken vor dem Hintergrund einer Bewerbung, indem du …
… anhand von drei Beispielen erläuterst, welche Veröffentlichungen sich nachteilig auswirken können.
… anhand von drei Beispielen aufzeigst, warum es für eine Bewerbung dennoch vorteilhaft sein kann, sich im Internet zu präsentieren. (__/3 P.)

d) Appelliere in einem abrundenden Schluss, verantwortungsvoll mit persönlichen Daten im Internet umzugehen. Beziehe dich hierbei auf die Problematik des „gläsernen Bewerbers“. (__/2 P.)

e) Im Folgenden begründest du die Auswahl der Karikatur als Titelbild der nächsten Schülerzeitung mit dem Thema „Der gläserne Bewerber“.
- Beschreibe zunächst die in der Karikatur dargestellte Situation.
- Begründe dann, warum sich diese Karikatur besonders als Titelbild eignet. Berücksichtige hierbei auch die kritische Haltung des Zeichners. (__/4 P.)

Glossar

Alliteration: → *Sprachliche Mittel*

Anapher: → *Sprachliche Mittel*

Auktorialer Erzähler: → *Merkmale erzählender Texte*

Bericht: → *Journalistische Textsorten*

Diagramm: → *Grafik*

Direkte Rede: → *Merkmale erzählender Texte*

Ellipse: → *Sprachliche Mittel*

Epik: Unter diesem Begriff fasst man alle Arten der erzählenden Dichtung zusammen. Es gibt viele epische Kleinformen (→ *Erzählung*, → *Fabel*, → *Kurzgeschichte, Märchen, Sage, Schwank*). Zu den umfangreicheren epischen Texten gehört der → Roman.

Erlebte Rede: → *Merkmale erzählender Texte*

Er-/Sie-Erzählung: → *Merkmale erzählender Texte*

Erzählperspektive: → *Merkmale erzählender Texte*

Erzählung: In der Literatur versteht man unter einer Erzählung alle kurzen erzählenden Texte, die nicht eindeutig einer anderen Kurzform (→ *Fabel, Märchen, Sage, Schwank*) zugeordnet werden können.

Essay: → *Journalistische Textsorten*

Euphemismus: → *Sprachliche Mittel*

Fabel: Dies ist eine zumeist kurze Erzählung, in der Tiere oder Pflanzen sich wie Menschen verhalten. Häufig stehen sich zwei Tiere mit gegensätzlichen Eigenschaften gegenüber. Meistens wird nach einer kurzen Einführung die Handlung durch Rede und Gegenrede fortgeführt und endet mit einem überraschenden Schluss. Am Beispiel des erzählten Geschehens wird eine Lehre gezogen oder Kritik an bestimmten Verhaltensweisen geäußert.

Gedicht: → *Lyrik*

Glosse: → *Journalistische Textsorten*

Grafik: Grafiken stellen statistische Größen und Größenverhältnisse mithilfe von Diagrammen bildlich dar. Man unterscheidet folgende Typen von Diagrammen:

1. Balkendiagramme oder Säulendiagramme, die absolute Zahlen anzeigen. Die Höhe der Säule oder die Länge des Balkens gibt eine Anzahl an.
2. Tortendiagramme bzw. Kreisdiagramme, die eine prozentuale Zusammensetzung einer Gesamtmenge verdeutlichen. Der Kreis ist in mehrere Teile unterteilt, die jeweils den Anteil an der Gesamtmenge wiedergeben.
3. Kurvendiagramme oder Liniendiagramme, die eine Entwicklung anzeigen. Die Daten von verschiedenen Zeitpunkten können mithilfe eines solchen Diagramms miteinander verglichen werden.

Hyperbel: → *Sprachliche Mittel*

Ich-Erzählung: → *Merkmale erzählender Texte*

Indirekte Rede: → *Merkmale erzählender Texte*

Innerer Monolog: → *Merkmale erzählender Texte*

Interview: → *Journalistische Textsorten*

Ironie: → *Sprachliche Mittel*

Journalistische Textsorten:

Informierende Texte
Die **Meldung** ist die Kurzform der Nachricht. Sie enthält nur die wichtigsten Informationen (Wer? Wo? Was? Wann?). Sie steht häufig auf der ersten Seite und weist meist auf einen ausführlichen Bericht im Innenteil der Zeitung hin.

Der **Bericht** ist die ausführliche Form der Nachricht. Er liefert eine detaillierte und sachliche Darstellung eines Sachverhalts.
Merkmale:

1. Die Überschrift (häufig mit Unterüberschrift) informiert sachlich.
2. Ein halbfett gedruckter Vorspann fasst die wichtigsten Informationen (W-Fragen) zusammen.
3. Im Hauptteil erfolgt eine ausführliche Darstellung der Nachricht mit Erklärung der Zusammenhänge und Hintergründe.
4. Die Darstellung ist sachlich, wertende Äußerungen durch den Berichterstatter fehlen.
5. Aussagen von Personen werden in direkter und indirekter Rede wiedergegeben.
6. Häufig ergänzt den Text ein erklärendes Bild.

Die **Reportage** ist das Ergebnis vielfältiger Nachforschungen (= Recherchen). Die Reportage will nicht nur informieren, sondern die Leser auch durch die lebendige Art der Darstellung in besonderem Maße ansprechen.
Merkmale:

1. Die Überschrift ist so formuliert, dass sie die Neugier der Leser weckt.
2. Häufig informiert ein halbfett gedruckter Vorspann über den Inhalt der Reportage.
3. Der Anfang lässt die Leser oft ein Geschehen miterleben.
4. Sachlich-informierende Textstellen wechseln mit persönlich-schildernden Darstellungen.
5. Dadurch ergibt sich oft ein Wechsel von Zeitstufen (z. B. Präteritum für Rückblick).
6. Häufig werden Aussagen von Personen in wörtlicher Rede wiedergegeben.
7. Oft findet man wertende Meinungsäußerungen der Autorin/des Autors.
8. Illustrierende oder erklärende Bilder unterstützen die Aussagen des Textes.
9. Der Name der Autorin/des Autors wird angegeben.

Das **Interview** ist das Ergebnis eines Gesprächs, in dem ein Journalist/eine Journalistin gezielte Fragen an eine Person stellt, die von ihr beantwortet werden. Das Ziel kann darin bestehen, aktuelle Informationen über bestimmte Sachverhalte zu erhalten oder die persönliche Meinung zu einem bestimmten Problem zu erfahren.

Kommentierende Texte
Der **Kommentar** liefert eine Meinung zu einem Sach-

verhalt. Diese kann zustimmend oder ablehnend sein.
Merkmale:

1. Häufig wird er in Verbindung mit einem Bericht oder einer Meldung geschrieben.
2. In vielen Zeitungen erscheinen die Kommentare an einer bestimmten Stelle (z. B. Kommentare zu politischen Ereignissen).
3. Kürzere Kommentare beziehen sich oft auf einen Artikel auf der gleichen Seite.
4. Die Autorin/der Autor wird genannt.
5. In der Regel verwenden Kommentare keine Bilder.

Oft haben Kommentare einen typischen Aufbau:

1. Zunächst werden die wichtigsten Informationen dargestellt, die zum Verständnis der Stellungnahme nötig sind.
2. Die Autorin/der Autor legt seine Meinung begründet dar.
3. Als Abschluss wird meist ein Wunsch oder ein Ausblick formuliert.

Die **Glosse** ist ein locker geschriebener, häufig kritisch gehaltener Kommentar zu einem aktuellen Ereignis. Glossen stehen in vielen Zeitungen und Zeitschriften an einem festen Platz, haben das gleiche Layout und sind eine Form der persönlichen Meinungsäußerung.
Merkmale:

1. Sie sind oft zugespitzt formuliert und humorvoll geschrieben.
2. Aktuelle Themen oder neue gesellschaftliche Erscheinungen werden kritisiert oder verspottet.
3. Die Kenntnis des Sachverhalts wird vorausgesetzt.
4. Sie enden oft mit einer überraschenden Wende am Schluss (Pointe).
5. In Glossen tauchen immer wieder ironische Formulierungen, sprachliche Bilder, Wortspiele, Doppeldeutigkeiten und Anspielungen auf.

Der (oder das) **Essay** ist eine kürzere, sprachlich lebendige Abhandlung, in der ein Problem von verschiedenen Seiten betrachtet und in der die persönliche Meinung der Autorin/des Autors zum Ausdruck gebracht wird.

Karikatur: Durch Über- oder Untertreibungen werden in Zeichnungen menschliche Schwächen oder Missstände kritisiert und lächerlich gemacht.

Klimax: → *Sprachliche Mittel*

Kommentar: → *Journalistische Textsorten*

Konjunktiv: Die Verbform, die wir normalerweise verwenden, nennt man **Indikativ (Wirklichkeitsform)**: *Er sagt: „Ich komme morgen.“*
In der indirekten Rede (→ *Merkmale erzählender Texte*) verwendet man meistens den **Konjunktiv (Möglichkeitsform)**: Er sagt, er komme morgen.
Der Konjunktiv gibt an, was ein anderer gesagt haben soll.

Kurzgeschichte: Es handelt sich um einen kürzeren erzählenden Text. Die folgenden Merkmale sind zwar typisch für Kurzgeschichten, aber nicht immer treffen alle Kriterien in gleicher Weise zu.
Merkmale:

1. Die Handlung setzt unvermittelt ein. Es fehlen einleitende Angaben zu Ort, Zeit und Personen der Erzählung.
2. Gegenstand der Kurzgeschichte sind Alltagspersonen in Alltagssituationen.
3. Die Hauptperson ist einem Problem oder einer kritischen Situation ausgesetzt.
4. Oft nimmt die Handlung eine unerwartete Wendung.
5. Der Schluss ist offen. Der Leser soll über den Fortgang der Handlung selbst nachdenken.
6. Die Darstellung der Handlung ist kurz gefasst und auf das Wesentliche beschränkt.
7. Typische Merkmale der Sprache in Kurzgeschichten:
   - Wiederholungen, Aufzählungen,
   - Umgangssprache, Jugendsprache,
   - mehrere kurze Sätze, die aufeinanderfolgen,
   - unvollständige Sätze (Ellipsen).

Lyrik: Lyrik bezeichnet Dichtung in Versform (Gedichte). Früher wurden die Verse zur Lyra, einem alten Saiteninstrument, gesungen. Deshalb sagt man auch heute noch einfach: Lyrik ist liedartige Dichtung. Viele Gedichte sind vertont worden.
Im Gedicht drückt das → *lyrische Ich* seine Gefühle, seine Stimmungen, aber auch seine Erlebnisse, Einstellungen und Gedanken aus.
Viele Gedichte sind in **Strophen** gegliedert. Mindestens zwei Verszeilen werden in einer Strophe zusammengefasst. Oft beginnt mit einer Strophe ein neuer Gedanke. Es gibt Gedichte, die zwar einem bestimmten Rhythmus folgen, aber nicht am Wort- und Versende gereimt sind. Durch **Reime** erhalten Gedichte eine bestimmte Klangwirkung. Durch den Gleichklang der Reimwörter (z. B. *küssen – müssen; Fassaden – baden*) werden oft zwei oder mehr Verszeilen miteinander verbunden.
Drei Reimformen werden besonders oft verwendet:

Paarreim
a Sonne
a Wonne
b Eis
b heiß

umarmender Reim
a Sonne
b Eis
b heiß
a Wonne

Kreuzreim
a Sonne
b Eis
a Wonne
b heiß

Unter dem **Metrum** eines Gedichts versteht man die Folge von betonten und unbetonten Silben in den Wörtern eines Verses:

x x́ x x́ x x́ x (= Jambus)
Es war, als hätt der Himmel …

x́ x x́ x x́ x x́ x (= Trochäus)
Als ich schläfrig heut erwachte …

Eine besondere Gedichtform stellt das **Sonett** dar. Diese Gedichtform wurde im 14.–16. Jahrhundert häufig verwendet. Sie besteht aus zwei Strophen zu vier Zeilen und zwei Strophen zu drei Zeilen. Häufig wird in den beiden Vierzeilern das Thema vorgestellt, während die abschließenden Dreizeiler eine Auswertung oder Schlussfolgerung beinhalten.

Lyrisches Ich: Das lyrische Ich kann die oder der Sprechende im Gedicht sein. Das lyrische Ich kann, muss aber nicht die Einstellung oder Stimmung der Dichterin/des Dichters wiedergeben.

Märchen: Märchen erzählen Geschichten, die sich in Wirklichkeit nicht ereignen könnten. Oft handeln sie von Zauberern, Hexen, Feen und sprechenden Tieren. In einer räumlich und zeitlich nicht festgelegten Welt steht die Hauptfigur vor großen Gefahren und kaum lösbaren Aufgaben. Die Zahlen 3, 6, 7, 12 spielen eine besondere Rolle. Auch formelhafte Sprüche sind typisch für Märchen. Am Ende siegt meist das Gute.

Merkmale erzählender Texte: Wenn man eine Erzählung analysieren will, ist die genaue Untersuchung von folgenden Merkmalen wichtig:

1. **Erzählperspektive:** Ein Autor kann in unterschiedlicher Weise erzählen. Daher unterscheidet man:
   Ich-Erzählung: Das Geschehen, aber auch Gedanken und Gefühle werden aus der Sicht einer bestimmten Figur in der 1. Person erzählt: *Meine Eltern schlafen sicher schon. Mir aber dreht sich der Kopf, und ich komm nicht zur Ruhe. Was soll ich nur tun? Könnte ich doch nur die Zeit um einen halben Tag zurückdrehen!*
   Er-/Sie-Erzählung: Der Erzähler stellt seine Personen in der dritten Person vor. Er kann dabei **als auktorialer Erzähler (auktoriales Erzählen/ auktoriale Erzählsituation)** auftreten. Der Autor ist der Allwissende, der das Geschehen von außen erzählt und auch mehr weiß als die Figuren des Geschehens und daher Ereignisse voraussehen oder auf sie zurückblicken und sie kommentieren kann.
   Jan vermutete, dass seine Eltern schon schliefen, während er sich im Bett wälzte und sich heftige Vorwürfe machte. Ein bisschen tat er sich auch selbst leid. Seine Eltern schliefen jedoch keineswegs, sondern fassten einen Entschluss.
   Der Erzähler kann aber auch in der 3. Person aus der Sicht einer Person die Geschichte erzählen und kommentieren. Man spricht dann von einem **personalen Erzähler (personales Erzählen/personale Erzählsituation):**
   Jan wälzte sich im Bett und fand keine Ruh. Sicher würden seine Eltern schon schlafen. Warum nur konnte er die Zeit nicht zurückdrehen, nur einen halben Tag?

2. **Zeitverhältnisse:** Wenn ein Erzähler ein Geschehen, das in der Realität sehr kurz ist, sehr ausführlich darstellt und kommentiert, spricht man von **Zeitdehnung:**
   In diesem Augenblick des Fallens liefen die Ereignisse der letzten Tage in seinem Kopf wie in einem Film ab: die Begegnung mit seinem Vater, sein unbeherrschtes Verhalten Marion gegenüber und das Treffen mit dem großen Unbekannten, der ihn in diese ausweglose Situation gebracht hatte.
   Von **Zeitraffung** hingegen spricht man, wenn der Autor ein Geschehen, das in der Realität länger dauert, zusammenfasst, nur andeutet oder überspringt:
   Als Jan Stunden später im Krankenhaus aufwachte, hatte er Mühe, sich zurechtzufinden.

3. **Redeformen:** Der Erzähler kann unterschiedliche Redeformen verwenden.
   Direkte Rede: In wörtlicher Rede werden Äußerungen und Gedanken wiedergegeben: *Jan war aufgebracht: „Was wissen Sie schon, was geschehen ist!“*
   Indirekte Rede: Äußerungen werden vom Erzähler wiedergegeben, zumeist unter Verwendung des → Konjunktivs: *Vollkommen unbeherrscht machte er allen um ihn Stehenden Vorwürfe, dass schließlich niemand gekommen sei, ihm zu helfen, und er daher ganz allein auf sich selbst gestellt gewesen sei.*
   Erlebte Rede: Der Erzähler gibt die Gedanken und Gefühle in der 3. Person und meistens im Präteritum wieder: *Als alle den Raum verlassen hatten, war Jan sehr niedergeschlagen. War es nicht auch sein Fehler, dass es so weit gekommen war? War er nicht einfach zu stolz gewesen?*
   Innerer Monolog: Die Gedanken und Gefühle werden in der Ich-Form dargestellt, häufig im Präsens: *Jan nahm sein Handy und suchte die Nummer von Marion. Ich werde ihr alles erklären. Ich werde sie nicht um Verzeihung bitten, denn mein Verhalten kann man nicht entschuldigen.*

4. **Satzbau:** Man unterscheidet folgende Möglichkeiten des Satzbaus:
   - **Satzreihe (Parataxe):** Es werden nur Hauptsätze aneinandergereiht. Häufig sind sie kurz: *Jan schwieg. Sein Puls raste. Blut schoss ihm in den Kopf. Dann sprang er auf.*
   - **Satzgefüge (Hypotaxe):** Darunter versteht man den Verbund von Haupt- und Nebensätzen: *Als er die Tür öffnete* (Nebensatz), *blies ihm ein kalter Wind entgegen* (Hauptsatz), *der schon vor geraumer Zeit begonnen hatte zu wehen und sich nun zu einem Sturm entwickelte* (Relativsatz).
   - **Unvollständige Sätze (Ellipse):** → *Sprachliche Mittel*

   Die Wirkung dieser Satzformen kann sehr unterschiedlich sein und kann nur aus dem Zusammenhang des Textes erschlossen werden.

5. **Sprachliche Mittel:** → *Sprachliche Mittel*

Metapher: → *Sprachliche Mittel*

Metrum: → *Lyrik*

Neologismus: → *Sprachliche Mittel*

Paradoxon: → *Sprachliche Mittel*

Parallelismus: → *Sprachliche Mittel*

Personaler Erzähler: → *Merkmale erzählender Texte*

Personifikation: → *Sprachliche Mittel*

Redeformen: → *Merkmale erzählender Texte*

Reim: → *Lyrik*

Reportage: → *Journalistische Textsorten*

Rhetorische Frage: → *Sprachliche Mittel*

Roman: Der Roman ist eine lange Erzählung, die zwischen mehreren hundert und tausend Seiten umfassen kann. Im Zentrum eines Romans steht oft die ausführliche Schilderung der problematischen Situation eines Einzelnen. Beschrieben wird, wie er in seiner

Umgebung und mit seinen Mitmenschen lebt, sich verändert und entwickelt.

Rückblick: Vor allem in der → *Epik* (Erzählung, Roman) gibt es solche Einschübe, die vor der Zeit der eigentlichen Handlung spielen. Sie dienen dazu, die jetzige Situation oder das Handeln einer Figur zu erklären.

Sachtext: Ein Sachtext informiert über Tatsachen, Vorgänge und Sachverhalte. Er kann z. B. über die Tier- oder Pflanzenwelt informieren oder über bedeutsame Ereignisse. Sachtexte findet man in Zeitungen, Zeitschriften oder in Sach- oder Schulbüchern.

Satire: Eine satirische Darstellung zeigt menschliche Schwächen oder Fehler in stark übertriebener Darstellungsweise auf. Sie will diese lächerlich machen, zum Nachdenken anregen, kritisieren und häufig auch eine Änderung von Verhaltensweisen bewirken. Satire kann in verschiedenen Textsorten auftreten.

Merkmale:
1. Ironie → *Sprachliche Mittel*
2. Übertreibungen und überzogene Vergleiche
3. Verspottungen durch ins Lächerliche gezogene Situationen
4. Wortspiele

Satzgefüge: → *Merkmale erzählender Texte*

Satzreihe: → *Merkmale erzählender Texte*

Sprachliche Mittel: Nahezu in allen Texten werden gezielt sprachliche Mittel eingesetzt, um bestimmte Wirkungen zu erzielen (siehe Übersicht unten).

Sonett: → *Lyrik*

Strophe: → *Lyrik*

Umarmender Reim: → *Lyrik*

Vergleich: → *Sprachliche Mittel*

Vers: → *Lyrik*

Zeitdehnung: → *Merkmale erzählender Texte*

Zeitraffung: → *Merkmale erzählender Texte*

Zeitverhältnisse: → *Merkmale erzählender Texte*

Sprachliche Mittel	Erläuterung	Beispiel	mögliche Wirkung
Alliteration, die	Wiederholung von Anfangslauten bei aufeinanderfolgenden Wörtern	Milch macht müde Männer munter.	emotionale Verstärkung des gewünschten Eindrucks
Anapher, die	Wiederholung derselben Wortgruppe an Satz-/Versanfängen	Worte sind verletzend. Worte sind unersetzlich.	Eindringlichkeit; Rhythmisierung erreichen
Ellipse, die	unvollständiger Satz, der aber sinngemäß leicht zu ergänzen ist	Feuer! / Je früher der Abschied, desto kürzer die Qual.	der wichtigste Aspekt soll hervorgehoben werden
Euphemismus, der	Beschönigung	vollschlank statt dick / eingeschlafen statt gestorben	abgemilderte Negativbotschaft, taktisches Verhalten
Hyperbel, die	starke Unter- oder Übertreibung	Es ist zum Haareraufen! / ein Meer von Tränen	Dramatisierung; starke Veranschaulichung
Ironie, die	Äußerung, die durchblicken lässt, dass das Gegenteil gemeint ist	Das hast du ja ganz toll hinbekommen! / Vier Wochen Regen. Super!	Herabsetzung; kritische Anmerkung; Stellungnahme
Klimax, die	Steigerung; meist dreigliedrig	Er kam, sah und siegte.	Dramatisierung
Metapher, die	verkürzter Vergleich, Verwendung eines Wortes in übertragener Bedeutung	Geldwäsche / Er war ein Löwe in der Schlacht. / Du bist meine Sonne.	Veranschaulichung
Neologismus, der	Wortneuschöpfung	Mobbing / Gammelfleisch / unkaputtbar (Werbesprache)	Hervorhebung
Paradoxon, das	Zusammenstellung von Wörtern, die sich eigentlich widersprechen	bittersüß / Vor lauter Individualismus tragen sie eine Uniform.	starker Anreiz zum Nachdenken
Parallelismus, der	Wiederholung gleicher Satzstrukturen	Ein Blitz leuchtete, der Donner folgte, ein Gewitter setzte ein.	Dramatisierung, Intensivierung
Personifikation, die	Vermenschlichung; Gegenstände oder Tiere erhalten die Eigenschaften oder Fähigkeiten von Menschen	Die Sonne lacht. / Die Smileys haben uns fest im Griff. / Mutter Natur	lebendige und anschauliche Darstellung
Rhetorische Frage, die	scheinbare Frage, deren Antwort jeder kennt; Leser und Zuhörer müssen zustimmen, da ihr Einverständnis vorausgesetzt wird	Gibt es den idealen Menschen? / Wer ist schon perfekt? / Wer glaubt denn das noch?	Mobilisierung einer bestätigenden Reaktion der Leser
Vergleich, der	Verknüpfung zweier Begriffe mit *wie*	Der Kämpfer ist stark wie ein Löwe.	anschauliche Darstellung